高等职业教育"十二五"规划教材

Gangkou Qizhong Shusong Jixie
港口起重输送机械

章正伟　主　编
俞劲创　吴欢波　副主编
朱小平　主　审

人民交通出版社

内 容 提 要

本书按高职学生的特点,将港口起重输送机械课程分为三个模块。模块一:起重机械;模块二:集装箱机械;模块三:输送机械。每个模块由若干个工作项目和任务组成,采用模块式和递进式结构展示教学内容,让学生在完成具体项目的过程中构建相关理论知识,并提高职业能力。

本书主要作为有关院校港口物流设备与自动控制及相关专业高职、大专、中专和函授学生教材,也可供港口码头公司、港口机械制造公司、港口企业维修厂等有关部门技术人员参考。

图书在版编目(CIP)数据

港口起重输送机械 / 章正伟主编. — 北京:人民交通出版社,2014.3(2025.2重印)
ISBN 978-7-114-11131-0

Ⅰ.①港… Ⅱ.①章… Ⅲ.①港口起重机–高等职业教育–教材②港口输运设施–高等职业教育–教材
Ⅳ.①U653.92

中国版本图书馆 CIP 数据核字(2014)第 009892 号

高等职业教育"十二五"规划教材

书　　名:	港口起重输送机械
著 作 者:	章正伟
责任编辑:	周　凯　张一梅　李　娜
出版发行:	人民交通出版社
地　　址:	(100011)北京市朝阳区安定门外外馆斜街 3 号
网　　址:	http://www.ccpcl.com.cn
销售电话:	(010)85285911
总 经 销:	人民交通出版社发行部
经　　销:	各地新华书店
印　　刷:	北京虎彩文化传播有限公司
开　　本:	787×1092　1/16
印　　张:	18.75
字　　数:	433 千
版　　次:	2014 年 3 月　第 1 版
印　　次:	2025 年 2 月　第 3 次印刷
书　　号:	ISBN 978-7-114-11131-0
定　　价:	47.00 元

(有印刷、装订质量问题的图书由本社负责调换)

机电设备维修与管理(港口机械)专业建设委员会

主 任 委 员　王怡民
副主任委员　金仲秋　李锦伟
编　　　委　柴勤芳　屠群锋　兰杏芳　朱小平
　　　　　　胡启祥　田文奇　杨成军(企业)
　　　　　　任小波(企业)　章正伟　项峻松
　　　　　　张振兴(企业)　徐态福(企业)
　　　　　　钟满祥(企业)　郑　淳(企业)

前 言 Preface

为更好地服务于浙江海洋经济发展示范区规划、浙江舟山群岛新区建设这两大国家级发展战略和浙江港航强省战略,为区域港航物流业提供人才支撑,浙江交通职业技术学院选择机电设备维修与管理(港口机械)专业建设作为中央财政提升专业服务产业发展能力建设项目。在2011年至2013年建设期间,通过项目推进,加快紧缺型高端技能人才培养,取得了可喜成绩。本教材为该项目建设成果之一。

"港口起重输送机械"是高职"港口物流设备与自动控制"专业与中专"机电设备安装与维修"(港口装卸机械方向)的一门专业核心课程。本书主要是按高等职业技术教育港口物流设备与自动控制及相关专业港口起重输送机械课程标准的要求编写的。通过课程教学内容的学习与实训,使学生掌握港口起重输送机械的结构组成、工作原理、港口起重输送机械维修的基础知识,具备在港口企业从事港口起重输送机械使用与维护保养的能力。本课程按照科学发展观为指导、就业为导向、能力为本位、岗位需要和职业标准为依据的总体设计要求,以港口物流企业机修工和港口物流企业机电设备操作工岗位的实际工作任务构建课程内容,围绕港口起重输送机械使用与维护保养能力的形成组织课程内容。

本教材以工作任务驱动为引领,让学生在学习过程中完成工作任务,注重提高学生的职业技能和职业素养。为了保证本教材的编写,编写组对本专业岗位工作任务、知识技能和素质要求,以及用人单位的需求做了广泛深入的调查和研讨,结合本课程的特点,将教材分为三个模块。模块一:起重机械;模块二:集装箱机械;模块三:输送机械。每个模块由若干个项目和任务组成。通过课程教学内容的学习与实训,使学生熟悉港口起重输送机械的基本组成、结构和工作原理,掌握港口起重输送机械模拟操作的基础知识和技能,具备在港口企业从事港口起重输送机械使用与维护保养的能力。

本教材由浙江交通职业技术学院章正伟老师任主编,温州金洋集装箱码头有限公司吴欢波工程师(编写模块一项目七)和浙江交通职业技术学院俞劲创老师任副主编(编写模块一项目三、项目八),舟山港股份有限公司黄浩参编(编写模块二项目三、项目五),浙江交通职业技术学院朱小平老师任主审。

  本教材在编写过程中,分别得到南通航运职业技术学院、舟山港股份有限公司、温州港集团有限公司教师和领导的大力支持,在此表示感谢!由于我们缺少编写任务引领型教材的经验,书中不妥和疏漏之处,敬请读者指正。

编 者
2013 年 10 月

目 录 Contents

模块一 起重机械

项目一 起重机械及其性能认识 ·· 2
    任务1　起重机械类型认识 ·· 2
    任务2　起重机械的工作特点与结构组成和驱动形式认识 ················ 9
    任务3　起重机械性能参数和识别与标注起重机械技术参数认识 ········ 14

项目二 起重机械通用装置、安全装置认识、使用与维护 ························ 26
    任务1　钢丝绳、滑轮组和卷筒装置认识、使用与维护 ···················· 26
    任务2　吊钩装置、抓斗认识和使用与维护 ································ 42
    任务3　联轴器、减速器认识和使用与维护 ································ 52
    任务4　制动器和安全与防护装置的认识和使用与维护 ·················· 61

项目三 起重机械四大机构的认识和使用与维护 ·································· 74
    任务1　起升机构的认识和使用与维护 ···································· 74
    任务2　运行机构的认识和使用与维护 ···································· 83
    任务3　回转机构的认识和使用与维护 ···································· 96
    任务4　变幅机构的认识和使用与维护 ···································· 108

项目四 桥式起重机的认识和维护保养 ·· 114
    任务1　桥式起重机的构造特征、工作机构认识 ·························· 114
    任务2　桥式起重机的维护保养 ·· 121

项目五 门座起重机的认识和维护保养 ·· 127
    任务1　门座起重机的构造特征、工作机构认识 ·························· 127
    任务2　门座起重机的维护保养 ·· 135

项目六 轮胎起重机的认识和维护保养 ·· 140
    任务1　轮胎起重机的构造特征、工作机构认识 ·························· 140
    任务2　轮胎起重机的维护保养 ·· 153

项目七 起重机械典型事故分析和预防 ·· 157
    任务　起重机械典型事故分析和预防 ······································ 157

项目八 门座起重机操作模拟 ·· 171
    任务　门座起重机操作模拟 ·· 171

模块二 集装箱机械

项目一 集装箱机械认识和使用与维护 174
    任务1 集装箱机械的发展与类型、集装箱认识 174
    任务2 集装箱专用吊具、起吊方式认识、使用与维护 183

项目二 集装箱龙门起重机认识 199
    任务1 轨道式集装箱龙门起重机认识 199
    任务2 轮胎式集装箱龙门起重机认识 204

项目三 轮胎式集装箱龙门起重机模拟驾驶操作 210
    任务 轮胎式集装箱龙门起重机模拟驾驶操作实例 210

项目四 岸边集装箱龙门起重机认识 212
    任务 岸边集装箱起重机的构造特征、工作机构的认识 212

项目五 岸边集装箱起重机模拟驾驶操作 226
    任务 岸边集装箱起重机模拟驾驶操作实例 226

项目六 集装箱正面吊运机认识 228
    任务 集装箱正面吊运机的构造、特征及工作机构的认识 228

项目七 集装箱牵引车和挂车认识 235
    任务 集装箱牵引车和挂车的构造认识 235

模块三 输送机械

项目一 输送机械认识 239
    任务1 输送机械类型认识 239
    任务2 物料的基本性能认识 245

项目二 带式输送机认识和使用与维护 251
    任务1 带式输送机的构造特征、主要装置认识 251
    任务2 带式输送机的使用与维护 262

项目三 埋刮板输送机、斗式提升机认识和使用与维护 268
    任务1 埋刮板输送机、斗式提升机的构造特征、主要装置认识 268
    任务2 埋刮板输送机、斗式提升机的使用与维护 276

项目四 螺旋输送机、气力输送机认识和使用与维护 281
    任务1 螺旋输送机、气力输送机的构造特征、主要装置认识 281
    任务2 螺旋输送机、气力输送机的使用与维护 287

参考文献 290

模块一

起重机械

　　起重机械是港口码头装卸作业中的主要机械。通过项目一(起重机械及其性能认识)3个任务的学习,了解起重机械的类型,熟悉各类起重机械的使用场合。通过起重机械工作过程的学习使学生掌握起重机械的工作特点、起重机械的结构组成及各部分在起重机械中的作用,熟悉起重机械的主要驱动形式;通过起重机械性能表的学习,使学生掌握起重机械的主要技术参数,并能根据工作要求合理选择起重机械的主要技术参数。通过项目二(起重机械通用装置、安全装置认识、使用与维护)4个任务的学习,使学生具备钢丝绳、卷筒、吊钩装置、抓斗、联轴器、减速器、安全装置检查、使用维护的能力。通过项目三(起重机械四大机构的认识和使用与维护)4个任务的学习,使学生具备起重机械四大机构使用与维护的能力。通过项目四(桥式起重机的认识和维护保养)2个任务的学习,使学生了解和掌握桥式起重机的常见故障与产生原因、如排除方法;具备对螺杆起升高度限位器、行程开关的调整能力。通过项目五(门座起重机的认识和维护保养)2个任务的学习,使学生了解和掌握门座起重机的常见故障与产生原因和排除方法,具备夹轨器和锚钉装置的使用能力。通过项目六(轮胎起重机的认识和维护保养)2个任务的学习,使学生了解和掌握轮胎起重机的常见故障、产生原因与排除方法。通过项目七(起重机械典型事故分析和预防)的学习,使学生具备分析和预防起重机械典型事故的能力。通过项目八(门座起重机操作模拟)的学习,使学生具备门座起重机模拟操作的能力。

项目一　起重机械及其性能认识

任务1　起重机械类型认识

 任务导读

起重机械类型认识是港口物流企业机修工和港口物流企业机电设备操作工岗位的一项基本工作,学生根据桥式起重机、轮胎起重机、门座起重机的图片和介绍,重点了解这3种起重机械的特点及适用场合。

 教学目标

知识目标:能够掌握起重机械的各种类型;了解各种起重机械的特点与适用场合。

能力目标:能够具备分析各种起重机械的特点与适用场合的能力。

 工作任务

任务描述:如图1-1-1所示,描述出桥式起重机、轮胎起重机、门座起重机3种起重机械的特点及适用场合。

　　a)桥式起重机　　　　　b)轮胎起重机　　　　c)门座起重机

图1-1-1　三种起重机械

任务具体要求:描述出桥式起重机、轮胎起重机、门座起重机3种起重机械的特点及适用场合,并填写任务单。

 知识储备

起重机械的类型

起重机械是用来垂直升降重物,并可以使重物作短距离的水平移动,完成对重物的装卸、转运、安装等作业的机械。

起重机械的类型很多,按《起重机械分类》(GB/T 20776—2006)大致可分为轻小起重设备、起重机、升降机、工作平台、机械式停车设备五大类,如表 1-1-1 所示。

起重机械的分类　　　　　　　表 1-1-1

起重机械	轻小起重设备	千斤顶	
		起重葫芦	
		滑车	
		卷扬机	
	起重机	桥架型起重机	梁式起重机
			桥式起重机
			门式起重机
			半门式起重机
			装卸桥
		臂架型起重机	固定式起重机
			台架式起重机
			门座起重机
			半门座起重机
			塔式起重机
			铁路起重机
			流动式起重机
			浮式起重机
			甲板起重机
			桅杆起重机
			悬臂起重机
		缆索型起重机	缆索起重机
			门式缆索起重机
	升降机	升船机	
		启闭机	
		施工升降机	
		举升机	
	工作平台	桅杆爬升式升降工作平台	
		移动式升降工作平台	
	机械式停车设备	升降横移类机械式停车设备	
		垂直循环类机械式停车设备	
		水平循环类机械式停车设备	
		多层循环类机械式停车设备	
		平面移动类机械式停车设备	
		巷道堆垛类机械式停车设备	
		垂直升降类机械式停车设备	
		简易升降类机械式停车设备	
		汽车专用升降机	

1. 轻小起重设备

轻小起重设备的结构紧凑、动作简单,一般只能完成提升或牵引运动,所以使用方便,是一种轻便的起重机械。常用的轻小起重设备有千斤顶(图1-1-2)、滑车(图1-1-3)、起重葫芦(图1-1-4)、卷扬机(图1-1-5)等。

图1-1-2　千斤顶

图1-1-3　滑车和滑轮

图1-1-4　起重葫芦　　　　　　　　　　图1-1-5　卷扬机

千斤顶是利用刚性承载件顶升重物的起重工具,起升高度不大,但顶升的能力可以很大。千斤顶有螺旋千斤顶、液压千斤顶、分离式千斤顶等。

滑车是由定滑轮组、动滑轮组和依次绕过定滑轮和动滑轮的钢丝绳组成的简易起重工具,一般与卷扬机或其他起重设备配套使用,用来吊装大型设备。

起重葫芦是将驱动、传动和制动装置安装在公共吊架上的一种起重工具。通过夹持、卷绕或放出挠性件,使取物装置升降。按驱动形式的不同,起重葫芦可分为手拉葫芦、手扳葫芦、电动葫芦、气动葫芦、液压葫芦和平衡器。

2. 起重机

起重机是使悬挂在取物装置上的重物除了能垂直升降外还能水平运动的起重设备。起重机一般除了具有起升机构外,还有运行、变幅、回转机构中的一个或几个机构。

根据起重机结构特征和实现物品水平运动方式的不同,起重机可分为桥架型、臂架型和缆索型三大类。

1) 桥架型起重机

桥架型起重机是具有一个桥架形的承载构件,除了有起升机构外,一般还配有小车运行机构和大车运行机构。依靠这些机构的配合动作,能在长方形的空间内搬运货物。桥架型起重机主要包括桥式起重机(图1-1-6)、门式起重机(图1-1-7、图1-1-8)、半门式起重机、梁式起重机、装卸桥(图1-1-9)。

桥式起重机的桥架两端通过运行装置直接支承在高架轨道上,采用吊钩、抓斗或电磁吸盘等取物装置来装卸货物。通常用于车间、仓库或货场等场所进行作业。

图1-1-6 桥式起重机

图1-1-7 C形单梁门式起重机

图1-1-8 双梁门式起重机

图1-1-9 桁架结构装卸桥

门式起重机具有门形框架,承载主梁下安装两条支腿,支腿支承在地面的轨道上或地基上,主梁的两端可以有外伸悬臂梁。

在港口,门式起重机主要用于露天的货场,采用吊钩、抓斗、电磁吸盘等取物装置,进行件杂货、散货的装卸、堆存作业。

装卸桥的跨度通常大于35m,起重量不大于40t。起升、小车运行机构是工作性的,速度高,保证具有较高的生产率;大车运行机构是非工作性的,速度较低。

由于跨度较大,为了避免温差对金属结构产生的内应力,装卸桥的一条支腿制成刚性的,另一条支腿制成柔性的。

2) 臂架型起重机

臂架型起重机具有可承载的臂架,取物装置悬挂在臂架的顶端或挂在沿臂架运行的起重小车上。臂架型起重机除了有起升机构外,通常还有变幅机构、回转机构和运行机构。依靠这些机构的配合动作,能在环状圆柱形的空间内搬运货物。臂架型起重机主要有固定式起重机(图1-1-10)、台架式起重机、门座起重机(图1-1-11)、半门座起重机、铁路起重机、流动式起重机(轮胎起重机)(图1-1-12)、汽车起重机(图1-1-13)、履带起重机(图1-1-14)、塔式起重机(图1-1-15)、浮式起重机(图1-1-16)、甲板起重机、桅杆起重机、悬臂起重机等。

图1-1-10　固定式起重机

图1-1-11　门座起重机

图1-1-12　轮胎起重机

图1-1-13　汽车起重机

图1-1-14　履带起重机

图1-1-15　塔式起重机

固定式起重机是固定在基础或支承基座上,只能在原地工作的起重机,一般具有起升、变幅、回转机构。各个机构由电动机分别驱动,可单独动作,也可协同动作。

固定式起重机用于内河中小型港口码头前沿装卸船舶作业,还可在堆场、货栈装卸件杂货或散货。

门座起重机是全回转式臂架型起重机,可沿铺设在地面的轨道运行。门座起重机有起升、运行、变幅、回转四大工作机构,可完成货物的升降、起重机运行、回转和带载变幅等动作。

图1-1-16　浮式起重机

门座起重机可分为港口门座起重机、船厂门座起重机和电站门座起重机等。

港口门座起重机用于港口、码头、堆场等场所进行货物的装船、卸船、转载、过驳等作业。其起升高度和幅度大，工作速度高，是港口最主要的装卸设备。

轮胎起重机是全回转臂架型起重机，装有充气轮胎和装配特制底盘，能在无轨路面上自行运行或牵引运行。

轮胎起重机一般不能带载变幅，与汽车起重机相比，运行速度低，爬坡性能、越野性能和长距离行驶性能较差，但在平坦的路面上可以吊重行驶。

轮胎起重机广泛地应用于港口、车站、货场、建筑工地等场所，可进行装卸、安装工作。

汽车起重机，采用通用或专用汽车底盘作为运行底架，装有充气轮胎，能在无轨路面上自行行驶。汽车起重机大多采用内燃机驱动、液压传动的形式，因此特别适用于流动性大、不固定的场所作业。为了保证作业安全，汽车起重机不允许吊重行驶。

履带起重机是以履带作为运行底架的臂架型起重机。因为履带与地面的接触面积大，所以它能在松软的地面上行走和作业。履带起重机的爬坡能力大，通行性能好，但因其底盘笨重，会破坏硬化的路面，一般仅用与各种建筑工地。

塔式起重机是臂架安装在高塔顶部的臂架型起重机，其起升高度大，可以回转，结构轻巧，便于装拆，广泛应用在工业与民用建筑、堤坝建筑、电站建设等施工中，进行起重、安装、搬运作业。

塔式起重机按结构形式可分为固定式、移动式、自升式塔式起重机等。

浮式起重机的起重设备安装在专用浮船上，可自航或由港作船拖航。浮式起重机有回转式和非回转式；其工作范围大，使用性能好。

浮式起重机广泛用于海港、河港进行船舶装卸、过驳作业，特别适用重件货物的吊运和水位落差较大的内河码头前沿的装卸船作业，还可以用于大型设备安装、船舶修造、桥梁建筑、水上抢险、水下打捞等作业。

3）缆索型起重机

缆索型起重机是重小车沿着架空的承载索运行的起重机。根据结构形式的不同，缆索型起重机分为绳索起重机（图1-1-17）和门式缆索起重机。

图1-1-17　绳索起重机

3. 升降机

升降机是重物或取物装置沿导轨做升降运动的起重机械。按结构特点，升降机可分为升船机、启闭机、施工升降机（图1-1-18）和举升机等。

图 1-1-18　施工升降机

任务实施

填写任务单,见表 1-1-2。

任务单　　　　　　　　　　　　　　　　　　　　　表 1-1-2

编制专业:港机专业		编号:项目一任务 1	
课程名称	港口起重输送机械 班级/组号	学时	2
任务 1　起重机械类型认识			
类型	特点	适用场合	
桥式起重机			
轮胎起重机			
门座起重机			
评价		成绩评定	

课后巩固

1. 起重机械分哪些类型?
2. 熟悉各类起重机械的结构特点与工作场合。

任务2 起重机械的工作特点与结构组成和驱动形式认识

任务导读
学生通过桥式起重机的图片和自己查阅资料,熟悉桥式和门座起重机械的工作特点和结构组成及驱动形式。

教学目标
知识目标:了解起重机械的工作特点;掌握起重机械的结构组成,了解各部分在起重机械中的作用;熟悉起重机械的主要驱动形式;掌握起重机械的各种驱动装置的特点;根据工作要求和使用场合,能合理地选择起重机械的驱动形式。

能力目标:具备根据工作要求和使用场合,能合理地选择起重机械的驱动形式的能力。

工作任务
任务描述:如图1-1-19所示,描述桥式和门座起重机械的工作特点、结构组成及驱动形式。

a)桥式起重机　　　　　　　　　　b)门座起重机

图1-1-19 桥式和门座起重机械

任务具体要求:描述桥式和门座起重机械的工作特点和结构组成及驱动形式,并填写任务单。

知识储备

一、起重机械的工作特点

起重机械的工作程序是:取物装置从取料地点将物品提升,经回转、变幅或运行机构动作使物品水平移动,到达指定地点后将物品下降卸货。接着各个机构进行反向运动,使取物装置回到原来的取料地点。这个工作过程称为一个工作循环。当一个工作循环完成后,再进行下一次工作循环。起重机械就是这样重复而周期性地动作,各个机构经常处于起动、制动以及正向、反向等相互交替的运动状态。因此,起重机械是一种循环、重复、间歇运动的机械。

二、起重机械的组成

1. 工作机构

工作机构是起重机械的执行机构,通过各个机构的动作,完成对物品的升降和水平移动,实现物品的装卸、转载、运输、安装等作业要求。

起重机械上常用的工作机构有起升机构、运行机构、变幅机构和回转机构,即所谓起重机械的四大机构。此外,针对某些起重机械的特殊要求,有的还设置臂架伸缩机构、放倒机构等。

起升机构是用来垂直升降物品的机构,是起重机械的基本工作机构;运行机构是使起重机或起重小车沿着固定轨道或路面行走的机构;变幅机构是依靠臂架的俯仰或起重小车在臂架上运行而改变幅度的机构;回转机构是使起重机械的回转部分在水平面内绕回转中心线转动,实现物品周向移动的机构。

工作机构的数目是根据起重机械的类型和使用要求而设置的,性能完备的臂架型起重机具有四个工作机构;桥架型起重机一般设置起升、运行(起重机运行、起重小车运行)两个工作机构;构造简单的起重机械甚至只有一个工作机构,但任何一种起重机械必须具有起升机构。

2．金属结构

金属结构可用来安装及布置驱动装置和工作机构,承受自重载荷和各种外载荷,并将这些载荷传递到起重机械的支承基础。金属结构是起重机械的骨架,决定了起重机械的结构形式。臂架型起重机的金属结构主要有臂架、人字架、转台、门架或车架、机房、支腿等;桥架型起重机的金属结构主要有主梁、端梁、小车架等。

3．驱动装置和控制系统

驱动装置是用来驱动各个工作机构的动力设备,在很大程度上决定了起重机械的工作性能和构造特点。起重机械最常用的动力设备是电动机和柴油机。通过控制系统可以实现工作机构的起动、调速、换向、制动、停止、安全报警等动作,还可提供起动机械的照明。

三、起重机械的驱动形式

起重机械通常采用的驱动方式有人力驱动、电力驱动、内燃机驱动等。

1．人力驱动

人力驱动主要用于起重量小、工作速度低、工作不繁忙的起重机械,如检修用千斤顶、手拉葫芦、手动单主梁起重机、便携式起重机的回转与运行机构等。人力驱动也用在某些起重机的辅助设备上,如手动夹轨器、锚钉装置等;或作为某些起重设备的备用驱动,如电动螺杆式夹轨器上的手轮,以使在其他驱动装置突然发生故障时,采用手动操作,不致影响到工作的正常进行。

人力驱动通常采用手摇柄、杠杆、手轮、曳引链以及脚踏板驱使机构运动。人力驱动的起升机构要安装支持制动器,用来防止重物自行下落;或安装安全摇柄,防止手柄自行反转。

人力驱动的起重机械构造简单、使用方便、价格便宜。但机械的工作速度低、生产效率不高、操作者的劳动强度大,并且不能长时间地连续工作。

2．电力驱动

电力驱动是起重机械中使用最普遍的一种驱动形式。这是因为电源已经成为最普遍、最经济的一种能量来源,有完善的电网系统和集中的供电基地,供电方便;电动机可以对起重机械的各个工作机构实行分别驱动,使传动系统大大简化,从而实现简单操作、方便维修;电动机可带载起动,可换向、可调速、短时过载能力强,工作性能良好;这种驱动形式便于安装制动装置和各种安全保护装置,并能使它们与电动机连锁动作,提高了机构工作时的安全性和可靠性;电力驱动的噪声低、无环境污染。

电力驱动的起重机械采用起重冶金用交流异步电动机和起重冶金用直流电动机。与一般工业用的电动机相比较,起重冶金用电动机具有较高的过载能力和机械强度,起动力矩大,转子转动惯量小,能满足起重机械循环、重复、间歇运动的工作特点。

由于交流电源容易获得,而且更为经济,所以在起重机械中更多地使用交流异步电动机。目前,起重机械使用的交流异步电动机为 YZR 系列绕线转子三相异步电动机和 YZ 系列鼠笼型三相异步电动机。绕线转子三相异步电动机起动性能好,便于适量调速,不会引起过热,所以在起重机械中使用最多。鼠笼型三相异步电动机的构造简单、使用方便、价格便宜,但它的起动力矩小,而起动电流大,故不能频繁地起动。所以,通常只用于功率不大、工作不频繁、起动次数少的机构上,如非工作性的变幅机构、港口门座起重机的大车运行机构等。

直流电动机的调速范围较大,过载能力强,传动效率高,机械性能更能满足起重机械的工作要求。但对于一般的作业场地,没有直流电源,需要另外安装整流设备或直流电网。而且与同容量的交流异步电动机相比,直流电动机的体积、自重较大,价格和维护费用比较高,因此,除了特别重要和要求在较大范围内调速的起重机械的工作机构,如造船用门座起重机、岸边集装箱起重机、浮式起重机的起升机构外,一般较少用直流电动机。图 1-1-20 是 M10-30 门座起重机驱动简图。

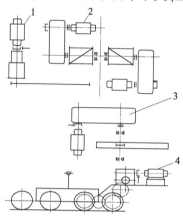

图 1-1-20 M10-30 门座起重机驱动简图
1-回转机构;2-起升机构;3-变幅机械;
4-运行机构

3. 内燃机驱动

对于不便利用外部能源的起重机械,常采用内燃机作为动力装置。内燃机驱动能使起重机械具有自身独立的能源而不依赖外界输入的能源。因此,特别适合经常变换工作地点、工作范围比较大的流动式起重机,如汽车起重机、履带起重机、浮式起重机等。根据传动方式的不同,内燃机驱动又可分为:内燃机—机械驱动,内燃机—电力驱动,内燃机—液压驱动,内燃机、外接交流电源—电力驱动。

1) 内燃机—机械驱动

内燃机—机械驱动又称内燃机集中驱动。图 1-1-21 是 HG-72 型 16t 轮胎起重机驱动传动原理图。动力装置 4135 柴油机 1 通过液力耦合器 2 将动力传递给动力分配箱 3,动力分配箱的四根输出轴分别驱使各个工作机构运动。输出轴 4 通过左、右两个离合器和换向器、蜗轮蜗杆减速器带动卷筒转动并卷入或放出钢丝绳,使臂架俯仰变幅。输出轴 5 通过左、右两个离合器和换向器,带动圆柱齿轮减速器并使小齿轮绕大齿圈转动,使起重机回转部分转动。输出轴 6 通过左、右两个离合器和换向器,带动圆柱圆锥齿轮减速器、差速器,驱使车轮转动,使起重机前进或后退。输出轴 7 通过安装在卷筒上的内胀式离合器,带动卷筒转动,实现货物上升;卷筒在货物重力作用下反转,使货物因重力下降。

从内燃机—机械驱动的过程中,可以发现这种驱动方式存在的缺点:由于用一台内燃机集中驱动,需要采用动力分配箱进行动力分配;内燃机不能带载起动,在动力装置与传动装置之间要安装离合器,使内燃机先空载起动,然后通过离合器与工作机构结合;内燃机不能逆转,在传动装置中要装换向器来改变转动方向,因此内燃机—机械驱动的传动系统相当复杂、操作很不方便;内燃机过载能力不大,必须按照起重机械工作机构的起动转矩而不是额定转矩来选择内燃机,这样就使动力装置的功率利用率和效率降低;另外,内燃机在运转时有噪声,会排出废气,对环境有一定的污染。

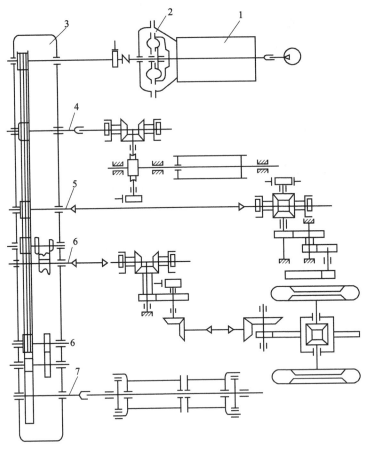

图 1-1-21　HG-72 型轮胎起重机驱动传动原理图

1-柴油机;2-液力耦合器;3-动力分配箱;4-变幅机构输出轴;5-回转机构输出轴;6-运行机构输出轴;7-起升机构输出轴

2）内燃机—电力驱动

内燃机—电力驱动是一种复合驱动的形式。复合驱动一般由原始发动机、能量转换装置和再生发动机三部分组成。

图 1-1-22 是 QL16B 型轮胎起重机驱动传动简图。原始动力装置 4135AK-2 型柴油机带动 ZQF-45 型直流发电机发出直流电,供给各个工作机构的电动机。起升机构的 ZZK-42 型串激直流电动机通过圆锥圆柱齿轮减速器带动卷筒转动,实现货物升降;运行机构的两台 ZZG-33 型串激直流电动机分别通过圆柱齿轮减速器和链传动,驱使后轮转动,使起重机前进或后退;变幅机构的 ZZG-30 型串激直流电动机通过蜗轮蜗杆减速器带动变幅卷筒转动,使臂架俯仰变幅;回转机构采用的 ZZG-30 型串激电流电动机通过蜗轮蜗杆减速器带动小齿轮绕大齿圈转动,实现起重机回转。

在内燃机—电力驱动中,由于采用直流电动机对起重机械的各个机构实行分别驱动,所以具有电力驱动的全部优点,而且柴油机又作为原始发动机,则起重机械就具有自身的独立能源,工作范围不受外部电网的限制。因此,内燃机—电力驱动在各类流动式起重机和船用起重机上得到了广泛的应用。

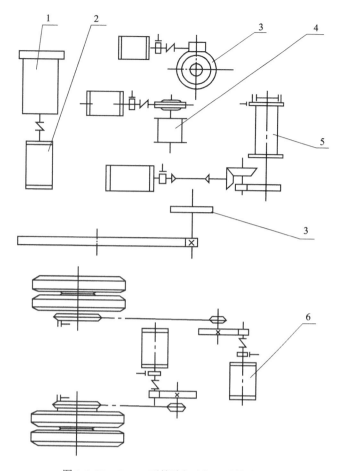

图 1-1-22 QL16B 型轮胎起重机驱动传动简图
1-柴油机;2-发电机;3-回转机构;4-变幅机构;5-起升机构;6-运行机构

3) 内燃机—液压驱动

内燃机—液压驱动是另一种复合驱动形式。柴油机带动高压油泵,使油液产生高压,将高压油液输入液压马达或液压缸,再通过各种控制阀由液压马达或液压缸驱使起重机械的各个工作机构动作。

在内燃机—液压驱动中,可以通过控制输入的液体流量大小来实现大幅度的无级调速,省去了机械传动装置,使系统简单、紧凑、质量轻;液压传动平稳,有超载限压保护装置;操作方便,容易调试、安装、维护。但液压元件的精度要求高,因而价格贵;高压油液容易泄漏,对密封的要求较高;而且在不承受额定载荷的情况下,工作效率低。

内燃机—液压驱动在各类流动式起重机和船用起重机上得到较为广泛的应用。如汽车起重机、轮胎起重机的起升、变幅、臂架伸缩、回转、支腿水平伸缩、支腿垂直提放机构都可以靠液压系统驱动。

4) 内燃机、外接交流电源—电力驱动

内燃机、外接交流电源—电力驱动是一种综合内燃机—直流发电机驱动和外接交流电源—电力驱动优点的驱动方式。它可以实现两种能源替换驱动,根据作业场地的条件,选择不同的能源供应方式,既可以由柴油机驱动进行作业和长距离行走,也可以用外接交流电源进行作业和短距离运行。

当采用柴油机驱动时,发电机接成复激式,改变柴油机油门大小,输出的电压随着变化。

当由交流异步电动机拖动时,交流接触器通电动作,发电机接成他激式。交流异步电动机拖动直流发电机恒速运转,由调压器提供一个连续调节的电压给发电机的励磁绕组,调节发电机的输出电压,使各个工作机构实现无级调速。

内燃机、外接交流电源—电力驱动在流动式起重机上得到较为广泛的应用。

 任务实施

填写任务单,见表1-1-3。

任 务 单　　　　　　　　　　　表1-1-3

编制专业:港机专业				编号:项目一任务2	
课程名称	港口起重输送机械	班级/组号		学时	2
任务2　起重机械的工作特点与结构组成和驱动形式认识					
类型	工作特点		结构组成	驱动形式	
桥式起重机					
门座起重机					
评价				成绩评定	

 课后巩固

1. 试述起重机械的一个工作循环,解释起重机的工作特点。
2. 起重机械有哪几种驱动形式?
3. 电力驱动有哪些主要的传动特点?它适用于何种类型的起重机,为什么?

任务3　起重机械性能参数和识别与标注起重机械技术参数认识

 任务导读

学生根据MQ1028门座起重机工作特点,查阅MQ1028门座起重机的性能参数,掌握主要技术参数的含义。

 教学目标

知识目标:了解起重机械性能参数;掌握起重机械的各技术参数的含义、各参数合理选用的原则或依据;根据工作要求和使用场合,能正确选择起重机械的主要技术参数。

能力目标:具备识别与标注起重机械技术参数的能力。

工作任务

任务描述：如图 1-1-23 所示，查阅 MQ1028 门座起重机的性能参数，理解各性能参数的含义。

任务具体要求：了解 MQ1028 门座起重机的机械性能参数：在 9~20m 的工作幅度内，其起重量为 10t；在 20~28m 的工作幅度内，其起重量为 5t。填写任务单。

图 1-1-23 MQ1028 门座起重机

 知识储备

表 1-1-4 列出的是门座起重机的主要性能参数。起重机械的主要参数是表示起重机械性能特征的指标，也是设计和选择起重机械的基本技术依据。起重机械的主要参数有起重量、起升高度、跨度、轨距和轮距、幅度、机构工作速度、轮压、工作级别等。

门座起重机性能表   表 1-1-4

名　　称		数　　值
起重量	抓斗	16(t)
幅度	最大	33(m)
	最小	9.5(m)
起升高度	轨上	19(m)
	轨下	15(m)
工作速度	起升	60(m/min)
	变幅	50(m/min)
	回转	1.5(m/min)
	运行	25(m/min)
最大轮压		≤25(t)
轨距		10.5(m)
轮距(基距)		10.5(m)
起重机工作级别		A7 – A8
机构工作级别	起升	M7
	变幅	M6
	回转	M6
	运行	M4

一、起重量

起重量是指被起升重物的质量，用 G 表示，单位为吨(t)或千克(kg)。

起重机械正常工作时允许吊起的物品质量和可从起重机械上取下的吊具(或属具)质量的总和称为额定起重量，用 G_n 表示。因此，额定起重量不包括吊钩装置等的质量，包括抓斗、电磁吸盘、集装箱吊具等的质量。

工作性变幅的臂架型起重机的额定起重量是指在全工作幅度范围内允许吊起重物的最大质量。其中有些起重机械将全幅度分成几个幅度范围，每个幅度范围有一个额定起重量。

有的臂架型起重机对应不同的支承方式、不同的臂架长度和幅度有不同的额定起重量。例如，轮胎起重机的额定起重量是指使用基本臂架和支腿的情况下，在规定的最小幅度时的起重量，也称为最大起重量，用 G_{max} 表示。

起重量较大的起重机械为了提高作业效率，一般设有主起升机构和副起升机构。主起升机构的起重量大，起升速度低；副起升机构的起重量一般为主起升机构起重量的 1/5～1/3，但起升速度高，可提高装卸生产率。主、副起升机构起重量用一个分数表示。例如：吊钩桥式起重机起重量为 32/8t。起重量已制定了国家标准，如表 1-1-5 所示。

起重量系列（GB/T 783—1987）（单位：t）　　　　表 1-1-5

0.1	0.125	0.16	0.2	0.25	0.32	0.4	0.5	0.63	0.8
1	1.25	1.6	2	2.5	3.2	4	5	6.3	8
10	12.5	16	20	25	32	40	50	63	80
100	125	160	200	250	320	400	500	630	800
1000									

二、起升高度

起升高度是指空载时从起重机械停放水平面或运行轨道顶面到吊具最高工作位置之间的垂直距离。采用吊钩和货叉时算到它们的支承表面；采用抓斗或其他吊具时，算到它们闭合状态的最低点。起升高度用 H 表示，单位为米（m）。

同一台起重机械使用吊钩或抓斗作业时，可以选取不同的起升高度。桥式起重机的起升高度是空载时从地平面算到最高工作位置；臂架长度可变化的轮胎、汽车、履带、铁路起重机等的起升高度随臂架仰角和臂长的改变而变化，在各种臂长和不同臂架仰角时可得到相应的起升高度。浮式起重机的起升高度是指最大幅度下满载起升时从水面至吊具最高工作位置之间的垂直距离，且吊具最高工作位置受浮船倾侧的影响。

若吊具能下降到地面或轨面以下，则空载时从地面或轨道顶面到吊具最低工作位置之间的垂直距离称为下降深度，用 h 表示，单位为米（m）。

在确定起升高度时，要考虑提升物品所需要的高度，配备的吊具、车辆、路基的高度以及悬挂钢丝绳的最小安全长度；对于装卸船舶的起重机还要考虑船舶倾斜、潮水涨落、船舶满载与空载对起升高度的影响。下降深度应根据吊具在最低潮位，船舶满载时能取到舱底货物来确定。

表 1-1-6 为桥式起重机起升高度，表 1-1-7 为港口门座起重机的幅度、起升高度和轨距，表 1-1-8 为轮胎起重机起升高度和幅度，供参考。

桥式起重机起升高度系列（GB/T 790—1995）（单位：m）　　　　表 1-1-6

额定起重量 G_n(t)	吊 钩				抓 斗		电力吸盘
	一般起升高度		加大起升高度		起升高度		一般起升高度
	主钩	副钩	主钩	副钩	一般	加大	
≤50	16	18	24	26	18～26	30	16
63～125	20	22	30	32			
160～250	22	24	30	32			

— 16 —

港口门座起重机的幅度、起升高度和轨距（JT/T 81—1994）（单位：m）　　表 1-1-7

参数名称		单位	参数系列
额定起重量		t	3、5、8、10、16、25、32、40、63、80、100、125、160
幅度	最大	m	16、20、25、30、35、45、50、60
	最小		6、7、8、9、11、16
起升高度		m	12、13、15、16、18、19、20、22、25、28、30、40、60
下降深度		m	8、10、12、15、18、20
轨距		m	3.3、4.5、6.0、9.0、10.0、10.5、12.0、14.0、16.0、22.0

轮胎起重机起升高度和幅度（JT/T 82—1994）（单位：m）　　表 1-1-8

参考名称		单位	参考系列
额定起重量	使用支腿	t	8、10、16、25、40、50、63、80、100
	不用支腿		4、8、10、12、16、20、25、40、63
幅度	最大	m	7、8、9、10、11、13、15、18、24、30
	最小		1.0、1.5、2.0、2.5、3.0、3.5、4.0
最大起升高度		m	8、10、14、15、18、24、30、40、50、60

三、跨度、轨距和轮距

桥架型起重机跨度是指起重机运行轨道中心线之间的水平距离，用 S 表示，单位为米（m）。

臂架型起重机轨距是指起重机运行轨道中心线或起重机车轮踏面中心线之间的水平距离；桥架型起重机轨距是指小车运行轨道中心线之间的水平距离，用 K 表示，单位为米（m）。

轮胎起重机、汽车起重机同一轴（桥）上左右两侧车轮踏面中心线之间的水平距离称为轮距。若两侧采用双胎时，轮距则指两侧双胎中心线之间的水平距离，用 K 表示，单位为米（m）。

门式起重机目前采用两种跨度系列，见表1-1-9。桥式起重机的跨度由厂房的跨度确定，表1-1-10为电动桥式起重机跨度系列。表中起重量50t以下的起重机对应每一种厂房跨度有两种跨度值，在行车梁上需要留安全通道时，取小的跨度值。

门式起重机跨度系列（单位：m）　　表 1-1-9

系列1	11	14	17	20	23	26	29	32	35	38
系列2	10.5	13.5	16.5	19.5	22.5	25.5	28.5	31.5	34.5	37.5

电动桥式起重机跨度系列（单位：m）　　表 1-1-10

额定起重量 G_n(t)	厂房跨度	9	12	15	18	21	24	27	30	33	36
		起重机跨度 S									
≤50	无通道	7.5	10.5	13.5	16.5	19.5	22.5	25.5	28.5	31.5	34.5
	有通道	7	10	13	16	19	22	25	28	31	34
63~125					16	19	22	25	28	31	34
160~250					15.5	18.5	21.5	24.5	27.5	30.5	33.5

四、幅度

起重机械停放在水平场地上时，空载吊具垂直中心线到起重机械回转中心线之间的水平距离称为幅度，用 L 表示，单位为米（m）。非回转起重机械的幅度是指空载吊具垂直中心线至臂架下绞点之间的水平距离。非回转浮式起重机的幅度是指空载吊具垂直中心线到船首护木外侧间的水平距离。

起重机械的最大幅度是起重机械工作时,臂架倾角最小或起重小车位于臂架最外极限位置时的幅度;而最小幅度是当臂架倾角最大或起重小车位于臂架最内位置时的幅度。起重机械是在最大、最小幅度之间工作。名义幅度是指起重机械的最大幅度。

港口起重机械的最大幅度根据轨道的布置、作业船舶的最大宽度、是否需要进行外挡过驳作业等来确定。最小幅度应尽量小,这样可以扩大起重机械的工作范围,但要考虑到起重机械的结构和安全工作要求。

五、机构工作速度

起重机械机构工作速度根据作业要求而定。

1. 起升速度

起升速度是指起重机械起吊额定起重量时吊具匀速上升(下降)的速度,用 v_p 表示,单位为米/秒(m/s)。

2. 运行速度

运行速度是指起重机械吊有额定起重量,在水平路面(或水平轨面)上匀速运行时的速度,用 v_y 表示,单位为米/秒(m/s)。对于调整性运行机构,其运行速度是指起重机不带载,在水平路面(或水平轨面)上匀速运行时的速度。

起重小车的运行速度指带有额定载荷的起重小车在水平轨面上匀速运行时的速度,用 v_y 表示,单位为米/秒(m/s)。

无轨运行的起重机械在平坦的路面上稳定行驶时的速度称为起重机械行驶速度,用 v_y 表示,单位为米/秒(m/s)。

3. 回转速度

回转速度是指起重机械停在水平场地(或水平轨面)上、最大幅度、吊有额定起重量时,起重机械回转部分匀速转动时的角速度,用 ω 表示,单位为转/分(r/min)。

4. 变幅速度

变幅速度是指起重机械停在水平场地(或水平轨面)上、吊有额定起重量时,载重在变幅平面内从最大幅度到最小幅度水平移动的平均速度,用 v_b 表示,单位为米/秒(m/s)。

某些无轨运行的起重机械用变幅时间作为参数。指起重机械停在水平场地上,吊有对应于最大幅度的起重量(工作性变幅)或不带载(非工作性变幅),由最大幅度运动到最小幅度所需要的时间,用 t 表示,单位为秒(s)。

5. 机构工作速度的合理选择

机构的工作速度根据机构的使用要求、工作性质、起重量、工作行程、装卸货种、作业效率等来确定。

在港口码头前沿或库场进行装卸作业的起重机械工作机构,为了提高生产率,一般采用较高的工作速度;安装检修用的起重机械工作机构,为了保证安装定位的精度,采用较低的速度,甚至实行微速。

大起重量起重机械机构要求装卸作业的平稳和安全、并减小驱动功率,一般采用低速;中、小起重量起重机械工作机构采用高速,来提高装卸生产率。

进行散货装卸作业的起重机械工作机构采用高速;吊运件杂货的起重机械工作机构一

一般用中速,在吊装大件物品时甚至采用低速。

工作性变幅机构、工作性运行机构的工作速度较高,能够与其他机构的工作速度匹配,提高工作效率;非工作性变幅机构、非工作性运行机构只是用于调整起重机械的工作位置,一般采用低速以减小驱动功率。回转速度与起重机械的用途有关,并受到回转起动和制动时切向惯性力的限制,臂架端部最大圆周速度不大于3.5m/s。

工作行程大的起重机械工作机构采用较高的工作速度,能缩短作业时间,提高起重机械生产率;工作行程小的起重机械工作机构则采用较低的工作速度,否则有可能在起动过程结束后,紧接着开始制动过程,提高工作速度不会产生效率。

表1-1-11列出了常用起重机械工作机构的速度范围,可供选择时参考。

起重机械工作机构的速度范围 表1-1-11

起重机类型		起升速度(m/s)		运行速度(m/s)		变幅速度	回转速度
		主起升	副起升	小车	起重机	(m/s)	(r/min)
通用吊	A1、A2	0.016~0.05	0.133~0.166	0.166~0.332	0.5~0.667		
钩桥式	A3、A4	0.033~0.2	0.133~0.332	0.332-0.667	0.667~1.5		
起重机	A5、A6	0.133~0.332	0.3~0.332	0.667~0.833	1.167~2		
抓斗桥式起重机		0.667~0.833		0.667~0.833	1.667~2		
通用门式起重机		0.133~0.332	0.332	0.332~0.883	0.667~1		
抓斗装卸桥		1~1.167		1.167~5.83	0.25-0.667		
岸边集装箱起重机		0.416~0.667		1.333~2	0.583~0.833		
		0.0016~0.0083					
港口门座起重机		0.667-1.333		0.332~0.5	0.667~1.5	1.5~2	
带斗门座起重机		0.667~1.667		0.417~0.5	0.667~1.333	1.0~1.5	
建筑塔式起重机		0.166~0.5		0.25~0.5		0.2~1	
高层建筑塔式起重机		0.833~1.667		0.25~0.5		0.4~1.5	
装卸用浮式起重机		0.667~1.167			0.667~1	1.5~2.5	
安装用浮式起重机		0.05~0.25	0.25~0.332		0.05~0.25	0.2~0.5	
汽车、轮胎起重机		0.133~0.5		3.33~22.22	0.033~0.25	0.5~1.5	
港口固定起重机		0.25~0.667			0.2~0.4	1.4~2	

六、最大轮压

最大轮压是指起重机械或起重小车的一个车轮传递到地面或轨道上的最大垂直载荷,用P_{max}表示,单位为千牛(kN)。

轮胎起重机采用支腿全部外伸进行起重作业时,一个支腿座传递给地面的最大法向作用力称为外伸支腿最大压力。

最大轮压值是设计计算支承基础和运行机构的重要依据。当在原有的轨道上安装一台新设计的起重机时,必须使它的最大轮压控制在轨道基础承载能力的允许范围之内。

目前,我国港口钢筋混凝土码头允许的最大轮压通常为250~400kN。

七、工作级别

为适应起重机械不同的使用情况和工作要求,在设计和选用起重机械及其零部件时,对起重机械及其组成部分进行工作级别的划分。

1. 起重机械整机的工作级别

起重机械整机的工作级别是按起重机械使用等级和起重机械起升载荷状态划分的起重机械工作特性。划分起重机械整机的工作级别是为了对起重机械机构和结构件进行设计及选用时提供合理的依据,也为了用户和制造厂家进行协商时有一个参考范围。

按起重机械的使用等级和起升载荷状态级别,起重机械整机的工作级别分为八级,用A1、A2、A3、A4、A5、A6、A7、A8表示。

2. 机构的工作级别

机构的工作级别是设计起重机械机构的基础。选择电动机、减速器、制动器、钢丝绳、吊钩等主要零部件、确定滑轮、卷筒等零部件的尺寸都要考虑机构的工作级别。划分机构工作级别的因素有:表示机构运转时间长短的机构使用等级;表示机构受载情况的机构载荷状态。

机构工作等级的划分是将各个机构分别作为一个整体,对其承受的载荷大小及运转频繁情况的评价。机构工作等级按机构的使用等级和载荷状态级别分为八级,用M1、M2、M3、M4、M5、M6、M7、M8表示。

【知识扩展】

工作级别的划分方法:

1. 起重机械整机的工作级别

1) 起重机械使用等级

起重机械在有效设计寿命期间有一定的总工作循环次数。工作循环次数表示起重机械的使用程度,是起重机械整机分级的基本因数指引。起重机械的总工作循环次数由起重机械预期使用年数、每年平均的工作日数、每工作日平均的起重机工作循环次数等三个数的乘积得到。

起重机械的使用等级按起重机械设计寿命期间总工作循环次数 C_r 分为十级,用 U0、U1、U2、…、U9 表示,见表 1-1-12。

起重机械的使用等级(GB/T 3811—2008) 表 1-1-12

使用等级	起重机总工作循环次数 C_r	起重机使用频繁程度
U0	$C_r \leq 1.60 \times 10^4$	很少使用
U1	$1.60 \times 10^4 < C_r \leq 3.20 \times 10^4$	
U2	$3.20 \times 10^4 < C_r \leq 6.30 \times 10^4$	
U3	$6.30 \times 10^4 < C_r \leq 1.25 \times 10^5$	
U4	$1.25 \times 10^5 < C_r \leq 2.50 \times 10^5$	不频繁使用
U5	$2.50 \times 10^5 < C_r \leq 5.00 \times 10^5$	中等频繁使用
U6	$5.00 \times 10^5 < C_r \leq 1.00 \times 10^6$	较频繁使用
U7	$1.00 \times 10^6 < C_r \leq 2.00 \times 10^6$	频繁使用
U8	$2.00 \times 10^6 < C_r \leq 4.00 \times 10^6$	特别频繁使用
U9	$4.00 \times 10^6 < C_r$	

2) 起重机械的起升载荷状态级别

机械的起升载荷状态表示起重机械受载的轻重程度,是指起重机械设计预期寿命期间,各个有代表性的起升载荷值的大小 P_{q_i} 以及各相应的起吊次数 C_i,与起重机械额定起升载荷值的大小 $P_{q_{max}}$ 以及总的起吊次数 C_r 的比值情况。

起重机械的起升载荷状态级别按载荷谱系数分为四级,用 Q1、Q2、Q3、Q4 表示,见表 1-1-13。

起重机械的载荷状态级别及载荷谱系数 K_p(GB/T 3811—2008) 表 1-1-13

载荷状态级别	起重机载荷谱系数 K_p	说　　明
Q1	$K_p \leqslant 0.125$	很少吊运额定载荷,一般吊运较轻载荷
Q2	$0.125 < K_p \leqslant 0.250$	较少吊运额定载荷,经常吊运中等载荷
Q3	$0.250 < K_p \leqslant 0.500$	有时吊运额定载荷,较多吊运较重载荷
Q4	$0.500 < K_p \leqslant 1.000$	经常吊运额定载荷

3)起重机械整机的工作级别

按起重机械的使用等级和起升载荷状态级别,起重机整机的工作级别分为八级,用 A1,A2,A3,…,A8 表示,见表 1-1-14。

起重机械整机的工作级别(GB/T 3811—2008) 表 1-1-14

载荷状态级别	起重机载荷谱系数 K_p	起重机的使用等级									
		U0	U1	U2	U3	U4	U5	U6	U7	U8	U9
Q1	$K_p \leqslant 0.125$	A1	A1	A1	A2	A3	A4	A5	A6	A7	A8
Q2	$0.125 < K_p \leqslant 0.250$	A1	A1	A2	A3	A4	A5	A6	A7	A8	A8
Q3	$0.250 < K_p \leqslant 0.500$	A1	A2	A3	A4	A5	A6	A7	A8	A8	A8
Q4	$0.500 < K_p \leqslant 1.000$	A2	A3	A4	A5	A6	A7	A8	A8	A8	A8

表 1-1-15 是各类起重机械整机工作级别实例,可供起重机械设计和选用时参考。

起重机械整机工作级别举例表 表 1-1-15

	起重机类别	起重机使用情况	使用等级	载荷状态	工 作 级 别
桥式和门式起重机	维修用起重机	较少使用	U2	Q3	A3
	车间用起重机	不频繁较轻载荷使用	U4	Q2	A4
	较繁忙车间用起重机	不频繁中等载荷使用	U5	Q2	A5
	货场用吊钩起重机	较少使用	U4	Q1	A3
	货场用抓斗或电磁盘起重机	较频繁中等载荷使用	U5	Q3	A6
	桥式抓斗卸船机	频繁重载使用	U7	Q3	A8
	铸工车间用起重机	不频繁中等载荷使用	U4	Q3	A5
	锻造起重机	较频繁重载使用	U6	Q3	A7
	装卸桥	较频繁重载使用	U5	Q4	A7
	一般吊钩作业起重机	非连续使用	U2	Q1	A1
	抓斗、电磁盘或吊桶起重机		U3	Q2	A3
	集装箱吊运或港口装卸用起重机	较频繁使用	U3	Q3	A4
	建筑用塔式起重机	快装式	U3	Q2	A3
	建筑用塔式起重机	非快装式	U4	Q2	A4
	货场用起重机		U3	Q1	A2
	港口装卸用吊钩起重机	较频繁中等载荷使用	U5	Q3	A6
	港口装船用吊钩起重机	较频繁重载使用	U6	Q3	A7
	港口装卸用抓斗、电磁盘或集装箱起重机	较频繁重载使用	U6	Q3	A7
	港口装船用抓斗、电磁盘或集装箱起重机	较频繁重载使用	U6	Q4	A8
	货场用吊钩起重机	不频繁较轻载荷使用	U4	Q2	A4
	货场用抓斗或电磁盘起重机	较频繁中等载荷使用	U5	Q3	A6

2.机构的工作级别

1)机构的使用等级

机构的使用等级表示机构工作的忙闲程度,按机构总运转时间分为十级,用 T0,T1,T2,…,T9 表示,见表 1-1-16。

机构总运转时间是指该机构从开始使用起到预期更换或报废为止的实际运转小时数量累计之和,不包括机构的停歇时间。

机构的使用等级(GB/T 3811-2008)　　　　　表 1-1-16

使用等级	总运转时间 t_T(h)	机构运转频繁情况
T0	$t_T \leq 200$	很少使用
T1	$200 < t_T \leq 400$	
T2	$400 < t_T \leq 800$	
T3	$800 < t_T \leq 1600$	
T4	$1600 < t_T \leq 3200$	不频繁使用
T5	$3200 < t_T \leq 6300$	中等频繁使用
T6	$6300 < t_T \leq 12500$	较频繁使用
T7	$12500 < t_T \leq 25000$	频繁使用
T8	$25000 < t_T \leq 50000$	
T9	$50000 < t_T$	

2)机构的载荷状态级别

机构的载荷状态级别表示机构所受载荷的轻重程度,用载荷谱系数 K_m 来表示。

机构的载荷状态级别按载荷谱系数分为四级,用 L1、L2、L3、L4 表示,见表 1-1-17。

机构的载荷状态级别及载荷谱系数 K_m(GB/T 3811—2008)　　　　　表 1-1-17

载荷状态级别	机构载荷谱系数 K_m	说　明
L1	$K_m \leq 0.125$	很少承受最大载荷,一般承受轻小载荷
L2	$0.125 < K_m \leq 0.250$	较少承受最大载荷,一般承受中等载荷
L3	$0.250 < K_m \leq 0.500$	有时承受最大载荷,一般承受较大载荷
L4	$0.500 < K_m \leq 1.000$	经常承受最大载荷

3)机构工作级别

机构工作级别的划分是将各个机构分别作为一个整体,对其承受的载荷大小及运转频繁情况的评价。机构工作级别按机构的使用等级和载荷状态级别分为八级,用 M1,M2,M3,…,M8 表示,见表 1-1-18。

机构的工作级别(GB/T 3811—2008)　　　　　表 1-1-18

载荷状态级别	机构载荷普系数 K_m	机构使用等级									
		T0	T1	T2	T3	T4	T5	T6	T7	T8	T9
L1	$K_m \leq 0.125$	M1	M1	M1	M2	M3	M4	M5	M6	M7	M8
L2	$0.125 < K_m \leq 0.250$	M1	M1	M2	M3	M4	M5	M6	M7	M8	M8
L3	$0.250 < K_m \leq 0.500$	M1	M2	M3	M4	M5	M6	M7	M8	M8	M8
L4	$0.500 < K_m \leq 1.000$	M2	M3	M4	M5	M6	M7	M8	M8	M8	M8

表 1-1-19 是各类起重机械各个机构工作级别实例,可设计和选用时参考。

起重机械各机构工作级别例表　　　　表 1-1-19

起重机类别		工 作 级 别				
		起升机构	小车运行机构	大车运行机构	回转机构	变幅机构
桥式和门式起重机	维修用起重机	M2	M1	M2		
	车间用起重机	M4	M3	M4		
	较繁忙车间用起重机	M5	M3	M5		
	货场用吊钩起重机	M3	M2	M4		
	货场用抓斗或电磁盘起重机	M6	M6	M6		
	桥式抓斗卸船机	M8	M7	M6		
	铸工车间用起重机	M5	M4	M5		
	锻造起重机	M7	M6	M6		
	装卸桥	M8	M8	M3		
	一般吊钩作业起重机	M3		M1	M2	M2
	抓斗、电磁盘或吊桶起重机	M4		M2	M3	M3
	集装箱吊运或港口装卸用起重机	M5		M2	M4	M3
	建筑用塔式起重机	M3	M2	M2	M4	M3
	建筑用塔式起重机	M4	M3	M3	M5	M4
	货场用起重机	M2	M1	M2	M4	M1
	港口装卸用吊钩起重机	M5		M3	M5	M4
	港口装船用吊钩起重机	M7		M3	M5	M4
	港口装卸用抓斗、电磁盘或集装箱起重机	M7		M4	M6	M6
	港口装船用抓斗、电磁盘或集装箱起重机	M8		M4	M7	M7
	货场用吊钩起重机	M4	M4	M4	M4	M3
	货场用抓斗或电磁盘起重机	M6	M6	M5	M6	M6

八、起重机械技术参数的识别与标注

起重机械技术参数的识别与标注如图 1-1-24 ~ 图 1-1-26 所示。

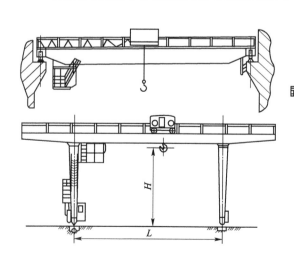

图 1-1-24　起重机械技术参数的识别与标注①

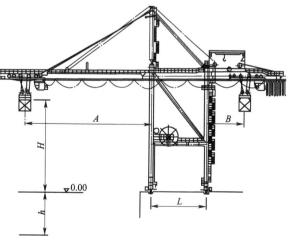

图 1-1-25　起重机械技术参数的识别与标注②

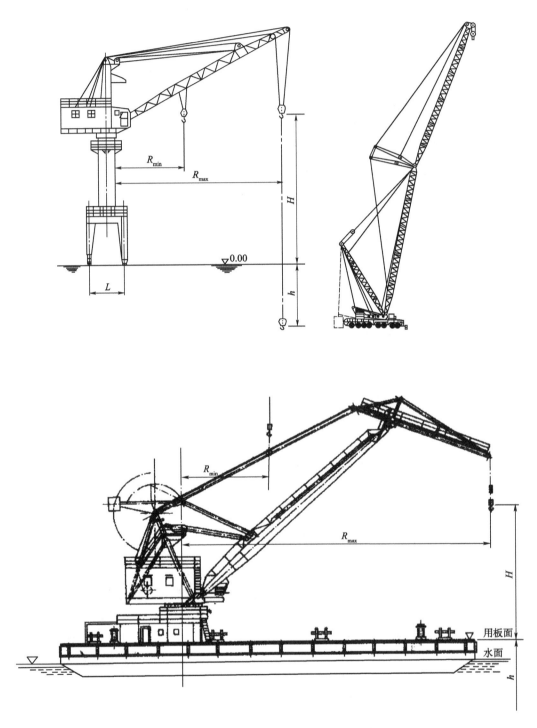

图 1-1-26 起重机械技术参数的识别与标注③

任务实施

填写任务单,见表 1-1-20。

任务单   表 1-1-20

编制专业:港机专业								编号:项目一任务 3	
课程名称	港口起重输送机械				班级/组号			学时	2
任务 3 起重机械性能参数和识别与标注起重机械技术参数认识									
类型	整机工作级别	起重能力	工作幅度	起升高度	行走速度	起升速度	变幅速度	回转速度	
MQ1028 门座起重机									
评价							成绩评定		

课后巩固

1. 起重机械的主要技术参数有哪些?为什么要了解这些参数?
2. 为什么要合理选择起重机各机构的工作速度?如何选择各机构的工作速度?
3. 起重机械各技术参数的含义、代号、单位各是什么?

项目二　起重机械通用装置、安全装置认识、使用与维护

任务1　钢丝绳、滑轮组和卷筒装置认识、使用与维护

任务导读

本任务通过任务1的学习,了解钢丝绳的固定方法、破坏形式、报废标准以及钢丝绳、滑轮组和卷筒装置维护方法。

教学目标

知识目标：了解各类钢丝绳的结构特点和运用场合；学会对钢丝绳的使用与维护；了解滑轮组的类型与作用；了解卷筒装置与减速器的连接形式；了解钢丝绳在卷筒上固定方法；掌握卷筒的使用与维护的方法。

能力目标：具备钢丝绳、滑轮组和卷筒装置使用与维护的能力。

工作任务

任务描述：有一根起重机起升机构（图1-2-1）上用的直径为20mm,6股37根丝点接触钢丝绳,该起升机构的工作级别为M5,现发现在120mm长度内有15根钢丝断裂。

任务具体要求：该钢丝绳是否要报废,为什么？填写任务单。

知识储备

一、钢丝绳认识、使用与维护

钢丝绳（图1-2-2）是一种具有强度高、弹性好、自重轻、挠性好的重要构件,被广泛用于机械、造船、采矿、冶金以及林业等多种行业。

图1-2-1　起重机起升机构

图1-2-2　钢丝绳

钢丝绳由于挠性好,承载能力大,传动平稳无噪声,工作可靠,特别是钢丝绳中的钢丝断裂是逐渐产生的,在正常工作条件下,一般不会发生正根钢丝绳断裂。因此,钢丝绳不仅成为起重机的重要零件部件,如用于起重机起升机构、变幅机构、牵引机构中作为缠绕绳,用于桅杆起重机桅杆的张紧绳,用于缆索起重机和架空索道的支持绳等,而且大量地用于起重运输作业中的吊装及捆绑绳。

虽然钢丝绳在正常工作条件下不会发生突然破断。但随着钢丝绳的磨损、疲劳等破坏的加剧,将会出现断绳事故的隐患。因此,作为一名起重机司机,不仅是要求只会操作,还应了解和掌握起重机的易损件——钢丝绳的基本结构性能特点、安全使用检查维护保养等。

1. 钢丝绳的结构

整根钢丝绳通常是若干细钢丝按一定排列方式经机械加工,组成一股钢丝子绳,再由几股钢丝子绳与一根绳芯绕捻而成(图1-2-3)。钢丝绳通常采用50号、60号、65号优质钢,通过热处理、酸洗、拉丝、镀锌等多道工序,使其公称强度达到《制绳用钢丝》(GB/T 8919—1996)的规定,可根据用途分为一般用途或重要用途钢丝绳。

2. 钢丝绳的分类

(1)按股的形状:有圆形、三角形、椭圆形、扁带形(图1-2-4)。

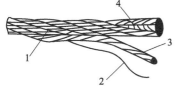

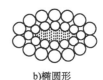

图1-2-3 钢绳的结构
1-钢丝绳;2-钢丝;3-股;4-芯

图1-2-4 钢丝绳的分类

(2)按钢丝绳捻绕次数分类。

①单绕(单捻股、由若干根钢丝按螺旋状捻绕而成的单绕钢丝绳),刚性大,表面不太光滑,在起重机上仅用作固定张紧绳(图1-2-5)。

②双绕(平行捻股、先有钢绕成股,再由股绕成绳),由于强度高,挠性好,在起重机上广泛使用(图1-2-6)。

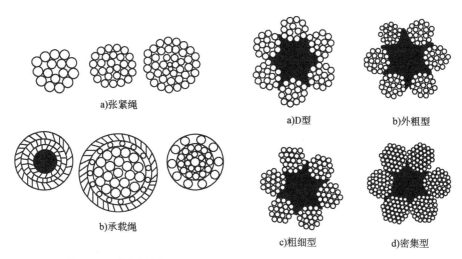

图1-2-5 单绕钢丝绳

图1-2-6 双绕钢丝绳

(3)按钢丝绳股内相邻层钢丝的接触状态分类。

①点接触(D型):股内各层钢丝互相交叉,呈点接触,单股钢丝绳在起重机中极少使用,多股过去应用较多;由于接触应力大,磨损快,现已逐渐被线接触钢丝绳取代。

②线接触(X型):股内各层钢丝在全长上平行捻制,呈线接触,在起重机中应用最广,分三种类型:a.外粗型(西鲁式),股中钢丝外粗内细(图1-2-6b);b.粗细型(瓦林吞式),各股外层钢丝绳粗细相同(图1-2-6c);c.密集型(填充式),各股外层钢丝形成的沟槽中,充填细钢丝(图1-2-6d)。

线接触钢丝绳承载能力大,耐磨性好,使用寿命长,在相同使用条件下,比点接触寿命高50%~100%;在起重机中,凡是绕过滑轮和卷筒的钢丝绳,均应选用线接触。

③面接触钢丝绳,股内钢丝为异形断面(如梯形、S形等),捻制后钢丝呈面接触,表面光滑,抗蚀性和耐磨性好,能承受较大的横向力,用于缆式起重机和架空索道承载绳。

(4)按钢丝绳自行扭转的程度分扭转松散(当绳端不困扎或将钢丝绳切断,绳中股丝会自行松散)、轻微扭转(多层多股,相邻层股的捻向相反)和不扭转钢丝绳(在捻制钢丝绳之前,将钢丝预先成型,加工成在绳中的形态,钢丝内应力小,不扭转打结,挠行好,寿命长,较一般钢丝绳可提高寿命50%),在起升高度大、承载分支数少的场合(如港口门座、高层建筑用塔式),推荐使用轻微扭转或不扭转钢丝绳。

(5)按股的捻向:右捻(Z)或左捻(S)(图1-2-7)。

(6)按钢丝绳的捻向:同向捻、交互捻、混合捻、弹性捻(图1-2-8)。同向捻钢丝绳挠性好,寿命长,但容易扭转打结,自行松散,只适用于有刚性导轨和经常保持张紧的地方。起升机构用的钢丝绳,以及在绳槽底部有缺口或契形绳槽滑轮上工作的钢丝绳,都宜使用交互捻钢丝绳。

(7)按绳芯的种类:纤维芯(天然有机NFC和合成SFC)、钢芯(钢丝股WSC和独立钢丝绳IWRC)、固态聚合物芯。用浸透油脂的麻绳作为有机芯,有利于防止钢丝绳锈蚀,减少钢丝绳的磨损。石棉纤维芯和金属芯适用于高温车间,金属芯钢丝绳难受较大的横向挤压力,可在多层绕卷筒上使用。

(8)按钢丝表面情况分光面和镀锌,镀锌适于潮湿或有酸性侵蚀的地方。

(9)钢丝绳的具体类型可参照《重要用途钢丝绳》(GB 8918—2006)、《一般用途钢丝绳》(GB/T 20118—2006)和《钢丝绳 术语、标记和分类》(GB/T 8706—2006)等相关标准要求。

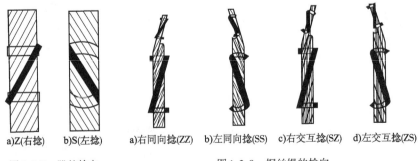

a)Z(右捻) b)S(左捻)　　　a)右同向捻(ZZ) b)左同向捻(SS) c)右交互捻(SZ) d)左交互捻(ZS)

图1-2-7 股的捻向　　　　　图1-2-8 钢丝绳的捻向

3.钢丝绳的标记方法

根据《钢丝绳 术语、标记和分类》(GB/T 8706—2006)标记的要求如下:

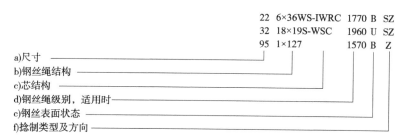

4. 钢丝绳的选用

1) 按用途选用钢丝绳

①普通起升、变幅缠绕绳应优先选用 6 股线接触交绕绳。

②起重机用张紧绳、牵引绳应选用顺绕绳。

③缆索起重机或架空索道用的支撑绳应选用单绕绳。

④在有腐蚀性的环境中工作时,应选用镀锌钢丝绳。

⑤需要有酸性的环境工作时,应选用镀锌钢丝绳。

⑥吊运熔融金属或吊运熔融非金属物料等在高温环境中工作的起重机应选用具有特级韧性石棉芯钢丝绳或具有钢芯的钢丝绳。

⑦电梯起升绳应选用 8 股韧性为特级饿钢丝绳。

⑧起升倍率为 1/1 的港口起重机或塔式起重机或塔式起重机应选用 18 股不旋转钢丝绳。

⑨电动葫芦起升绳多选用点接触的每股 37 丝的钢丝绳。

⑩捆绑绳多选用韧性较低的 II 级绳。

2) 钢丝绳的安全系数

起重机各机构用钢丝绳的安全系数见表 1-2-1。其他钢丝绳安全系数见表 1-2-2。

机构用钢丝绳安全系数　　　　　　　　　　　　表 1-2-1

机构工作级别	M1~M3	M4	M5	M6	M7	M8
安全系数 n	4	4.5	5	6	7	8

其他钢丝绳安全系数　　　　　　　　　　　　表 1-2-2

其他绳	支撑动臂张紧绳	缆风绳张紧绳	吊装及捆绑绳	双绳抓起升、开闭绳	单绳马达抓斗起升绳	手板葫芦牵引绳	手动绞车牵引绳
安全系数 n	4	3.5	6	6	5	4.5	4

5. 钢丝绳报废标准

根据《起重机钢丝绳保养、维护、安装、检验和报废》(GB/T 5972—2006)的要求:

(1) 断丝性质和数量:对于 6 股和 8 股,其断丝主要发生在外面;而对于多层,其断丝大多发生在内部,因而是"不可见的"断裂。钢制滑轮上工作的圆股钢丝绳断丝根数见表 1-2-3,但扭矩钢丝绳的报废要求还应考虑钢丝绳的结构、工作时间及其使用方式。

(2) 绳端断丝:当绳端或其附近出现断丝时,即使数量很少也表明该部位应力很大,可能是由于绳端安装不正确造成,应查明损坏原因;如果绳长允许,应将断丝的部位切去重新安装。

(3) 断丝的局部聚集:如果断丝聚集在小于 $6d$ 的绳长范围内,或集中在任一支绳股里,那么即使断丝数比表 1-2-3 的数值少,钢丝绳也应予以报废。

(4)断丝的增加率:疲劳是引起钢丝绳损坏的主要原因(在某些场合),断丝则在使用一个时期才开始出现,当断丝数逐渐增加,其时间间隔越来越短,为了判定增加率,应仔细检验并记录断丝增加情况。利用这个"规律",可确定钢丝绳未来报废的日期。

钢制滑轮上工作的圆股钢丝绳断丝根数　　　　　　　　　　　　　　　　表 1-2-3

外层绳股承载钢丝数[①]n	钢丝绳典型结构示例[②]（GB 8918—2006）[⑤]	起重机钢丝绳必须报废时与疲劳有关的可见断丝数[③]							
		机构工作级别							
		M1、M2、M3、M4				M5、M6、M7、M8			
		交互捻		同向捻		交互捻		同向捻	
		长度范围[④]				长度范围[④]			
		≤6d	≤30d	≤6d	≤30d	≤6d	≤30d	≤6d	≤30d
≤50	6×7	2	4	1	2	4	8	2	4
51≤n≤75	6×19S*	2	4	1	2	4	8	2	4
76≤n≤100		4	8	2	3	6	12	3	6
101≤n≤120	8×19S* 6×25F_i*	5	10	2	5	10	19	5	10
121≤n≤140		6	11	3	6	11	22	6	11
141≤n≤160	8×25F_i*	6	13	3	6	13	26	6	13
161≤n≤180	6×36w_s	7	14	4	7	14	29	7	14
181≤n≤200		8	16	4	8	16	32	8	16
201≤n≤220	6×41w_s*	9	18	4	9	18	38	9	18
221≤n≤240	6×37	10	19	5	10	19	38	10	19
241≤n≤260		10	21	5	10	21	42	10	21
261≤n≤280		11	22	6	11	22	45	11	22
281≤n≤300		12	24	6	12	24	48	15	24
300<n[②]		0.04n	0.08n	0.02n	0.04n	0.08n	0.16n	0.04n	0.08n

注:①填充钢丝不是承载钢丝,因此检验中要予以扣除。多层绳股钢丝绳仅考虑可见的外层,带钢芯的钢丝绳,其绳芯作为内部绳股对待,不予考虑。
②统计绳中的可见断丝数时,圆整至整数值。对外层绳股的钢丝直径大于标准直径的特定结构的钢丝绳,在表中做降低等级处理,并以 * 号表示。
③一根断丝可能有两处可见端。
④d 为钢丝绳公称直径。
⑤钢丝典型结构与国际标准中的钢丝绳典型结构是一致的。

(5)绳股断裂:出现整根绳股断裂,钢丝绳应予以报废。

(6)由于绳芯损坏而引起绳径减小:因内部磨损和压痕,尤其当钢丝弯曲时,纤维绳芯损坏,钢丝芯断裂,多层股结构中内部股的断裂。如果这些因素引起实测直径相对公称直径减小3%(对于抗扭而言)或减少10%(对于其他而言),应予以报废。

(7)外部磨损:磨损使钢丝绳的断面积减小而强度降低,当直径相对于公称直径减少7%时,应报废。

(8)弹性降低:由于绳径减小,捻距增大,钢丝和绳股之间相互压紧缺少空隙,绳股凹处出现褐色粉末,虽未发现断丝,但钢丝绳明显不易弯曲和直径减少,比起单纯是由于钢丝磨损而引起的减小要严重。这些情况会导致动载作用下突然断裂。

（9）外部及内部腐蚀。腐蚀在海洋或工业污染的大气中特别容易发生,它不仅减少了钢丝绳的金属面积,从而降低了破断强度,而且还将引起表面粗糙并从中开始发展裂纹,以致加速疲劳,严重的腐蚀还会引起钢丝绳弹性的降低。

①外部腐蚀。外部钢丝的腐蚀可用肉眼观察,当表面出现深坑,钢丝相当松弛时应报废。

②内部腐蚀。内部腐蚀比经常伴随它出现的外部腐蚀难发现。

a.钢丝直径的变化。钢丝绳在绕过滑轮的弯曲部位处直径通常变小,但对于静止段的钢丝绳则常由于外层绳股出现锈迹而引起钢丝绳直径的增加。

b.钢丝绳外层绳股间的空隙减小,还经常伴随外层绳股之间断丝出现。

主管人员对钢丝绳进行内部检验,如果有任何内部磨损的迹象,或确认有严重的内部腐蚀,则钢丝绳应立即报废。

（10）变形:

①波浪形,在钢丝绳长度不超过 $25d$ 的范围内,若 $d_1 \geq 4d/3$,则钢丝绳应报废(图1-2-9)。

 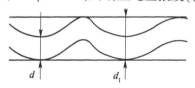

图 1-2-9　钢丝绳变成波浪形

②笼状畸变。当外层绳股发生脱节或者变得比内部绳股长的时候就会发生这种变形。笼状畸变的钢丝绳应立即报废(图 1-2-10a)。

③绳股挤出。这种状况通常伴随笼状畸变一起产生。绳股被挤出说明钢丝绳不平衡。绳股挤出的钢丝绳应立即报废(图 1-2-10b)。

④钢丝挤出。此种变形是一部分钢丝或钢丝束在钢丝绳背着滑轮槽的一侧拱起形成环状。这种变形常因冲击载荷而引起。若此种变形严重时,则钢丝绳应报废(图 1-2-10c)。

⑤绳径局部增大或减小。钢丝绳直径有可能发生局部增加或减小,并能波及相当长的一段钢丝绳。绳径增大、减小通常与绳芯畸变有关(如在特殊环境中,纤维芯因受受潮而膨胀),其必然结果是外层绳股产生不平衡,而造成定位不正确。绳径局部严重增大或减小应报废(图 1-2-10d)、e)。

⑥钢丝绳部分被压扁是由于机械事故造成的;严重时,则钢丝绳应报废(图 1-2-10f)。

⑦扭结是由于钢丝绳成环状在不可能绕其轴线转动的情况下被拉紧而造成的一种变形。其结果是出现捻距不均而引起格外的磨损,严重时钢丝绳将产生扭曲,以致只留下极小一部分钢丝绳强度。严重扭结的钢丝绳应立即报废(图 1-2-10g)。

⑧弯折是钢丝绳在外界影响下引起的角度变形。这种变形的钢丝绳应立即报废(图 1-2-10h)。

⑨由于受热或电弧作用而引起的损坏。钢丝绳经受了特殊热力的作用其外表出现可以识别的颜色时,该钢丝绳应予报废。

6.钢丝绳安全使用

1)钢丝绳连接

（1）编结连接(图 1-2-11a)。

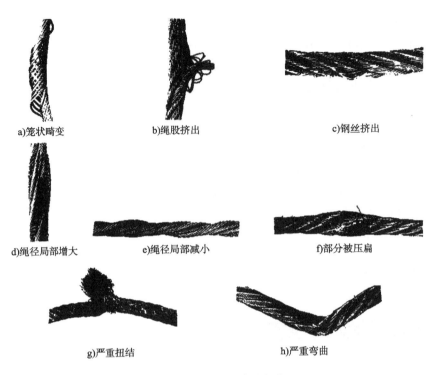

图 1-2-10 钢丝绳各种变形

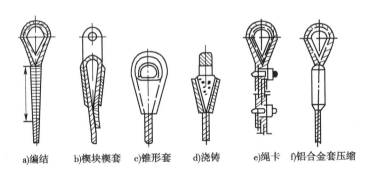

图 1-2-11 钢丝绳固接

编结长度不应小于钢丝绳直径的 15 倍,且不应小于 300mm;连接强度不小于 75% 钢丝绳破断拉力。

(2)楔块、楔套连接(图 1-2-11b)。

钢丝绳一端绕过楔块,利用楔块在套筒内的锁紧作用使钢丝绳固定。固定处的强度为绳自身强度的 75% ~ 85%。楔套应该用钢材制造,连接强度不小 75% 钢丝绳破断拉力。

(3)绳卡连接(图 1-2-11e)。

绳卡连接简单、可靠,得到广泛的应用。用绳卡固定时,应满足以下要求:

①连接强度不小于 80% 钢丝绳破断拉力。

②绳卡数量应根据钢丝绳直径满足表 1-2-4 的要求。

③绳卡压板应在钢丝绳长头一边,绳卡间距 A 不应小于钢丝绳直径的 6 ~ 7 倍(图 1-2-12),压板的安装不应采用图 1-2-13 所示形式。

钢丝绳夹数基本要求　　　　　　　　　　表 1-2-4

绳夹规格(钢丝绳公称直径)d(mm)	钢丝绳夹的最少数量(组)
≤18	3
>18~26	4
>26~36	5
>36~44	6
>44~60	7

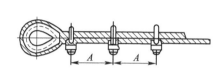

图 1-2-12　绳卡正确安装

图 1-2-13　绳卡错误安装

(4)锥形套浇铸法和铝合金套压缩法等的连接(图 1-2-11c、f)。

钢丝绳末端穿过锥形套筒后松散钢丝,将头部钢丝弯成小钩,浇入金属液凝固而成。其连接应满足相应的工艺要求,固定处的强度与钢丝绳自身的强度大致相同。

2)使用注意事项

(1)新更换的钢丝绳应与原钢丝绳同类型同规格。如采用不同类型的钢丝绳,应保证新换钢丝绳性能不低于原钢丝绳,并能与卷筒和滑轮地槽形状符合,且钢丝绳捻向应与卷筒绳槽螺旋方向一致。

(2)新装或更换钢丝绳时,从卷轴或钢丝绳卷上抽出钢丝绳应注意防止钢丝绳打结,扭结,弯折或黏上杂物。

(3)新装或更换钢丝绳时,截取钢丝绳应在截取两端处用细钢丝扎加牢固,防止切断后绳股松散。

(4)运动的钢丝绳与机械某部位发生摩擦接触时,应在机械接触部位采取适当保护措施;捆绑绳与吊装棱角接触时,应在钢丝绳与吊装棱角之间采取加垫木或钢板等保护措施,以防止钢丝因机械割伤而破断。

(5)起升钢丝绳不准斜吊,以防止钢丝绳乱绳出现故障。

(6)严禁超载起吊,部分起重机应按相关的技术标准安装超载限制器或力矩限制器加以保护。

(7)在使用中应尽量避免突然冲击振动。

(8)应时刻确保起升限位器有效,以防止过卷拉断钢丝绳。

3)检查与维护

(1)起重机司机有责任在每个工作日中,对钢丝绳易损部位进行观察,如有异常应及时通报主管部门进行处理。

(2)主管人员应定期对起重机及吊装捆绑用钢丝绳进行仔细检查,对建筑工地和吊运熔化金属、易燃爆及有毒物品用的钢丝绳,应缩短检查周期。

(3)检查部位应着重注意经常通过滑轮组或缠绕卷筒的绳段,绳端固定连接部位及平衡滑轮的绳段。

(4)钢丝绳的维护保养应根据起重机的用途、工作环境和钢丝绳的种类而定;当工作的钢丝绳上出现锈迹或绳上凝集着大量的污物,应对钢丝绳进行清洗和涂抹润滑油脂。

(5)为了提高润滑油脂的浸透效果,将洗净的钢丝绳盘好投入到加热至80~100℃的润滑油脂中泡至饱和,这样润滑油脂能充分地浸透到绳芯中。

二、滑轮组认识、使用与维护

1. 滑轮的分类

滑轮可分为铸造滑轮、焊接滑轮、尼龙滑轮等。铸造滑轮又有铸铁滑轮和铸钢滑轮。起重机用铸造滑轮可以分为 A、B、C、D、E、F 型。

A 型滑轮:用于起重机动滑轮组范围内,要求密封严密的带滚动轴承有内轴套的钢丝绳铸造滑轮。

B 型滑轮:用于起重机动滑轮组范围内,要求密封严密的带滚动轴承无内轴套的钢丝绳铸造滑轮。

C 型滑轮:用于起重机动滑轮组范围内,要求密封较严的带滚动轴承有内轴套的钢丝绳铸造滑轮。

D 型滑轮:用于起重机动滑轮组范围内,要求密封较严的带滚动轴承无内轴套的钢丝绳铸造滑轮。

E 型滑轮:用于起重机动滑轮组范围内要求一般密封的带滚动轴承无内轴套的钢丝绳铸造滑轮。

F 型滑轮:用于起重机动滑轮组范围内,带滑轮轴承的钢丝绳铸造滑轮。

2. 滑轮的结构

图 1-2-14 是起重机用铸造滑轮钢丝绳槽断面图。图 1-2-15 是 A 型滑轮的轮毂和轴承尺寸图。其他形式滑轮的轮毂和轴承尺寸图可以查阅相关标准。

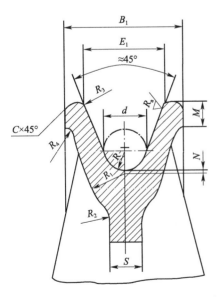

图 1-2-14 起重机用铸造滑轮钢丝绳槽断面图

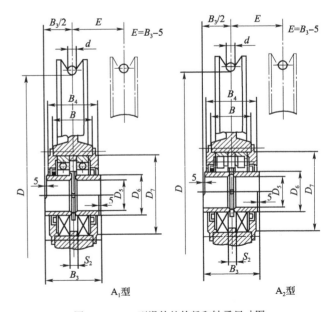

图 1-2-15 A 型滑轮的轮毂和轴承尺寸图

3. 滑轮标记

1) 滑轮标记的表示方法

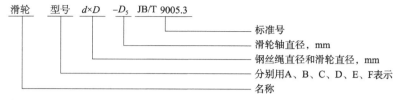

2) 标记示例

根据《起重机用铸造滑轮 形式、轮毂和轴承尺寸》(JB/T 9005.3—1999)钢丝绳直径 $d=25\text{mm}$，滑轮直径 $D=630\text{mm}$ 和滑轮轴的直径 $D_5=90\text{mm}$ 的 A 型滑轮，标记为：滑轮 A25×630-90。

4. 滑轮的技术要求

(1) 铸铁滑轮。有灰铸铁(HT200)滑轮、球墨铸铁(QT400-18)滑轮。灰铸铁滑轮工艺性能好，对钢丝绳磨损较小，用于更高级别的机构中。

(2) 铸钢滑轮。一般用 ZG270-500 铸钢制造，有较高的强度和冲击韧性，但工艺性差，由于表面较硬，对钢丝绳磨损严重，多用于 M7、M8 工作级别的机构中。表1-2-5 为铸造滑轮材料表。

铸造滑轮材料表(JB/T 9005.10—1999)　　　　表 1-2-5

零件名称	材　　料
滑轮	铸钢应不低于 GB/T 11352—2009 中的 ZG270-500 铸钢
	铸铁应不低于 GB/T 9439—2010 中的 HT 灰铸铁
	球墨铸铁应不低于 GB/T 1348—2009 中的 QT400-18 铸铁
内轴套	结构钢应不低于 GB/T 699—1999 中的 45 钢
隔环	结构钢应不低于 GB/T 700—2006 中的 Q235A 钢
	铸铁应不低于 GB/T 9439—2010 中的 HT250 灰铸铁
挡盖	铸铁应不低于 GB/T 9439—2010 中的 HT150 灰铸铁
	结构钢应不低于 GB/T 700—2006 中的 HT 中的 Q215A 钢
隔套	结构钢应不低于 GB/T 700—2006 中的 Q235 钢，铸铁应不低于 GB/T 9439—2010 中的 HT150
涨圈	结构钢应不低于 GB/T 699—1999 中的 45 钢
衬套	铜合金应不低于 GB/T 1176—2008 中的 ZCuA110Fe3 铝青铜

注：对于工作级别较高的起重机(如冶金起重机)，不许用铸铁滑轮。

(3) 焊接滑轮。对于直径 D 大于 800mm 的滑轮多采用焊接滑轮，通常采用 Q235A 材料焊接。这种滑轮与铸钢滑轮相似，但质量轻，仅为铸钢滑轮质量的 1/4 左右。采用新型弹性聚合物作滑轮槽，可使钢丝绳寿命提高 2.5 倍。

尼龙滑轮和铝合金滑轮在起重机上已有应用。尼龙滑轮轻而耐磨,但刚度较低。铝合金滑轮硬度低,对钢丝绳的磨损很小。

汽车起重机滑轮槽见图1-2-16。

滑轮的直径对钢丝绳的使用寿命有直接的影响,滑轮直径越小,钢丝绳弯曲越严重,钢丝绳损坏也越快。为了使钢丝绳有一定的使用寿命,就要求滑轮直径与钢丝绳直径有一定的合理的比例,即 $D/d \geq h_2$。h_2 是根据起重机的机构工作级别而定的,见表1-2-6。

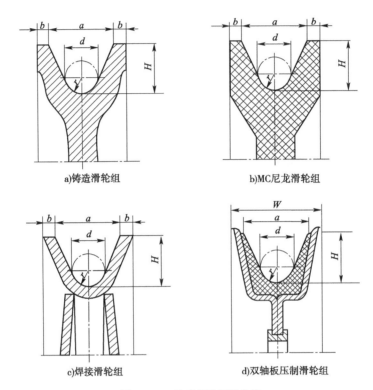

图1-2-16 汽车起重机滑轮槽

对于流动臂架式起重机,起升机构 $h_2 = 18$,变幅和伸缩机构 $h_2 = 16$。

表1-2-7是滑轮直径的选用系列与相匹配的钢丝绳直径表。

滑轮和卷筒的 h 值　　　　表1-2-6

机构工作级别	滑轮 h_2	卷筒 h_1
M1～M3	16	14
M4	18	16
M5	20	18
M6	22.4	20
M7	25	224
M8	28	25

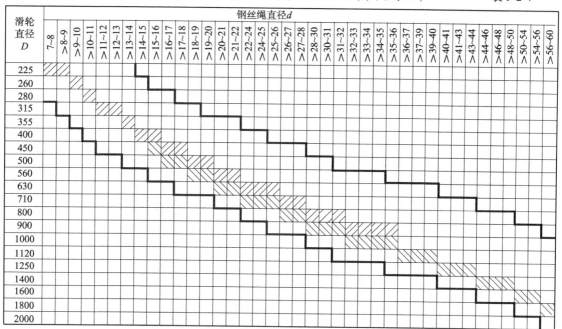

铸造滑轮直径与绳径匹配表(JB/T 9005.2)(单位:mm) 表1-2-7

注:在滑轮轴上并列安装2个滑轮时,推荐按阴影区 ▨ 选用;当并列安装4个和4个以上滑轮,以及用于冶金起重机的滑轮时,推荐按阴影区 ▓ 选用。

5. 金属铸造滑轮

出现下述情况之一时,应报废:

(1) 裂纹;

(2) 轮槽不均匀磨损3mm;

(3) 轮槽壁厚磨损达原壁厚的20%;

(4) 因磨损使轮槽底部直径减小量达钢丝绳直径的50%;

(5) 其他损害钢丝绳的缺陷。

6. 滑轮直径 D

按钢丝绳中心计算的滑轮最小直径为:

$$D_{\min} = h_2 d$$

式中:$D_{\min}$——按钢丝绳中心计算的滑轮直径;

h_2——与机构工作级别有关的系数;

d——钢丝绳直径。

计算后进行圆整取小系列标准值见表1-2-7。

平衡轮直径,对桥式类型起重机与一般滑轮直径一样,也就是取 $h_平 = h_2$;对其他起重机取 $h_平 \geq 0.6h_2$;对轻小型起重设备 h_2 值可取10,但最低不得小于8。

滑轮绳槽尺寸必须保证钢丝绳顺利通过并不跳槽。绳槽 $R \approx (0.53 \sim 0.6)$ 半径。绳槽夹角 β 以 $35° \sim 40°$ 为宜。

7. 滑轮组

由若干个动滑轮和定滑轮组成轮组,在起重机上,滑轮组属于省力滑轮组。

图1-2-17是单联滑轮组,多用于臂架类型起重机。图中滑轮组是省力滑轮组。省力的

倍数称为倍率,用 m 表示。

图 1-2-17 可知倍率就是支承绳数。

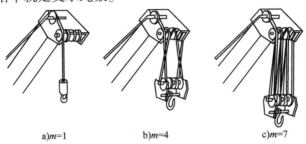

图 1-2-17 单联滑轮组(滑车)示意图

桥式起重机上多用双联滑轮组,双联滑轮组的特点是承载绳分支数位双数,通向卷筒上的钢丝绳为两根(图 1-2-18)。双联滑轮组有动滑轮、定滑轮和平衡轮。平衡轮只起调整平衡的作用,在平衡轮附近的钢丝绳基本不动。

双联滑轮组的省力倍数,也称为倍率,用 m 表示。

$$m = Z/2$$

式中:Z——支承绳分支总数。

滑轮组的倍率也可以用数动滑轮个数的方法来确定。图 1-2-18 所示的滑轮组倍率为 $m=1,2,3,4,5,6$,也就是卷筒支撑货物的质量为全部、1/2、1/3、1/4、1/5、1/6。省力的倍数就是倍率。

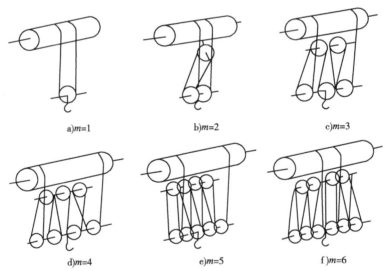

图 1-2-18 双联滑轮组(滑车)示意图

桥式起重机滑轮组的倍率是根据起重量选择的。表 1-2-8 是起重量与滑轮组的倍率表。

起重量与滑轮倍率表　　　　　　　　　　　　　　　表 1-2-8

起重量(t)	5~10	15~25	30~40
双联滑轮组倍率 m	2	2~3	3~4

由于滑轮转动,要克服一定的摩擦阻力,还有钢丝绳的阻力。所以钢丝绳在穿绕滑轮组时要损耗一部分能量,这部分损耗用滑轮组的倍率表示。滑轮组的效率与轴承的种类和滑轮组的倍率有关,表 1-2-9 是滑轮组的效率表。效率通常用字母 η 表示。

滑 轮 组 的 效 率

表 1-2-9

滑轮组轴承种类	滑轮组倍率 η						
	2	3	4	5	6	8	10
滑动轴承	0.89	0.95	0.93	0.90	0.88	0.84	0.8
滚动轴承	0.99	0.985	0.98	0.97	0.96	0.95	0.92

8. 滑轮的使用与维护

(1) 正常工作的滑轮用手能灵活地转动，滑轮槽应光洁平滑，否则会加剧钢丝绳、滑轮轴的磨损。

(2) 滑轮轴承要保持良好的润滑状态，滑轮轴上的润滑油槽和油孔的切屑和活动污垢必须清除干净，油孔与轴承间隔上的油槽应该对准。

(3) 金属铸造的滑轮在检查中若发现有贯穿性裂纹，或轮缘部分有损坏应立即停止使用，予以更换。在使用过程中若发现：滑轮槽底径向磨损达到钢丝绳直径的1/3，轮槽壁厚磨损达到原壁厚的30%，轮槽的不均匀磨损为3mm，如果存在其中一种情况，就应予以更换。

(4) 滑轮轴不得有裂纹，滑轮轴轴径磨损超过原轴径的3%，要更换轴或予以修复。

三、卷筒装置组认识、使用与维护

卷筒组用来卷绕钢丝绳，并把原动机的驱动力传递给钢丝绳，同时又将原动机的旋转运动变为直线运动。

1. 卷筒组的结构形式

卷筒组组件有卷筒、连接盘以及轴承支架。卷筒组有长轴卷筒组和短轴卷筒组之分。

(1) 长轴卷筒组有齿轮连接盘组和带大齿轮的卷筒组，这是一种应用较多的结构形式，如图1-2-19所示。

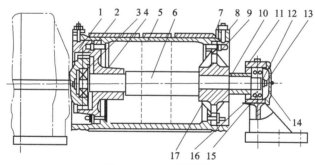

图 1-2-19 长轴卷筒组

1、16-通盖；2、9、13-螺栓；3、15-轴承；4-内齿连接盘；5-卷筒；6-卷通轴；7-钢丝绳；8-压板；10-套筒；11-轴承座；12-轴端盖；14-轴承盖；17-卷筒毂

(2) 短轴卷筒组是一种新的结构形式。卷筒与减速器输出轴用法兰盘刚性连接。减速器底座通过钢球或圆柱销与小车架连接，如图1-2-20所示。

还有采用行星减速器放在卷筒内部的，其结构如图1-2-21所示。

2. 卷筒组的技术要求

(1) 取物装置在上极限位置时，钢丝绳全卷在螺旋槽中；取物装置在小极限位置时，每端固定处应有1.5~2圈固定钢丝绳用槽和2圈以上的安全期。

(2) 应定期检查卷筒组的运转状态：

①检查卷筒和轴不得有裂纹，如发现裂纹要及时报废更换。

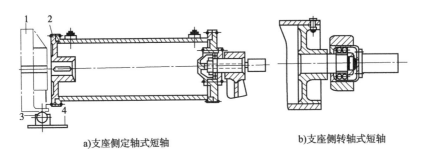

a)支座侧定轴式短轴   b)支座侧转轴式短轴

图 1-2-20 短轴卷筒组

1—减速器;2—法兰盘;3—钢球或圆柱销;4—小车架底

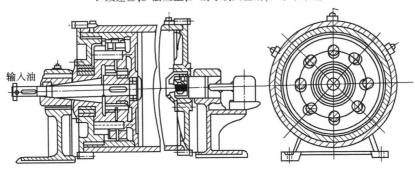

图 1-2-21 内装行星齿轮卷筒组

②卷筒壁磨损至原壁厚的20%时卷筒报废,应立即更换。

③卷筒毂上不得有裂纹,与卷筒连接应固定,不得松动。

④钢丝绳尾端的固定应可靠,固定装置应有防松或自紧性能。

(3)卷筒与绕出钢丝绳的偏斜角,对于单层缠绕机构不应大于3.5°,对于多层缠绕机构不应大于2°。

(4)多层缠绕的卷筒,端部应有凸缘。凸缘应比最外层钢丝绳或链条高出2倍的钢丝绳直径或链条宽度。单层缠绕的单联卷筒也应满足上述要求。

(5)组成卷筒组的零件齐全,卷筒转动灵活,不得有阻滞现象及异常声响。

3.卷筒组的拆卸与组装

本节以长轴卷筒组为例,讲述卷筒组拆卸和组装的顺序。

(1)卸下钢丝绳压板8,将钢丝绳7卸下。

(2)卸下左端通盖1的螺栓,使之与内齿连接盘分离,在右端卸下轴承座11的地脚螺栓,使卷筒组与小车分离,并将卷筒组向右拉出。

(3)卸下轴承盖14和通盖16的螺栓,卸下轴承座11。

(4)卸下卷筒轴6两端的螺栓13,卸下轴承座11。

(5)用拉轮器拉下轴承3和15,取下通盖16和套筒10。

卸下卷筒两端法兰的螺栓2和9,把内齿连接盘4和卷筒毂17从卷筒轴6拉出,卷筒即可卸下。

卷筒组的装配顺序与拆卸相反。装配安装后应进行试运转,待各部分转动正常,钢丝绳紧固牢靠后,即可正式投入运转。

在装配过程中,对各润滑部位应加油润滑。

4.卷筒组的修复

(1)常见卷筒的损坏是卷绳沟槽磨损,当沟槽磨损到不能控制钢丝绳在沟槽中秩序地排列而经常跳槽时,即应更换新卷筒。

(2)对于存在内在质量问题的铸造卷筒,在磨损一定程度后,会暴露出气孔或砂眼等缺陷。对于单个气孔或砂眼。若其直径小于或等于8mm、深度不超过该处名义壁厚的20%(绝对值不超过4mm),且在每100mm长度内(任何方向)不多于1处,在卷筒全部加工面上总数不多于5处时,可以不焊接而允许继续使用。若其大小在表1-2-10所列范围内,允许焊接,但同一断面和长度100mm内不多于2处,焊接后可以不经热处理,只需磨平磨光焊补处即可。

卷筒允许焊补条件　　　　　　　　表1-2-10

材质	卷筒直径(mm)	单个缺陷面积(cm^2)	缺陷深度	总数量
铸铁球铁	≤700	≤2	≤25%壁厚	≤5
	>700	≤2.5		
铸铁	≤700	≤2.5	≤30%壁厚	≤8
	>700	≤3		

5.卷筒组常见的故障与处理

卷筒组常见故障、产生原因及处理方法见表1-2-11。

卷筒组常见故障、产生原因及处理方法　　　　表1-2-11

故障情况	产生原因	处理方法
卷筒偏磨	1.吊物经常偏吊; 2.卷筒槽角度不对	1.改变偏吊习惯; 2.重新加工卷筒槽
钢丝绳脱槽	1.卷筒槽深和角度不对; 2.更换新钢丝绳时未破劲、打捻; 3.操作不当	1.重新加工卷筒槽; 2.卸下钢丝绳,重新破劲; 3.按操作规范吊物
卷筒轴弯曲	1.轴受切力和扭曲力; 2.轴的材质不好	更换新轴
卷筒壁存在裂纹	卷筒材料不均匀,使用中有过大的冲击载荷	更换新卷筒
壁厚磨损超过10%	使用时间过长	更换新卷筒
键磨损或松动	装配不合要求	换键

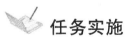

任务实施

填写任务单,见表1-2-12。

任务单　　　　　　　　表1-2-12

编制专业:港机专业			编号:项目二任务1		
课程名称	港口起重输送机械	班级/组号		学时	4
任务1	钢丝绳、滑轮组和卷筒装置认识、使用与维护				
任务描述	有一根起重机起升机构上用的直径为20mm,6股37根丝点接触钢丝绳,该起升机构的工作级别为M5,现发现在120mm长度内有15根钢丝断裂。该钢丝绳是否要报废,为什么?				
分析					
评价				成绩评定	

 **课后巩固**

1. 如何对钢丝绳进行维护润滑？
2. 卷筒与减速器的连接形式有哪些？各有何特点？
3. 钢丝绳是靠什么固定在卷筒上的？固定钢丝绳时要注意什么问题？固定方法有哪些？各有何优、缺点？

任务 2　吊钩装置、抓斗认识和使用与维护

 任务导读

通过本任务的学习，了解取物装置的种类，掌握吊钩、抓斗的结构组成与类型。

 教学目标

知识目标：掌握吊钩装置的结构组成与类型；学会对吊钩装置的维护；掌握抓斗的结构组成与动作原理；合理使用与维护抓斗的方法。

能力目标：具备吊钩装置、抓斗使用与维护的能力。

 工作任务

任务描述：描述出吊钩的检修步骤以及对吊钩常见的故障的处理方法，如图1-2-22所示。

任务具体要求：列出吊钩的检修步骤以及对吊钩常见的故障的处理方法并填写任务单。

图1-2-22　起重机起升机构

 知识储备

吊钩组也称为起重机的取物装置，它是吊钩组和滑轮组动滑轮的组合件，其结构形式如图1-2-23所示。

1. 吊钩

吊钩是取物装置中使用得最广泛的一种。它具有制造简单和实用性强的特点。

吊钩(图1-2-24)按用途不同制成工字形断面、丁字形断面和梯形断面。根据制造方法又可分为锻造吊钩(锻钩)和板型吊钩(板钩或叠片式吊钩)。锻造吊钩一般选用强度较高，韧性较好的20优质碳素钢，经过锻造和冲压、退火热处理，再经机械加工，热处理后表面硬度要求为95~135HB。锻钩可制成单购和双钩，单钩主要用在75t以下的起重机上，双钩用在50~100t的起重机上。板钩只用在75t以上的起重机上，板钩每片厚度为30mm成形板片铆合制成。板钩在钩上装有护板(图1-2-24)，板钩通常用Q235-A钢或16Mn轧制钢板制成。板钩由于其板片不可能同时断裂，所以板钩的可靠性高，但板钩的断面形状不能为矩形，因此钩体的材料不能被充分利用。板钩也分为双钩和单钩单钩用在起重量为37.5~175t的起重机上，双钩用在起重量在100t以上的起重机上。

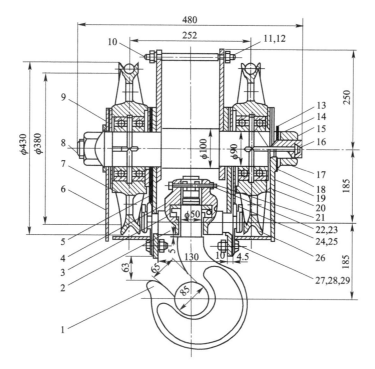

图 1-2-23 吊钩及滑轮组动滑轮结构

1-吊钩;2-吊钩横梁;3-推力轴承;4-吊钩螺母;5-拉板;6-滑轮组;7-滑轮;8-滑轮轴;9-压盖;10、21、24、27-螺栓;11、15、22、28-螺母;12、13、17、23-垫圈;14-销子;16-油杯;18-止动垫圈;19-间隔套;20-胀圈;25、29-弹簧垫圈;26-定轴板

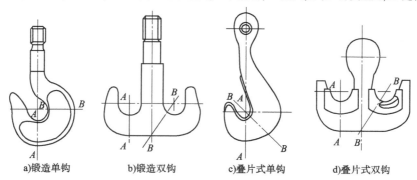

a) 锻造单钩　　b) 锻造双钩　　c) 叠片式单钩　　d) 叠片式双钩

图 1-2-24 吊钩

(1) 吊钩的危险断面

吊钩的危险断面是日常检查和安全检验时的重要部位,经过对吊钩的受力分析,得出吊钩有以下危险断面(以图 1-2-25 所示的单钩为例进行说明,吊钩挂在吊钩上的重力为 Q)。

① $B-B$ 断面:由于重物的重力通过钢丝绳作用在这个断面上,此作用力有把吊钩切断的趋势,在该断面上产生切应力。

又由于该处是钢丝绳索具或辅助吊具的吊挂点,索具等经常对此处摩擦,该断面横截面会因磨损而减小,从而增大剪断吊钩的危险。

② $C-C$ 断面:在该面上 Q 有把吊钩拉断的趋势。这个断面位于吊钩柄柱螺纹的退刀槽处,为吊钩最小断面处,有被拉断的危险。

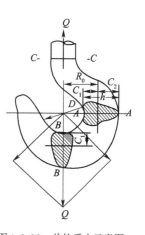

图 1-2-25 单钩受力示意图

③$A-A$ 断面:吊钩在 Q 的作用下,除产生拉、切应力之外,还有把吊钩拉直的趋势。图 1-2-24 所示的吊钩中,中心线以右的各断面除受拉伸之外,还受到力矩 M 的作用。

在力矩 M 的作用下,$A-A$ 断面的内测产生弯曲拉应力,外侧产生弯曲压应力。$A-A$ 断面的内侧受 Q 的拉应力和力矩 M 的拉应力的叠加应力作用,外侧受 Q 的拉应力与力矩 M 的压应力的叠加应力作用,这样内侧应力将是两部分拉应力之和,外侧应力将是两应力之差,即内侧应力将大于外侧应力,因此,通常将吊钩断面制成内侧厚、外侧薄的梯形或 T 字形。

(2)吊钩的安全技术要求

吊钩广泛地使用在各种形式的起重机械中。目前使用的吊钩有的按沿用的行业标准制造,有的按《起重吊钩 第一部分:力学性能、起重量、应力及材料》(GB 10051.1—2010)制造。在检查和检验时,各类吊钩的检查项目和内容均相同,但在要求上略有不同。

①吊钩的安全检查。在用起重机的吊钩应根据使用状况定期进行检查,至少每年检查一次,并进行清洗润滑。吊钩一般的检查方法是:先用煤油清洗吊钩钩体,然后用 20 倍放大镜检查钩体是否有疲劳裂纹,尤其是对危险断面要仔细检查,对板钩的衬套、销轴、轴孔等检查其磨损的情况,检查各紧固件是否松动。某些大型的工作级别较高或在重要工作环境中使用得起重机的吊钩,还应采用无损探伤法检查吊钩内、外部是否存在缺陷。

新投入使用得吊钩认明钩体上的标记、制造单位的技术文件和出厂合格证。投入正式使用前应根据标记进行负荷试验,确认合格后才允许使用。检验方法是:以递增方式,逐步将载荷增至额定载荷的 1.25 倍,吊钩负载时间不少于 10min。卸载后吊钩不得有裂纹及其他缺陷,其开口度变形不应超过 0.25%。

使用后有磨损的吊钩也应做递增的负载试验,重新确定使用载荷值。

②吊钩的报废标准。不准使用铸造吊钩,吊钩应固定牢固。转动部位应灵活,构体表面光洁,无裂纹、剥裂及任何有损失钢丝绳的缺陷。钩体上的缺陷不得焊补。为防止吊具自行脱钩,吊钩上应设置防止意外脱钩的安全装置。

吊钩出现下述情况之一时,应报废:

①表面有裂纹。

②危险断面磨损量,按沿用的行业标准制造的吊钩,应不大于原尺寸的 10%;按 GB 10051.1~5 制造的吊钩,应不大于原高度的 5%。

③开口度比原尺寸增加 15%。

④扭转变形超过 10°。

⑤危险断面或吊钩颈部产生塑性变形。

⑥板钩衬套磨损达原尺寸的 50% 时,应报废衬套;板钩心轴磨损达原尺寸的 5% 时,应报废心轴。板钩的铆接不得松动,板间的间隙不得大于 0.30mm。

(3)吊钩的拆卸

①拧下两端的螺栓,卸下定轴板。

②拆卸螺母 11、垫圈 12 和螺栓 10(图 1-2-23)。

③卸去吊钩横梁两侧的拉板。

④卸掉螺母 22 和螺栓 21,可拧下吊钩螺母 4,吊钩即可从吊钩横梁的孔中取出来。

(4)吊钩的检修

①用煤油清洗吊钩本体,擦干后用放大镜全面检查,如发现裂纹,不允许焊补,应立即更换。

②检查拉板、横梁等零件,拉板孔磨损严重时可以用优质焊条补焊后重新镗孔,如更换新件,则必须保证材料的力学性能符合要求。

③对于已使用一定时间的吊钩,由于钢丝绳的作用,往往使吊钩表面硬化,为此,吊钩应每年进行一次退火处理。20钢的锻钩,退火温度为500~600℃,保温后缓慢冷却,以保证其力学性能不变。

吊钩组每年至少进行一次全面检查,每季度应单独检查吊钩本体一次。

(5)吊钩常见的故障与处理

吊钩常见故障情况、产生原因及处理方法见表1-2-13。

吊钩常见故障情况、产生原因及处理方法　　　表1-2-13

吊钩类型	故障情况	产生原因	处理方法
锻造吊钩	断裂	局部疲劳裂纹;表面裂纹和破裂	更新
	损坏	危险断面磨损超过原尺寸的10%	停止使用或减少负荷
板型吊钩	弯曲变形	超负荷使用	更新
	钩片表面裂纹	原材料和工艺不妥	更换损坏钩片
	铆钉松动	铆接不良	铲除后重铆

(6)吊钩组的组装

吊钩组是吊钩与滑轮组动滑轮的组合体,如图1-2-23所示,先按照拆卸吊钩的相反顺序组装吊钩,然后再按照拆卸吊钩组中动滑轮的相反组装动滑轮。

在吊钩组的组装过程中,对各润滑部位应进行润滑。

2. 抓斗

抓斗是一种靠颚瓣开闭能自行抓取、卸出散货或长材的取物装置。它的抓取与卸料动作一般由起重机司机在司机室内操作,不需要辅助人员的协助,因此避免了繁重的体力劳动,节省了辅助时间,大大地提高了装卸生产率,被广泛用于港口、电厂、矿山、料场和船舶等作业场所。

1)抓斗的种类

根据颚瓣的数目,抓斗又可分为双颚瓣抓斗和多颚瓣抓斗。图1-2-26为单绳多瓣抓斗。图1-2-27为四绳双瓣抓斗。

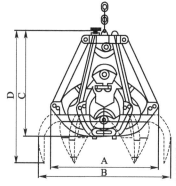

图1-2-26　单绳多瓣抓斗　　　　　　　　　图1-2-27　四绳多瓣抓斗

(1)根据抓取物料的容积密度,抓斗可分为:

①轻型($\rho < 1.2t/m^3$),如:干燥颗粒农作物、小砖块、石灰、煤炭、干燥熔渣等。

②中型($\rho < 1.2 \sim 2.0 t/m^3$),如:石膏、砾石、卵石、水泥等。

③重型($\rho < 2.0 \sim 2.6 t/m^3$),如:坚硬岩石、中小块矿石、废钢等。

④特重型($\rho > 2.6 t/m^3$),如:重矿石、废钢等。

这四种抓斗,在容积相同的情况下,抓斗的自重有较大的差异。

(2)根据抓斗颚瓣闭合和张开的驱动方式,抓斗可分为:绳索式抓斗、动力式抓斗、非绳索式抓斗三种。

①绳索式抓斗。绳索式抓斗是依靠钢丝绳闭合滑轮组来生产闭合力,达到抓取物料的目的。按其支持绳与闭合绳分支数,有单绳抓斗、双绳抓斗和多绳抓斗之分。此类抓斗结构简单,自重轻,经济实用,成本低,应用较为广泛。除常用的长撑杆抓斗外,依据闭合绳增力滑轮组的不同布置及附加传动构件可形成许多特殊形式的抓斗,如耙集式抓斗、剪式抓斗、单铰钳式抓斗、扭矩齿式抓斗等。图1-2-28为多绳原木抓斗,图1-2-29为多绳疏浚抓斗。

②动力式抓斗。动力式抓斗是通过装在抓斗上的动力装置和传动装置使颚瓣启闭。其抓取能力取决于该动力装置的功率。此类抓斗结构较为复杂,自重较大,重心较高,并需配置供电电缆卷绕装置和过载安全保护装置,制造成本较高。因电动机绝缘等问题,动力式抓斗不适于水下作业。图1-2-30为电动液压双瓣抓斗,图1-2-31为电动液压多瓣抓斗。

③非绳索式抓斗。非绳索式抓斗是利用外供的工作介质,如压力油液或压力气体驱动来实现颚瓣的启闭,其具有动力式抓斗的抓取装载能力较大的优点,且自重较轻,制造成本较低。图1-2-32为置于挖掘机臂端的液压多瓣抓斗,图1-2-33为气动多瓣抓斗。

图1-2-28　电动液压双瓣抓斗　　图1-2-29　多绳疏浚抓斗　　图1-2-30　电动液压双瓣抓斗

 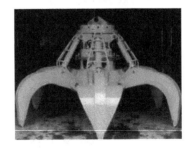 

图1-2-31　电动液压多瓣抓斗　　图1-2-32　液压多瓣抓斗　　图1-2-33　气动多瓣抓斗

2)双绳抓斗的结构与工作原理

双颚瓣双绳抓斗是最常用的结构形式,如图1-2-34所示。它主要由上承梁3、撑杆4、下承梁5和左右对称的两块颚瓣6组成。支持绳1直接固定在抓斗上承梁上,闭合绳2穿过上承梁,绕过安装在上承梁和下承梁上的滑轮后,固定在上承梁和下承梁上。位于上承梁的上滑轮和下承梁的下滑轮以及卷绕在它们之间的钢丝绳组成抓斗闭合滑轮组。支持绳和闭合绳有分别卷绕到起升机构的支持卷筒和闭合卷筒上。

图 1-2-34 表示双绳抓斗的工作过程。

图 1-2-34a)空斗下降:卸货完毕后,抓斗处于张开状态,支持绳和闭合绳同步下降,抓斗保持张开的状态降落在货堆上。

图 1-2-34b)抓取货物:空抓斗降到货堆后,继续放松支持绳和闭合绳,使抓斗在自重的作用下插入货堆。然后,使闭绳上升,抓斗逐渐关闭并抓取货物。

图 1-2-34c)满斗上升:抓斗关闭后,支持卷筒和闭合卷筒同时收支持绳和闭合绳,使载货抓斗上升。

图 1-2-34d)卸货:载货抓斗被运送到卸料地点后,支持卷筒不动,闭合卷筒放松闭合绳,抓斗在下一个承梁、颚瓣和货物重量的作用下自动张开并将货物卸出。

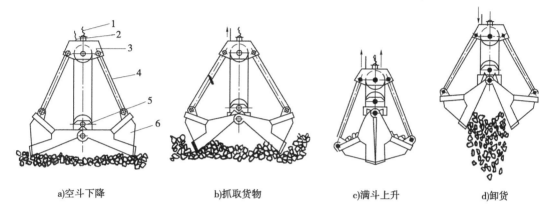

a)空斗下降　　b)抓取货物　　c)满斗上升　　d)卸货

图 1-2-34　双绳抓斗工作过程

1-支持绳;2-闭合绳;3-上承梁;4-撑杆;5-下承梁;6-颚板

依次经过上述四个过程,抓斗就完成了一个工作循环。显然,抓斗的工作情况取决于支持绳和闭合是绳之间的想到运动速度。当两绳的运动速度相同时,抓斗保持一定的张开或关闭状态上升或下降;当两绳的运动速度不同时,抓斗就张开或闭拢。其动作如表 1-2-14。

双绳抓斗工作情况　　　　　　　　　　　表 1-2-14

抓斗状态	下降	抓货	上升	卸货
支持绳运动情况	下降	停(放松)	上升	停(张紧)
闭合绳运动情况	下降	上升(张紧)	上升	下降(张紧)

双绳抓斗的两根绳索分别由两个单独的单联卷筒来驱动,其滑轮组为单联滑轮组。若采用两组双联卷筒,则闭合绳和支持绳各为两根,即为四绳抓斗。四绳抓斗由于闭合绳与支持绳成双布置,抓斗工作时不易打转、工作稳定。四绳抓斗与双绳抓斗工作原理相同,在港口装卸作业中也获得广泛应用。

3)抓斗的抓取能力与影响能力的主要因素

抓斗的抓取能力大小主要取决于抓斗的下沉力和物料垂直方向的阻力,抓斗的抓取力矩和物料阻力矩之间的关系。

影响抓斗抓取能力的因素很多,主要有以下几个方面。

(1)抓斗自重及其分配

绳索抓斗与起重机之间没有刚性联系,抓斗之所以能插入料堆抓取物料是因为抓斗的自重。

抓斗的自重是抓取力的来源,因此,要保证抓斗一定的抓取量,抓斗必须有足够的自重。

要提高抓斗的抓取性能,使之既能减轻抓斗自重又能提高抓货量,这就是要求抓斗自重在各部分能得到合理分配。理论分析与试验研究表明:抓斗各部分的重量对抓取能力的影响是不同的。增大上承梁与撑杆的质量分配比例,对提高抓货量最有效,颚瓣次之,下承梁的质量效果最低;增大颚瓣与撑杆铰点部位的质量分配比例,对提高相对抓取能力也有显著效果。下承梁的质量分配过多虽然对提高抓取量收效甚微,但下承梁过轻,有可能引起空抓斗不能顺利张开。

对长撑杆双颚双绳(四绳)抓斗的质量分配比例(占抓斗自重的百分比)见表1-2-15。

双绳(四绳)抓斗质量分配比例　　　　　　表1-2-15

上承梁	撑杆	颚瓣	下承梁
21%	16%	45%	18%

(2)抓斗的结构尺寸

①滑轮组的倍率。在闭合绳张力一定的条件下,增加闭合滑轮组的倍率,可以增加闭合绳通过滑轮组作用在上承梁、下承梁上的接近力,即增大滑轮组作用在抓斗上承梁上的作用力,提高上承梁经撑杆传给颚瓣的作用力,于是提高了抓取力矩。

在产生同样的抓取力矩(同样的滑轮组对上承梁、下承梁的接近力)情况下,随着闭合滑轮组倍率的增大,可以相对减小闭合绳的张力,从而增加抓斗的下沉力,这样使抓斗增加挖掘深度,提高抓货量。

对于同样地抓货量,如果增加了滑轮组倍率,就可减小抓斗的重力。

但增加滑轮组的倍率,会使滑轮数增多、抓斗结构复杂、重力增加、抓斗闭合时间及闭合行程加长,同时也使闭合绳磨损加快。因此,在选择滑轮组倍率时应作综合考虑。

双绳抓斗的滑轮组倍率推荐见表1-2-16。

抓斗滑轮组倍率 α　　　　　　表1-2-16

抓斗类型	轻型	中型	重型	特重型
单绳抓斗	1~2	2	2~3	2~3
马达抓斗、双绳长撑杆抓斗	3~4	4~5	5~6	6

②抓斗最大张开开度。在一定的开度范围内,增大抓斗的最大张开度,可以增大颚瓣切割刃所包围物料的面积,可能多抓取货物。但开度过大时,颚瓣中心铰与水平切割刃的距离增大,闭合阻力矩过分增大。为了克服过大的阻力矩,闭合绳张力增大,使抓斗下沉力减少,挖掘深度降低。尤其在抓斗闭合的后面阶段,由于需要压缩和移动的物料量增多,物料产生的阻力矩增大,使闭合绳的张力急剧增加,下沉力减到极小,甚至为零,整个抓斗实际上被提起,颚瓣在物料表面上闭合。这样,不仅不能将已耙集到两颚瓣间的物料全部抓取到颚瓣里,反而"吐出"了原先已经耙集到的物料,抓取量反而降低了。图1-2-35是一个模型抓斗在不同的最大开度L(mm)时的抓取曲线和抓取量G_g(kg)。

③颚瓣宽度。当抓斗自重一定时,减小颚瓣宽度,可以增加作用在刃口单位长度上的压力,使抓斗容易插入料堆,并有较大的初始插入深度,可提高抓取量。

若颚瓣太宽,则侧板壁的阻力相对增大,抓取能力反而下降。通常采用抓斗颚瓣宽度B与最大开度L之比Ψ来比表示抓斗的结构特征。$\Psi=0.35$,为窄形抓斗;$\Psi=0.45$,为标准抓斗;$\Psi=0.55$,为宽形抓斗。当抓取松散物料时,有取$\Phi=0.7$以上的趋势。

颚瓣几何形状要与物料的物理机械性能相适应。实践表明,小块、粒状、内摩擦系数小的松散物料宜采用圆弧形颚瓣；大块、中块、内摩擦系数较大的物料，为了减小物料在抓取过程中与颚瓣底板的摩擦与内部运动，减小抓取阻力，应该采用底面平直的颚瓣，如图1-2-36所示。

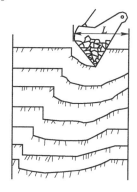

L(mm)	G_g(kg)
570	18
670	19
770	20.5
870	22
970	21
1070	20.3
1115	19

 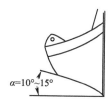

图1-2-35 抓斗最大开度L对抓取量　　　　图1-2-36 抓斗颚瓣形状

颚瓣底背角对抓取性能也有较大影响。若底背角太小，刃口插入料堆时，颚瓣底部擦着物料，阻碍抓斗向深处插入；若底背角太大，物料在斗内"爬陡坡"，增加抓斗的闭合阻力。通常底背角α取$10°\sim15°$。对于干燥物料取小值，潮湿物料取大值。

（3）物料性质

常用抓斗作业的散货有矿石、碎石、煤、谷物、矿砂等。

物料的容积密度、块度与内摩擦系数对抓斗的抓取量有决定性影响。容积密度大、块度大于内摩擦系数大的物料阻碍抓斗刃口向深处挖掘，并且在抓斗闭合时产生很大的阻力，使闭合绳张力增大，抓斗下沉力减小，抓取深度减小，抓取量降低。因此，抓取这种物料时，应采用重型抓斗，选用较大的滑轮组倍率；对于松散、容积密度小和内摩擦系数小的物料，则用重量较轻、滑轮组倍率较小的抓斗；对于大块物料或坚实物料，通常采用带齿抓斗或多颚瓣抓斗来提高抓取能力。

（4）操作方法

抓取坚实物料或大块物料时，增加抓斗投掷到料堆的速度，可以增加颚瓣刃口开始插入料堆的深度。当抓斗具有足够的闭合力时，能够提高抓取量。

另外，对一般松散物料，在抓取时，抓斗很容易插入料堆，采用增大投掷速度来增加颚瓣始初插入深度是没有必要的。

但是较大的投掷速度对抓斗各构件的强度和刚度会起不利的影响，引起抓斗过早的损坏，这是应该注意的。

在抓取物料时，将张开抓斗落到货尖上，有计划地抓取货尖，并在抓取过程中注意形成新货尖。这样，由于抓斗抓取物料时受到的外壁阻力小，可以提高抓取量。

从以上的分析中可知：抓斗抓取性能的好坏，主要取决于抓斗本身结构形式与几何尺寸的合理和抓取物料的物理性质，而且两者要很好地匹配才能有好的效果。

4）抓斗的使用与维护

（1）抓斗的选用

抓斗根据抓取物料的容积密度来选用不同类型的抓斗。在抓斗容积相同时，轻型的抓斗自重较轻，重型的抓斗自重较大。

抓斗在抓取物料的粒度和容积密度不太大，比如粒度小于60mm，且较为疏松的物料，如粮食、煤炭、沙石、化肥、水泥、石灰、松土等时，一般采用作平面对称运动的左右撑杆和呈容器状的双颚瓣抓斗。两个颚瓣闭合后其斗口紧贴，基本上不使物料在斗内被撒落。有时故意把两个颚瓣制成栅格状，适应于捞取水中漂浮物。

在抓取长形物料，如原木、竹林、金属棒料等时，一般采用作平面对称运动的左右撑杆和呈弯叉形的双颚瓣形式。

在挖取表层较硬呈黏结性的物料，如水下淤泥、较坚实土壤等时，往往在双颚瓣的下底端口上装设多个尖齿，以便于插入。对于疏浚河海航道的抓斗常用这种形式。

在抓取粒度和容积密度较大，且较为黏结的宽切口不易插入的物料，如较大块的矿石、结板土壤、废钢铁、金属切屑、垃圾等时，常采用多颚瓣抓斗。多颚瓣抓斗常有三、四、五、六、八块颚瓣几种形式。最多采用的是六块颚瓣式，由于每一个颚瓣下端部制成尖齿状。因此，便于插入这些物料，颚瓣完全闭合时，各颚瓣间有时形成豁口，有利于闭夹物料。

在绳索式多颚瓣抓斗中，当将各颚瓣与下承梁的铰接结构形成适量浮动时，可使各颚瓣的开闭程度不同，从而能抓夹住杂乱无章的物块，这样可使各颚瓣切口上受力基本均匀。在采用自带动力液压传动式多颚瓣抓斗中，由于采用了多个油缸一颚瓣组联合动作形式，各个油缸的油路是并联的，因而也能方便地达到各个颚瓣的开闭程度不同的效果，从而很适宜于抓取杂乱无章的废钢铁等物料。

(2)抓斗的维护与保养

常用的绳索抓斗，主要对金属结构件、钢丝绳、链条及其连接件以及具有相对运动的直接接触的零部件进行维护与保养。而动力抓斗，除要按绳索抓斗的要求进行维护与保养之外，还必须对电动机、机械传动系统、液压系统、气压装置、电气系统等进行维护与保养。

①抓斗的金属结构要经常观察结构件焊缝状态的变化。例如：是否有细微裂纹以及其他损坏；结构变形变化；板件翘曲变形情况；被物料摩擦磨损情况；油漆龟裂剥落及锈蚀情况。视具体情况加以修补，校正、加强以及除锈补漆等。在补焊钢板结构时，应去除旧漆加以清洁，并适当预热。

②抓斗的钢丝绳和链条。钢丝绳要经常定期涂上黏性润滑脂，并注意磨损情况及表层钢丝绳的断裂情况。每周至少检查一次，达到报废标准时及时进行更换。对链条要经常观察是否有裂纹，有裂纹可能导致断裂。也要观察连接钢丝绳的卡夹、卸克、楔套、楔块是否有损坏征兆。观察有关连接螺栓螺母有否松动，必要时进行更换。在维修抓斗进行拆卸时，应将抓斗呈开启状态支承在支架上，然后拆卸各铰轴。

③抓斗的滑轮。滑轮中得滚动轴承以及滑动衬套与心轴间必须经常充注润滑脂，保持良好的润滑状态。也应观察它们间相对运动是否正常，是否发出特殊噪声，是否出现过大间隙。必要时，更换滚动轴承和衬套。

对于滑轮轴及各种心轴处的固结门板螺栓以及滑轮罩连接螺栓，避免发生松动并及时拧紧。也要注意滑轮轴与各种心轴是否有裂纹，是否变形过大等，以保证安全可靠工作。易损零件，如滚动轴承、轴瓦等，按规定期限进行检查更换。

④电动抓斗。电动抓斗的电动机，要注意发热温升。并保持底角连接螺栓的紧固。也要观察其是否有异常噪声。在工作15000h后应清洁轴承，用锂基油脂进行充填。对制动器闸瓦与制动轮的间隙也需注意并及时调整，必要时更换闸瓦衬材。如果有带传动，必须经常保持张紧适度。对于防止过载装置中的弹簧预紧量，也需经常检查保持适当。传动系统中的滚动轴承、齿轮箱润滑油，应按规定期限进行检修更换。

⑤抓斗的液压系统。液压系统要观察油液密封效果,及时采取措施改进。注意油管的完好程度,保持油管接头及有关元件中螺栓的拧紧,经常检查液压油箱油量及油温、油压和噪声。要求维护正常数值,油箱油量不足将造成温升过高,噪声过大。(温度低于-10℃时,在使用抓斗前应该预热液压油,或每隔2~3min动作抓斗使油液达到最高压力1min,直至温度升至0℃。)系统油压可通过溢流安全阀的调节加以调整。

为保持油液的清洁度及性能,必须经常清洗滤油器以及定期更换油液。一般在使用50h后第一次清洗滤油器,更换滤芯。之后每工作200h后再行清洗滤油器(若有滤芯约半年更换一次)。对于油液,在首次工作500h后更换一次,之后每工作1000h后再行更换(约每年一次)。更换油液时,应使颚瓣处于开启状态。取出油箱的油标尺,旋开排油塞排油。排完后清洗油箱,清洗或更换滤油器滤芯。再装上经清洗的排油塞,然后加油,通过油标尺检查让其达到标准油位。油箱应有通气孔与大气相同。

液压油缸活塞杆的铰轴处,必须经常充注润滑脂。油缸活塞杆及阀体中的密封环可定期拆卸更换,以免渗油。控制阀中得有关阀体件应定期拆卸检查,必要时予以更换。油泵也需定期清洗,必要时与油泵生产厂联系修理或更换。

当抓斗停止工作时,应切断电源。在长期不工作时,也应每隔三个月动作一次,以防锈蚀和控制元件中的液压油生成胶质。

⑥抓斗的电气系统。电气系统也需经常检查及维护,如电源插头、插座、电缆、电路接线、接触器、继电器、手动操作电气开关按钮等。检查是否导电接触完好,是否动作可靠,必要时加以更换。对于从电缆卷筒引来的电缆与插头的连接段一般应保持松弛,以免插头脱离插座。另外,也应观察电源电压是否正常。

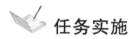

任务实施

填写任务单,见表1-2-17。

任务单　　　　　　　　　　　　　　　　　　　　　　　表1-2-17

编制专业:港机专业			编号:项目二任务2	
课程名称	港口起重输送机械	班级/组号		学时 2
	任务2 吊钩装置、抓斗认识和使用与维护			
任务描述	描述出吊钩的检修步骤以及对吊钩常见的故障的处理方法			
分 析	1. 描述出吊钩的检修步骤			
	2. 吊钩常见的故障的处理方法			
	吊钩类型	故障情况	产生原因	处理方法
	锻造吊钩	断裂		
		损坏		
	板型吊钩	弯曲变形		
		钩片表面裂纹		
		铆钉松动		
评价			成绩评定	

 **课后巩固**

1. 如何识别吊钩装置的类型？各种吊钩装置适用何种场合？
2. 如何对吊钩装置的进行维护保养？
3. 如何合理选用抓斗？
4. 如何正确使用与维护保养抓斗？

任务3 联轴器、减速器认识和使用与维护

 任务导读

通过本任务的学习，了解联轴器作用、种类、选用及工作原理；掌握联轴器的检查维护的方法；掌握减速器的特点、用途；了解减速器的在使用中的常见故障。

 教学目标

知识目标：掌握联轴器的作用、类型、选用及工作原理；掌握联轴器的检查维护的方法；了解减速器的特点、用途；掌握联轴器、减速器使用与维护。

能力目标：具备联轴器、减速器使用与维护的能力。

 工作任务

任务描述：描述出联轴器的检修步骤以及对联轴器常见的故障的处理方法，如图1-2-37所示。

任务具体要求：列出联轴器的检修步骤以及对联轴器常见的故障的处理方法并填写任务单。

图1-2-37 联轴器

 知识储备

1. 联轴器

1）联轴器的分类

联轴器是用来连接两根轴，并传递运动和转矩的。联轴器种类很多，根据内部是否包含有弹性元件，可以划分为刚性联轴器和弹性联轴器两大类。弹性联轴器因有弹性元件，故可缓冲减振，也可在一定程度上补偿两轴间的偏移，弹性柱销联轴器、轮胎联轴器、尼龙柱销联轴器等属于这一类。刚性联轴器根据其被连接的轴是否允许有轴向和径向位移，可分为固定式和可移式两类。可移式刚性联轴器对两轴间的偏移量有一定的补偿能力，齿轮联轴器、十字联轴器等属于此类；固定式刚性联轴器只起连接作用，不能补偿两轴间的偏移，套筒联轴器、凸缘联轴器等属于此类。

起重机在工作中，由于受到力的作用，变形是必然的。变形会对起重机工作性能产生影响，特别是桥架的变形，对大车运行机构影响较大。为了保证在变形产生的情况下，起重机各机构仍有较好的运转性能，同时也为了补偿制造和安装过程中不可避免的误差，起重机上

广泛采用具有补偿作用的联轴器,如齿轮联轴器、十字联轴器、弹性柱销联轴器等。固定式刚性联轴器只在极少情况下,或同时采用其他补偿形式的情况下采用,如短袖式卷筒起升装置就是采用法兰盘刚性连接,并以减速器底座的铰接来补偿变形和安装误差。

本任务重点介绍桥式起重机上常用的凸缘联轴器、十字滑块联轴器、齿轮联轴器和弹性柱销联轴器。

(1) 凸缘联轴器

凸缘联轴器是应用最广的一种联轴器,它是先把两个带有凸缘的半联轴器分别与两轴端用键连接,然后再用一组螺栓将两个半联轴器连接起来(1-2-38)。凸缘联轴器的对中方式有两种:由具有凸肩的半联轴器和具有凹槽的另一半联轴器相嵌合而对中(图1-2-38a);用铰制孔使螺栓与孔通过过盈配合以传递转矩(图1-2-38b)。当要求两轴分离时,前者需移动轴,而后者只需卸下螺栓,装卸更方便,但加工麻烦,需要铰孔。

凸缘联轴器的结构简单,成本低,可传递大的转矩,适用于转速低、载荷平稳、轴的刚性大、对中性较好的连接中,缺点是不能补偿位移。这种联轴器一般用在减速器低速轴与工作机构上。

(2) 十字滑块联轴器

十字滑块联轴器是由两个断面带凹槽的半联轴器1、3和一个两面有十字交叉凸榫的滑块2所组成,如图1-2-39所示。这种联轴器的优点是结构紧凑,制造方便,传递力矩较大,使用寿命长,不需要润滑;缺点是位移补偿量较小,允许两轴的径向位移为轴径的0.04倍,而且滑块凸缘与半联轴器凹槽侧面磨损间隙较大时,使大车车体产生扭摆,严重时可能造成车轮脱轨而发生事故,另外拆卸也较困难。十字滑块凸凹面间的间隙允许范围是0.5~2mm。这种联轴器一般用在大车连接电动机轴与减速器的高速轴上。

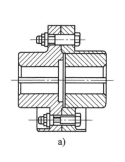
a)

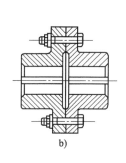
b)

图1-2-38 凸缘联轴器

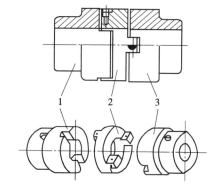

图1-2-39 十字滑块联轴器
1、3-半联轴器;2-滑块

(3) 齿轮联轴器

齿轮联轴器是由具有内齿圈的外壳和具有外齿圈的两个半联轴器组成的。齿轮联轴器有全齿型(CL型)和半齿型(CLZ型)两种,如图1-2-40和图1-2-41所示。

这种联轴器的特点是:具有较大的综合补偿能力,适用于高速、大力矩的传动,但结构复杂,质量大,成本高,不适用于立轴传动,在重型机械、起重机械中应用广泛。

(4) 弹性柱销联轴器

弹性柱销联轴器有弹性橡胶圈柱销联轴器和弹性尼龙圈柱销联轴器,其基本结构是相同的,所不同的仅是柱销上弹性圈的材质,图1-2-42是弹性橡胶圈柱销联轴器的结构。

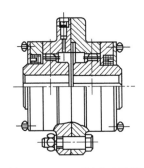 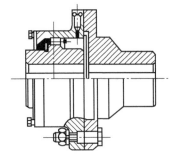

图 1-2-40 CL 型全齿联轴器　　图 1-2-41 CLZ 型半齿联轴器

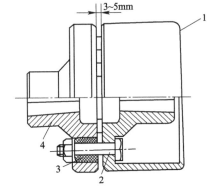

图 1-2-42 弹性橡胶圈柱销联轴器
1-制动器；2-柱销；3-弹性橡胶圈；4-半联轴器

起重机上使用的弹性柱销联轴器大都是带有制动轮的。为了保证轴向倾斜和径向位移的补偿作用,在安装时两个半联轴器之间应留有 3～5mm 的间隙。这种联轴器在没有径向位移时,允许轴心线有不大于 40° 的偏角;在没有轴心线偏角的情况,允许有不大于 0.2mm 的径向位移。

弹性柱销联轴器的优点是结构简单,能缓冲减振,不需要润滑;缺点是传递转矩小,弹性圈易磨损,寿命低。为此,采用弹性尼龙圈比弹性橡胶圈好,可大大提高使用寿命,且制造简单,维修、更换容易。

2）联轴器的安全技术要求

（1）联轴器不允许有超过规定的轴心线歪斜或径向位移,以免影响其传动性能。

（2）联轴器的螺栓不得有松动、缺损。

（3）齿轮联轴器和十字滑块联轴器要定期润滑,一般 2～3 个月加润滑脂 1 次,以免齿轮剧烈磨损,造成严重后果。

（4）齿轮联轴器齿宽接触长度不得小于 70%；其轴向窜动量不得大于 5mm。

（5）联轴器不允许有裂纹存在,如有裂纹则需更换（可用小锤敲击,从声音判断）。

（6）联轴器的键应配合紧密,不得松动。

（7）齿轮联轴器的齿厚磨损,对于起升机构超过原齿厚的 15% 时,对于运行机构超过 25% 时应报废,有断齿时也应报废。

（8）弹性柱销联轴器的弹性圈、齿轮联轴器的密封圈如有损坏、老化,要及时更换。

（9）起升机构使用的制动轮联轴器应加设隔热垫。

3）联轴器的拆卸

现以起升机构浮动轴上的齿轮联轴器（图 1-2-43）拆卸为例,说明其拆卸顺序。

（1）卸下浮动轴两端齿轮联轴器的螺母 6 和连接螺栓 7,可把浮动轴 5 连同两端的内齿圈 4 一起取下。

（2）卸去锁紧螺母 10 和止动垫圈 9,将制动轮 11 取出；卸去锁紧螺母 13 和止动垫圈 14,将联轴器轴接手 2 从电动机轴上卸下。

（3）卸去浮动轴 5 两端内齿圈 4 上的螺栓 12,将内齿圈 4 从外齿套 3 上退出。

（4）用拉轮器拉出浮动轴 5 上的外齿套 3,为了便于拆卸,可将外齿套加热使其膨胀后拉出,或用液压机压出。至此,整套联轴器拆卸完毕。

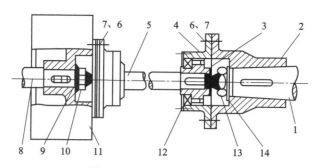

图 1-2-43 齿轮联轴器的拆卸

1-主动轴;2-联轴器轴接手;3-外齿套;4-内齿套;5-浮动轴;6-螺母;7-连接螺栓;8-从动轴;9、14-止动垫圈;10、13-锁紧螺母;11-制动轮;12-螺栓

4) 联轴器的检修

(1) 检查内齿圈和外齿套轮齿的磨损、破坏状态。对于起升机构,轮齿磨损量不应超过原齿厚的 15%;对于运行机构,轮齿磨损量不应超过原齿厚的 30%,超过此值者报废。有轮齿折断者报废。

(2) 检查联轴器是否有疲劳裂纹,可用放大倍数不小于 20 的显微镜观察,也可用敲击声判断或用浸油法观察有无疲劳裂纹,如发现裂纹,应更换新件。

(3) 在每次定期检查时,应对联轴器进行润滑和保养。

5) 联轴器常见的故障与处理

联轴器常见故障、产生原因及处理方法见表 1-2-18。

联轴器常见的故障、产生原因及处理方法 表 1-2-18

故障情况	产生原因	处理方法
在半联轴器体内有裂纹	材料疲劳	更换新件
连接螺栓孔磨损	材料缺陷	加工孔,更换新螺栓,或者补焊再加工
齿形联轴器磨损	材料缺陷	超过报废标准应及时更换新件。经常润滑
键槽磨损	材料缺陷	重新开键槽,新键槽应开在距原槽 90°的地方
开裂	有裂纹	更换
开动后跳动,切断螺栓	连接螺栓孔磨损	加工孔,更换螺栓,如孔磨损过大,应焊补后再加工
齿轮联轴器齿损坏	齿磨损或过限	更换超过磨损限度的齿轮
键掉出或松动	键槽磨损或配合不当	更换键,或在距旧键槽 90°的地方重新铣出键槽配键,但起升机构联轴器不允许修,只能更换

2. 减速器

桥式起重机的行走机构、起升机构等工作机构通常是用电动机来驱动的。电动机的转速较高,而这些工作机构的转速要求比电动机转速低得多,这就要求在电动机和工作机构之间引入一个减速器。同时,电动机的转矩比较小,通常减速装置后,转矩大为增加,这也是适应工作机构需要的。在起重机中广泛采用齿轮传动的减速器。齿轮传动具有工作可靠、传递动力大、传动稳定、机械效率高的优点。齿轮传动有开式传动和闭式传动。开式传动齿轮工作条件差,易于磨损,故尽量不采用。闭式传动是减速齿轮装于封闭的箱体内,作为独立的部件,这样就使齿轮有较好的工作条件和良好的润滑。这个独立的部件就叫减速器(或减速箱)。

1)减速器的种类

桥式起重机所用的标准齿轮减速器有卧式(ZQ 型和 ZQH 型)和立式(ZSC 型)两种。最近几年许多新型的减速器也相继出现,如 QJ 型、QS 型、SHQ 型、GJWQ 型和 TQ 型等,特别是 QS 型,减速器与电动机组成"三合一"运行机构,如图1-2-44 所示,在中、小型起重机运行机构中得到了广泛应用。

本任务重点介绍常见的 ZQ 型和 ZQH 型减速器。

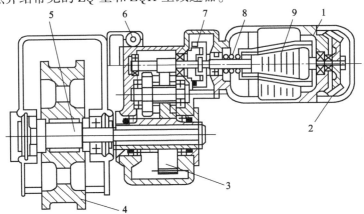

图 1-2-44 DEMAG"三合一"运行机构
1-锥形电动机;2-锥形制动器;3-减速器;4-车轮;5-车轮轴;6-扭力矩支承;7-联轴器;8-压力弹簧;9-锥形转子

(1)ZQ 型渐开线圆柱齿轮减速器

ZQ 型 ZQH 型、PM 型减速器在结构和外形上基本一样的。ZQ 型减速器主要用于桥式起重机的起升机构和大车行走机构。它的外形及结构见图1-2-45。

ZQ 型减速器是由两级渐开线斜齿轮组成,齿轮的螺旋角为 8°6′34″,两个小齿轮都与轴制成一体,称为齿轴,材料为 45 钢,经调质处理硬度为 228~255HB。两个大齿轮用 ZG55Ⅱ铸钢制造(也可以用 45 钢铸造),经正火处理硬度为 170~210HBS,齿轮圆周速度不超过 10m/min。减速器传动效率为 0.94。

(2)ZQH 型圆弧齿轮减速器

ZQH 型减速器是在 ZQ 型减速器的基础上改进设计的。其最大的不同是用圆弧斜齿轮代替了渐开线斜齿轮。圆弧齿轮有凸齿和凹齿之分,通常小齿轮制成凸齿,大齿轮制成凹齿。由于圆弧齿轮传动具有承载能力大、效率高且无根切现象,小齿轮的齿数不受限制,故传动比可靠,因此应用愈来愈广泛,有逐步取代 ZQ 型减速器的趋势。

圆弧齿轮的缺点是需要特殊的刀具进行加工,且加工凸齿和凹齿的刀具也不同,加工精度和装配精度要求高,若达不到精度时,将严重影响传动平稳性和使用寿命。

(3)ZSC 型立式齿轮减速器

龙门起重机的大、小车运行机构及桥式起重机的小车运行机构采用 ZSC 型立式齿轮减速器。图1-2-46 是这种减速器的外形图。

ZSC 型立式齿轮减速器由三对齿轮实现减速,小齿轮的材料为 40Cr,经调质处理硬度为 241~261HB,齿面硬度为 40~45HRC。大齿轮 45 钢或 ZG55Ⅱ铸钢,经正火处理 288~255HB。高速级用斜齿轮,其余用直齿轮(ZSC-350 及 ZSC-400 两种全用直齿轮)。输出齿端为圆柱形。

2)减速器的安全技术要求

（1）经常检查地脚螺栓，不得有松动、脱落和折断。

（2）每天检查减速器箱体，轴承处温度不能超过允许温度。当温度超过室温40℃时，应检查轴承是否损坏，是否安装不当或缺少润滑油脂，负荷时间是否过长，运行有无卡滞现象等。

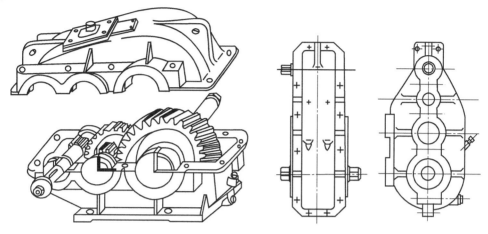

图 1-2-45　ZQ 型减速器　　　　　图 1-2-46　ZSC 型立式齿轮减速器

（3）检查润滑部位。减速器使用初期，应每三个月更换一次润滑油，并清洗箱体，去除金属屑，以后每半年至一年更换一次，润滑油不得泄漏，同时油量要适中。

（4）注意齿轮啮合声响。噪声过高或有异常撞击声时，要开箱检查轴和齿轮有无损坏。

（5）用磁力或超声波探伤检查减速器箱体和轴，发现裂纹应及时更换。

（6）壳体不得有变形、开裂、缺损现象。

（7）减速器零件中有下列情况之一时，应予以报废：

①齿轮有裂纹和断齿。

②齿面点蚀损坏达齿合面30%或深度达原齿厚的10%时。

③起升机构第一级啮合齿轮磨损达原齿厚的10%，其他啮合级齿轮磨损达原齿厚的20%时应报废；其他机构第一级啮合齿轮磨损达原齿厚的15%，其他啮合级齿轮磨损达原齿厚的25%时应报废；开式齿轮传动中的齿轮磨损达原齿厚的30%时，该齿轮报废。

④减速器壳体严重变形、裂纹且无修复价值时，该件报废。

3）减速器的分解拆卸

从传动系统中整台拆下的减速器，通过拆卸其零部件，检查磨损与破坏情况，更换磨损严重或已损坏的零部件，清洗后重新组装，以备今后换用。

现以二级圆柱齿轮减速器为例（图1-2-47），说明减速器零部件的拆卸步骤。

（1）卸下减速器上盖与底座间的螺栓5和螺栓6，拧紧启盖螺栓8，将减速器的上盖掀开，使减速器部分结合面出现间隙，便于撬动，取下减速器的上盖。

（2）把减速器的主动轴、中间轴和从动轴总成从减速器的底座中取出。

（3）用拉轮器把主动轴19和从动轴10上的联轴器接手、轴承23、轴承13以及中间轴18上的轴承卸下。

（4）用液压机把从动齿轮14和中间轴上的大齿轮24分别从从动轴和中间轴上压出。

在实际修理中，广泛采用在起重机上取下减速器的各级传动轴总成，检修后再重新装上。

4）减速器的检验与修理

一般检验；箱体（外壳），特别是轴承处的发热，不要超过轴承允许温升；润滑油不应泄漏；检查螺栓不得松动；齿轮啮合声响要均匀轻快。有经验的人可以根据齿轮啮合声响判断故障。表1-2-19为减速器齿轮啮合声响及其可能的故障。

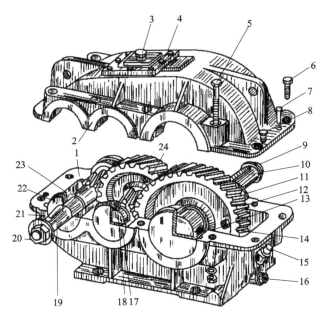

图1-2-47 减速器拆卸示意图

1-底座；2-上盖；3-通气孔；4-观察盖；5、6-螺栓；7-定位销；8-启盖螺栓；9、20-螺母；10-从动轴；11、12、17-端盖；13、22、23-轴承；14-从动齿轮；15、16-螺钉；18-中间轴；19-主动轴；21-键；24-大齿轮

减速器齿轮啮合声响及其可能的故障　　　　　　表1-2-19

声　　响	可能的故障
周期性的忽高忽低的声响，并且与齿轮转速相吻合	齿轮的节圆与轴偏心；齿轮齿距累积偏差过大
剧烈的金属锉擦声，甚至引起减速器箱体振动，发出叮当声	轮对中心距偏差过大；齿顶上具有尖锐的边缘，或齿轮间侧隙过小；齿轮工作面磨损后不平坦（小沟或凸痕）
齿轮啮合时，有不均匀但连续的敲击声	齿轮工作面有缺陷（层状组织）

（1）减速器壳体结面的检验

减速器一般采用灰口铸铁，如HT15-32、HT21-40，承受负荷较大的减速器采用铸钢，如ZG15、ZG25。

减速器经过铸造、各种机械加工之后产生较大的内应力，所以使用一段时间之后，可能会发生变形。这时结合面就达不到原来的精度要求，而发生漏油现象。通常采用研磨和刮磨的方法进行修理。

（2）轴的检验

用磁力或超声波烫伤检查轴，不得有裂纹，发现裂纹应及时更换。

轴的检查。将轴顶在车床两顶针上,百分表固定在车床的溜板箱上,移动溜板,测量轴上母线,百分表最大读书差就是轴的直线度误差。当转动轴时,可测量轴颈的椭圆度误差,也可以测量径向跳动。还可以把轴放在平台上滚动,同时用塞尺检查。

对于磨损的轴颈可采用镀铬或金属喷涂的方法增加轴颈处尺寸,然后按图纸要求进行加工。为减少应力集中,在加工圆角时,一般应取图纸规定的上限,只要不妨碍装配,圆角应尽可能留大一些。

没有上述条件时,也可以采用堆焊修理的办法。

对于轴的弯曲,常用的校直方法有压力校直和火焰校直。

(3)齿轮的检验

齿轮检验有一专用名词——齿轮失效。

齿轮失效可分为齿面失效和整体失效,前者指齿面磨损,后者是指断齿等大的损坏。

①疲劳点蚀。在减速器传动中,齿轮最常见的失效形式是疲劳点蚀。点蚀就是靠近节圆(偏下)的齿面出现"麻坑"。轮齿表面的接触应力达到一定极限时,表面层就会产生一些疲劳裂纹,裂纹扩展就会有小块金属剥落形成小"麻坑"。

如果齿面硬度较高或接触应力过大,"麻坑"继续扩展就会造成齿面凹凸不平,引起动载和噪声,点蚀过程也因之加剧,最后使齿轮丧失传动能力。点蚀面积沿齿宽达60%应报废。

②磨损。起重机上齿轮另一种常见的失效形式是磨损,磨损使齿厚变薄。由润滑油内杂质造成的磨损,一般称为研磨性磨损。这种磨损常常在齿顶和齿根出现很深的刮道。刮道垂直于节线并且互相平行。研磨性出现以后,减速器油温上升,齿轮传动时发出尖细噪声,这时必须更换润滑油。

对于起升机构减速器,齿轮磨损后,齿厚不应小于原齿厚的85%;对于运行机械,齿厚不应小于原齿厚的70%。超过这些标准,则应更换新齿轮。

可用齿轮游标卡尺测量分度圆处的齿厚来检验齿轮磨损情况。

③胶合。胶合就是在齿面沿滑动方向形成伤痕,是由于重载高速、润滑不当或散热不良所造成的,这时齿轮啮合面间的油膜被破坏,温度很高,齿面金属直接接触,一个齿面的金属熔焊在与之相啮合的另一齿面上。另外,由于齿面间做相对滑动,所以在齿面上形成一些垂直于节线的划痕,这就是胶合。

严重的胶合破坏齿面,使齿轮丧失传动能力。为了防止胶合的产生,在低速重载的齿轮传动中,应采用高黏度润滑油,或适当提高齿面硬度和光洁度。

④塑性变形。对于较软的齿面,由于过载或摩擦因数过大,可使齿面产生塑性变形,使主动轮在节线附近产生凹沟,从动轮在节线附近产生凸起。渗碳钢齿轮由于摩擦力过大,也会产生塑性变形,从而呈现皱纹,称为"塑纹"。

⑤折断齿。当齿轮工作时,由于危险断面应力超过极限应力,齿轮可能有一部分或整齿折断。严重的超载和很大的冲击,也会使齿轮突然折断。断齿齿轮应及时更新。

⑥齿轮接触斑点的检验。起重机减速器的检修中,轮齿的失效一般不采用修理的办法,而是控制一定的报废标准,超过标准则应更换新轮。各种原因造成的齿轮外形上的缺陷,其长、宽、深方向都不得超过模数的20%。

对于未超过报废标准的轮齿可用刮刀或油石清除毛刺。

减速器常见故障与处理

减速器常见故障、产生原因及处理办法见表1-2-20。

减速器常见故障、产生原因及处理方法　　　　　表 1-2-20

故 障 情 况	产 生 原 因	处 理 方 法
外壳特别是安装轴承处发热	轴承损坏、轴颈卡住,润滑不良	检查轴承情况,损坏则更新,调整装配使轴转动灵活
漏油	合口不严,螺栓松动,轴颈磨损	拧紧螺栓,更换密封,修刮结合面
启动时,减速器振动或跳动	螺栓松动,轴承损坏或其他传动件有故障	紧固螺栓,正确固定减速器,检查并更换损坏的轴承
工作时发出噪声及冲击响声	齿轮磨损或损坏,装配不当,啮合不良	更换磨损过限齿轮,调整装配不当处,消除轴向窜动,检查更换轴承,添加润滑油(脂)
有不均匀的响声	齿轮径向圆跳动量大; 主动齿轮轴或其他轴产生弯曲; 齿轮窜动,与箱体碰撞	轻者修齿形(如研磨齿),重者换新齿轮; 用点加热法进行火焰校直; 用调整垫调整轴向间隙
有撞击声	断齿; 轴承损坏; 齿面有凸起高点或粘有铁屑等; 齿轮轴向窜动,互相碰撞	更换新齿轮; 更换新轴承; 修齿面,消除附在齿面上的异物; 用调整垫隔离
轴承发热	轴承内外环配合太紧; 轴承滑道磨损; 无润滑油	测量轴与孔,按减速器标准配合修轴和孔; 换新轴承; 及时加油,按期润滑

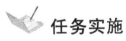

任务实施

填写任务单,见表 1-2-21。

任　务　单　　　　　　　　　　　　　　表 1-2-21

编制专业:港机专业				编号:项目二任务3	
课程名称	港口起重输送机械		班级/组号	学时	4
任务3　联轴器、减速器认识和使用与维护					
任务描述	描述出联轴器的检修步骤以及对联轴器常见的故障的处理方法				
分　析	1. 描述出联轴器的检修步骤 2. 联轴器常见的故障的处理方法				
	故障情况		产生原因	处理方法	
	在半联轴器体内有裂纹				
	连接螺栓孔磨损				
	齿形联轴器磨损				
	开动后跳动,切断螺栓				
	齿形联轴器齿损坏				
	键掉出或松动				
评价				成绩评定	

课后巩固

1. 两根轴上承受冲击载荷,则应选用下列哪种联轴器:(　　)
   A. 凸缘式　　　　B. 齿式　　　　C. 弹性柱销　　　　D. 万向联轴器
2. 两根轴的转速不太高,且对中精度高,载荷大而平稳,应选用下列哪种联轴器:(　　)
   A. 套筒式　　　　B. 齿式　　　　C. 凸缘式　　　　D. 滑块式
3. 关于套筒联轴器下列说法正确的是:(　　)
   A. 结构简单,径向尺寸小
   B. 可用键将两轴与套筒连接起来从而实现两轴的同轴转动
   C. 可用销将两轴与套筒连接起来从而实现两轴的同轴转动
   D. 缺点是工作平稳性不高
4. 用联轴器连接的两根轴在工作过程中若出现了同轴度误差,应如何处理?
5. 减速器 QJS – D630Ⅶ各项的含义是什么?

任务4　制动器和安全与防护装置的认识和使用与维护

 任务导读

通过本任务的学习,掌握制动器作用、种类、选用及工作原理;制动器的检查维护的方法;掌握缓冲器、防风装置作用、种类、选用及工作原理;限位器与安全开关的作用;掌握安全装置的检查维护的方法。

 教学目标

知识目标:防护装置的作用、类型、选用及工作原理;掌握制动器、安全与防护装置的检查维护的方法。

能力目标:具备制动器和安全与防护装置的使用与维护的能力。

 工作任务

任务描述:描述出制动器典型常见故障的排除方法,如图 1-2-48所示。

任务具体要求:列出制动器典型常见故障的排除方法并填写任务单。

图1-2-48　制动器

 知识储备

1. 制动装置

制动装置是保证起重机安全正常工作的重要部件。起升机构的制动装置保证了吊物停止位置,并且在起升机构停止运行后能使吊物保持在该位置,起到阻止重物下落的作用。运行机构及其他机构的制动装置除用来实现停车及保持在停留位置外,在某些特殊情况下,还可根据工作需要实现降低或调节机构运行速度。

制动装置通常由制动器、制动轮和制动驱动装置组成。它是通过摩擦原理来实现机构制动的。

1）制动器的种类

制动器按工作状态不同可分为常闭式、常开式，起重机上多数采用常闭式。常闭式制动器在机构不工作期间是闭合的，欲使机构工作，只需通过松闸装置将制动器的摩擦副分开，机构即可运转。

起重机上采用的制动器，按其构造形式分有块式制动器、带式制动器、盘式制动器和圆锥制动器等。

(1) 块式制动器

块式制动器构造简单，制造、安装、调整都较方便，在起重机上应用广泛。块式制动器分为下列几种类型：

①短行程块式制动器。

短行程块式制动器（图1-2-49）的优点：结构简单，质量轻，制动快。缺点：冲击和噪声大，寿命短，制动力矩小，有剩磁现象，不适用于起升机构。

②长形程块式制动器。

长行程块式制动器（图1-2-50）优点：行程大，可以获得较大的制动力矩，制动快，很少有剩磁现象，比较安全。缺点：冲击和噪声较大，寿命不够长，构件多而复杂，体积和质量大，效率低，只适用于起升机构。

③液压推杆瓦块式制动器。

液压推杆瓦块式制动器（图1-2-51）优点：具有启动和制动平稳，无噪声允许开闭次数多，使用寿命长，推力恒定，结构紧凑和调整维修方便等优点。缺点：用于起升机构时会出现较严重的"溜钩"现象因而不宜用于起升机构。

④液压电磁铁块式制动器。

液压电磁铁块式制动器（图1-2-52）由制动架、液压电磁铁及硅整流器三部分组成。其优点：具有启动和制动平稳，无噪声，接电次数多，使用寿命长，能自动补偿制动器的磨损，不需要经常维护和调整，结构紧凑和维修方便等。缺点：在恶劣的工作条件下硅整流器容易损坏。

图1-2-49　短行程块式制动器　　　图1-2-50　长行程块式制动器

(2) 带式制动器

在外形尺寸受限制、制动转矩要求很大的场合，可考虑选用带式制动器（图1-2-53），流动式起重机多采用这种制动装置。带式制动器的缺点是安全性较低，制动带断裂将造成严重后果。

(3) 盘式制动器

盘式制动器(图1-2-54)制动转矩大,外形尺寸小,摩擦面积大,磨损小,应用广泛,通用性好。这种制动器也有缺点,主要是电磁铁线圈温度易升高发热、冲击、噪声大和零部件容易损坏。

图1-2-51　液压推杆瓦块式制动器

图1-2-52　液压电磁铁块式制

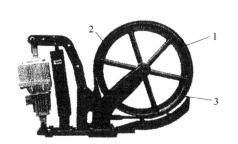

图1-2-53　带式制动器
1-制动器;2-制动带;3-限位螺钉

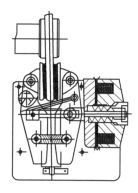

图1-2-54　盘式制动器

(4) 锥形制动器

锥形制动器(图1-2-55)的制动环与制动轮均为锥形,锥形制动器是锥形电动机的一部分。其结构简单轻巧,制作装配调整方便。

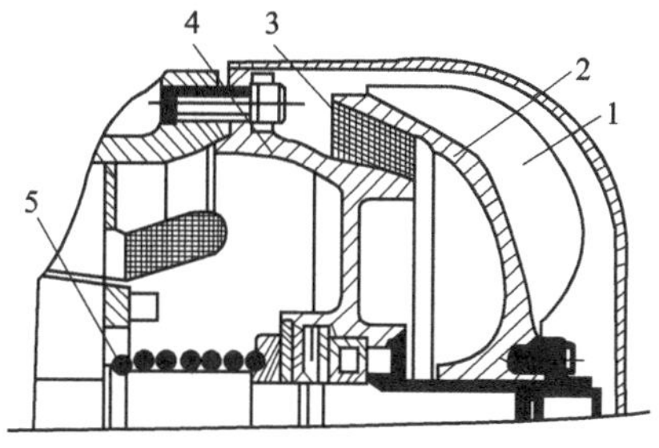

2) 制动器的安全技术要求

(1) 动力驱动的起重机,其起升、变幅、回转、运行机构都必须装设制动器。

(2) 起升、变幅机构的制动器必须是常闭的。

图1-2-55　锥式制动器
1-风扇轮;2-锥式制动盘;3-制动坏;4-制动轮;5-弹簧

(3) 吊运炽热金属或易燃易爆危险品,以及一旦发生事故可能造成重大危险或损失的起升机构。其每一套驱动装置都应装设两套制动器。每套制动器应能单独制动住额定起重量。

(4) 新安装的起重设备,必须按设计要求测试制动器的性能。

(5) 对分别驱动的运行机构制动器,其制动器动力矩应调相等,避免引起桥架运行歪斜,车轮啃轨。

(6) 各机构装设制动器的安全系数应符合表1-2-22的规定。

制动器的安全系数　　　　　　　　表 1-2-22

机　构	使　用　情　况	安　全　系　数
起升机构	一般的	1.50
	重要的	1.75
	具有液压制动的液压传动的	1.25
吊运炽热金属或危险品的起升机构	装有两支支持制动器时,对每一套制动器	1.25
	彼此有刚性联系的两套驱动装置,每一套装置有两套支持制动器时,对每一套制动器	1.10
非平衡变幅机构		1.75
平衡变幅机构	在工作状态时	1.25
	在非工作状态时	1.15

（7）在额定力矩下,块式制动器制动衬垫与制动轮工作面的贴合面积应满足下列要求：

①对压制成型的制动衬垫,每块不小于设计接触面积的50%；

②对普通石棉制动衬垫,每块不小于设计接触面积的70%。

（8）制动器应调整适宜,开闭灵活,制动平稳可靠。起重机进行载荷试验时应作检查。

（9）制动器摩擦面积应接触均匀,不得有影响制动性能的缺陷或油污。

（10）制动轮的温度,一般不应高于环境温度的120℃。

（11）制动轮安装良好,键及连接件不得有松动现象。

（12）带式制动器制动带未磨损前的初间隙,每边应在0.6～1mm范围内,摩擦垫片磨损应有补偿能力。

（13）带式制动器背衬垫钢带的端部与固定部分的连接,应采用铰接,不得采用螺栓连接、铆接、焊接等刚性连接形式。

（14）盘式制动器松闸时的间隙不得小于0.6mm,但不得大于1.5mm,且两边间隙和压力大小应一致。

（15）制动器的零件,出现下述情况之一时,应报废：

①裂纹；

②制动摩擦垫片厚度磨损达原厚度的50%；

③弹簧塑性变形；

④轴或轴孔直径磨损达原直径的5%。

3）制动器的使用与维护

（1）制动器的调整

起重机的制动器在使用过程中,由于摩擦和磨损,会使制动间隙增大,以致造成制动失效。为了使机构的工作准确、安全和可靠,应按工作需要的制动力矩和安全要求进行调整。制动器的调整通常包括以下三个方面：

①调整工作行程、调整制动力矩、调整制动间隙。

②制动器可靠的制动力矩是通过调整主弹簧的长度,即通过调整主弹簧的张力来实现。为了使两个制动瓦块对制动轮的作用力均匀和相等,同时两个制动瓦块在张开时与制动轮间的间隙应均匀相等。制动间隙通常用调整工作行程的大小来实现。

③当一套机构有两套制动器时,应调整每套制动器,保证每套制动器都能单独在额定负

荷时可靠地工作。为保证设备安全,制动器调整时应保证拥有必要的安全制动行程。

a. 短行程制动器的调整。

(a)调整制动力矩是通过调整主弹簧的工作长度来实现的。调整方法是用扳手把住螺杆方头,用另一扳手转动主弹簧固定螺母(图1-2-56)。弹簧可伸长或压缩,制动力矩随着减小或增大。调整完毕后,再用另外螺母锁紧螺杆及主弹簧调整螺母,以防止松动,保证制动力矩不变化。

(b)调整工作行程是通过调整电磁铁的冲程来实现的。调整的方法是用一扳手把住锁紧螺母,用另一扳手转动弹簧推杆方头(图1-2-57),使推杆前进或后退,前进时冲程增大,后退时冲程减小。

(c)调整两制动块与制动轮间的间隙,使两侧间隙均匀。调整方法是推动电磁铁衔铁与铁芯合并到一起,使制动瓦块自然松开,调整间隙调整螺母,使两侧间隙均匀(图1-2-58)。

图1-2-56 调整主弹簧示意图　　　　图1-2-57 调整电磁铁示意图

b. 长行程制动器的调整。

(a)制动力矩是通过调整主弹簧的工作长度来实现的。调整方法与短行程制动器的调整方法大体相似,转动调整螺母,使主弹簧伸缩来获得必要的制动力矩。调整完毕后,应用锁紧螺母将调整螺母锁紧,以防松动。

(b)驱动装置的工作行程也用调整弹簧推杆冲程来完成。方法是松开推杆上的锁紧螺母,转动推杆和拉杆,即可调整推杆冲程。制动瓦块衬未磨损前,应留20～30mm的冲程。

(c)调整制动间隙的方法是拉起螺杆,使制动瓦块与制动轮间形成最大的间隙,调整推杆和调整螺栓,使制动瓦块与制动轮之间的间隙在规定范围内,且使两侧相等。

c. 液压推杆瓦块式制动器的调整。

(a)制动力矩(即主弹簧工作长度)的调整与前述调整方法相同。

(b)调整推杆(图1-2-59)工作行程。要求是:在保证制动瓦块最小的退距的前提下,液压推杆的行程越小越好。调整的方法是:松开推杆的锁紧螺母,转动推杆,使液压推杆的行程符合技术要求,然后再锁紧推杆上的螺母,以防松动。

(c)调整制动瓦块与制动轮间的间隙。用手抬起液压推杆到最高位置,松开自动补偿器的锁紧螺母,旋动调整螺栓,使制动瓦块与制动轮间的间隙符合要求。

d. 液压电磁式瓦块式制动器的调整。

(a)制动力矩即通过调整主弹簧工作长度来实现的。调整方法与相应制动器架主弹簧调整方法相同。

(b)调整放松制动的补偿行程。调整方法是:松开锁紧螺母,转动斜拉杆,使补偿行程的数值符合规定要求,然后将锁紧螺母旋紧。

(c)制动瓦块与制动轮间的间隙的调整方法与液压推杆瓦块式制动器相同。

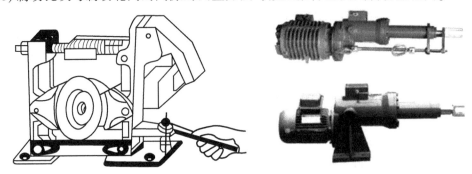

图 1-2-58 调整制动块与制动轮　　　图 1-2-59 叶轮式液压推杆图

(2)制动器的保养

①制动器的各铰接点应根据工况定期进行润滑工作,至少每隔一周,应润滑一次,在高温环境下工作的每隔三天润滑一次。润滑时,不得把润滑油沾到摩擦片或制动轮的摩擦片上。

②及时清除制动摩擦片与制动轮之间的尘垢。

③液压电磁推杆制动器的驱动装置中的油液每半年更换一次。如发现油内有机械杂质,应将该装置全部拆开,用汽油把零件洗净,再进行装配。密封圈装配前应先用清洁的油液浸润一下,以保证安装后的密封性能。但在清洗时,线圈不许用汽油清洗。

4)制动轮的安全技术要求

制动轮经过一段时间的使用以后,其圆周表面会出现磨损,当磨损达到下列各个阶段时应采取适当的措施:

(1)制动轮圆周表面出现 0.5mm 以上的环形沟槽,使制动轮与摩擦片接触面积减少。制动力矩降低时,可拆下来磨光,即可装配后重新使用,不必再经过淬火。

(2)制动轮直径磨损到比原来直径小 3~4mm 时,应重新车削加工,再进行淬火,恢复原来的表面硬度,最后磨光,才能使用。

(3)起升、变幅机构的制动轮、轮缘厚度磨损达到原来厚度的 40% 时,应该报废。

(4)其他机构的制动轮,轮缘厚度磨损达到原来厚度的 50% 时,应该报废。

(5)制动轮如发现裂缝时,应报废更换新的,不得焊补后继续使用。

(6)如发现制动轮的轴孔与轴配合松动、甚至键槽与键配合松动,应该更换制动轮和轴。

(7)制动轮表面沾染油污,应用煤油清洗。

2. 限位器

限位器是用来限制机构运行时通过范围的一种安全防护装置。限位器有两类:一类是保护起升机构安全运行的上升极限位置限制器和下降极限位置限制器;另一类是限制运行机构的运行极限位置限制器。

1)上升极限位置限制器和下降极限位置限制器

上升极限位置限制器是用于限制取物装置的起升高度。当吊具起升到上限位置时,限位器能自动切断电源,使起升机构停止运行,防止吊钩继续上升,拉断钢丝绳而发生坠落事故。所以,《起重机械安全规程》(GB 6067—2010)规定,凡是动力驱动的起重机,其起升机构(包括主副起升机构),均应装设上升极限位置限制器。

下降极限位置限制器是用来限制取物装置下降至最低位置时,能自动切断电源,使机构停止运行,以保证钢丝绳在卷筒上的缠绕不少于两圈的安全圈数。

吊运炽热金属或易燃、易爆等危险物品的起升机构应设置两套起升极限位置限制器,且两套限位开关应有先后,并尽量采用不同结构形式和控制不同的断路装置。

上升极限位置限制器主要有重锤式和螺杆(或蜗轮螺杆)式两种。

(1)重锤式上升极限位置限制器

重锤式上升极限位置限制器由一个限位开关和重锤组成(图1-2-60、图1-2-61),其工作原理是:

当重锤自由下垂时,限位开关处于接通电源的闭合状态,当取物装置起升到一定位置时,托起重锤,致使限位开关常闭触头分断而切断总电源,使起升机构不再向起升方向运行。

(2)螺旋式上升极限位置限制器

螺旋式上升极限位置限制器有螺杆传动和蜗轮杆传动两种形式。这类限位器的优点是自重小,便于调整和维修。

螺杆式上升极限位置限制器是由螺杆、滑块、十字联轴器、限位开关和壳体组成(图1-2-62、图1-2-63)。当起升重物升到上极限位置时,则可限制上升和下降的位置。

螺旋式上升极限位置限制器准确可靠,但应注意的是:每一次更换钢丝绳后,应重新调整限位器的停止位置,避免发生事故。

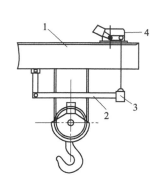

图1-2-60 重锤式起升限位器
1-小车架;2-开关;3-重锤;4-碰杆

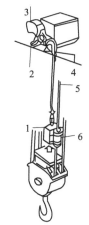

图1-2-61 重锤式上升极限位置限位器
1-重锤;2-小车平台;3-限位器重锤;4-杠杆;5-钢丝绳;6-套筒

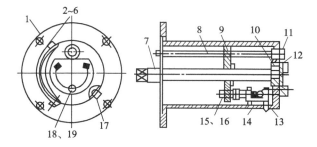

图1-2-62 螺杆式上升极限位置限位器
1-壳体;2~6-螺钉垫圈;7-螺杆;8-导杆;9-移动螺母;10-轴承;11-螺母;12-端盖;13-限位开关;14-螺钉;15、16-撞头螺母;17-缓冲垫;18、19-螺钉坐圈

起重量60~7500kg

图1-2-63 限制器限位开关

2)运行极限位置限制器

运行极限位置限制器由限位开关(图1-2-63)和安全尺式撞块组成。其工作原理是:当车体运行到极限位置后,安全尺触动限位开关的转动柄或触头,带动限位开关内的闭合触头分开而切断电源,机构停止工作。车体在允许制动距离内停车,避免硬性碰撞止档装置时对运行的车体产生过度的冲击。

桥式类型起重机的运行机构均应设置运行极限位置限制器。

3. 缓冲器

当运行极限位置限制器或制动装置发生故障时,由于惯性的原因,运行到终点的起重机或梁上的小车,将在运行终点与设置在该位置的止档相撞。设置缓冲器的目的就是吸收起重机或小车的运动动能,以减缓冲击。缓冲器设置在大车或小车与止档相碰撞的位置。在同一轨道上运行的起重机之间,以及同一起重机上双小车之间也应设置缓冲器。

缓冲器类型较多,常用的有弹簧缓冲器,实体缓冲器和液压缓冲器等几种。

(1)弹簧缓冲器

弹簧缓冲器主要由碰头、弹簧和壳体等组成(图1-2-64)。当起重机撞到弹簧缓冲器时。其能量主要转变为弹簧的压缩能,因而具有较大的反弹力。

(2)实体缓冲器

实体缓冲器主要包括橡胶、聚氨酯塑料缓冲器(图1-2-65)和木块等形成,一般只限用于速度相对比较低的场合。

图1-2-64 弹簧缓冲器　　　图1-2-65 聚氨酯缓冲器

橡胶、聚氨酯塑料缓冲器的特点是:结构简单,但它所能吸收的能量较小,一般用于起重机运行速度不超过50m/min的场合,主要起阻挡作用。

(3)液压缓冲器

当起重机碰撞液压缓冲器后,推动撞头、活塞及弹簧移动。弹簧被压缩时,吸收了极小的一部分能量。而活塞移动时压缩了液压缸筒内的液体,受到压力的液体油,由液压缸筒流经顶杆与活塞的底部环形间隙进入储油腔,在此处把吸收的撞击能量转化为热能,起到了缓冲作用。在起重机反向运行后,缓冲器与止档逐渐脱离,缓冲器液压缸筒的弹簧可使活塞回到原来的位置。此时,储油腔中液体又流回液压缸筒。撞头也被弹簧顶回原位置。

液压缓冲器(图1-2-66)能吸收较大的撞击能量,起行程可做得短小,故而尺寸也较小。液压缓冲器最大的优点是没有反弹作用,故工作较平稳可靠。

起重机上的缓冲器与终端止挡体应能很好地配合工作,同一轨道上运行的两台起重机之间及同一台起重机的两台小车之间的缓冲器应等高,即两只缓冲器在相互碰撞时,两碰头能可靠的对中接触。

弹簧式缓冲器与橡胶式缓冲器已系列化,可根据机构运行的冲量选择适当型号的缓冲器。缓冲器在碰撞之前,机构运行一般应切断运行极限位置限制器的限位开关,使机构在断电且制动的状况下发生碰撞,以减小对车体的冲撞和振动。

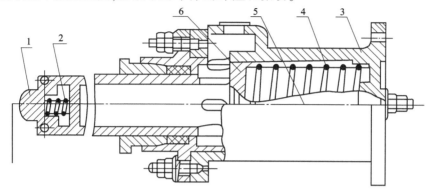

图 1-2-66 液压缓冲器
1-塞头;2-加速弹簧;3-壳体;4-复位弹簧;5-顶杆;6-活塞

4. 防碰撞装置

对于同层多台或多层设置的桥式类型起重机,容易发生碰撞。在作业情况复杂,运行速度较快时,单凭司机判断避免事故是很困难的。为了防止起重机在轨道上运行时碰撞邻近的起重机,运行速度超过120m/min时,应在起重机上设置防碰撞装置。其工作原理是:当起重机运行到危险距离范围时,防碰撞装置便发出警报,进而切断电源,使起重机停止运行,避免起重机之间的相互碰撞。

防碰撞装置有多种类型,目前产品主要有:激光式、超声波式、红外线式和电磁波式等类型。它们均是利用光或电波传播发射的测距原理,在两台起重机相对运行到设定距离时,自动发出警报,并可以同时发出停车指令(图1-2-67)。

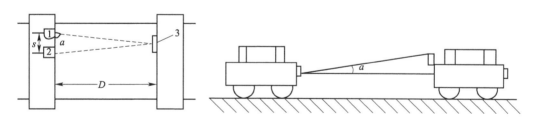

图 1-2-67 光线式防撞装置原理图
1-发射器;2-接收器;3-反射板

5. 偏斜显示(限制)装置

大跨度的门式起重机和装卸桥的两边支腿,在运行过程中,由于种种原因会出现运行速度不同步,行走距离越长,不同步的误差积累越大,导致出现两边支腿相对超前或滞后的现象,使起重机的主梁与前进方向偏斜。这种偏斜轻则造成大车车轮啃轨,重则会导致桥架被扭伤,甚至发生倒塌事故。

为了防止大跨度的门式起重机和装卸桥在运行过程中产生过大的偏斜,应设置偏斜限制器、偏斜指示器或偏斜调整等,来保证起重机支腿在运行中不出现超偏现象,即通过机械和电器的联锁装置,将超前或滞后的支腿调整到正常位置,以防止桥架被扭坏。

当桥架偏斜达到一定量时,应能向司机发出信号或自动进行调整,当超过许用偏斜量时,应能使起重机自行切断电源使运行机构停止运行,保证桥架安全。

《起重机械安全规程》(GB 6067—2010)中规定:跨度等于或大于40m的门式起重机和装卸桥应设置偏斜调整和显示装置。大跨度的门式起重机和装卸桥,当两支腿因前进速度不同而发生偏斜时,能将偏斜状态及时向起重机的操作者显示出来,使偏斜状态能及时得到调整。

常见的防偏斜装置有以下几种:钢丝绳式防偏斜装置、凸轮式防偏斜装置(图1-2-68)、链轮式防偏斜装置和电动式偏斜指示及其自动调整装置等。

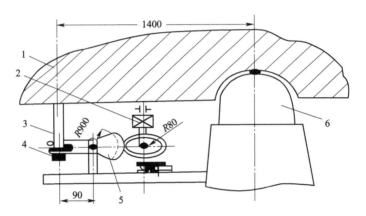

图1-2-68 鼓轮式防骗斜装置
1-主梁;2-自整角机;3-拨杆;4-增速齿轮对;5-柔性腿铰;6-开关

6. 防风装置

《起重机机械安全规程》(GB 6067—2010)规定:露天工作的起重机应设置夹轨器、锚定装置或铁鞋。对于在轨道上露天工作的起重机,其夹轨器及锚定装置或铁鞋应能独立承受非工作状态下在最大风力时,不致被风吹动。

1)夹轨器

(1)手动式夹轨器

手动式夹轨器有两种形式:垂直螺杆式和水平螺杆式。如图1-2-69、图1-2-70所示,手动式夹轨器结构简单、紧凑、操作维修方便,但由于受到螺杆夹紧力的限制,安全性能较差,仅适用于中、小型起重机上,且遇有大风袭击时,上钳往往不及时。

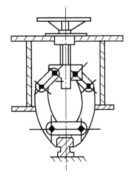
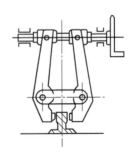

图1-2-69 手动夹轨器　　图1-2-70 螺杆水平夹轨器

（2）电动式夹轨器

电动式夹轨器有重锤式、弹簧式和自锁式等类型。

如图1-2-71所示，锲形重锤式电动夹轨器操作方便，工作可靠，易于实现自动上钳，但自重大，重锤与滚轮间易磨损。

重锤式自动防风夹轨器，能够在起重机工作状态下使钳口始终保持一定的张开度，并能在暴风突然袭击下起到安全防护作用。它具有一定的延时功能，在起重机制动完成后才起作用，这样可以避免由于突然的制动而造成过大的惯性力。它比锲形重锤式夹轨器具有自重小、对中性好的优点，可以自动防风，安全可靠，应用广泛。

（3）电动手动两用夹轨器

如图1-2-72所示，电动手动两用夹轨器主要用于电动工作，同时也可以通过转动手轮，使夹轨器上钳。当采用的动机驱动时，电动机带动减速锥齿轮，通过螺杆和螺母压缩弹簧产生夹紧力，使夹钳不松弛，电器联锁装置工作，终点开关断电自动停止电动机运转。该夹轨器可以在远行机构停止后自动实现上钳。松钳时，电动机带动传动机构使螺母退到一定行程后，触动终点开关，运行机构方可通电运行。

在螺杆上装有一手轮，当发生电器故障时，可以手动上钳和松钳。

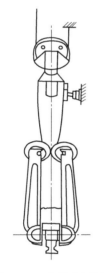
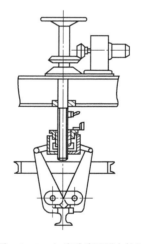

图1-2-71 电动式夹轨器　　图1-2-72 电动手动两用夹轨器

2）锚定装置

锚定装置主要有插销式（图1-2-73）和链绳式两种，是将起重机与轨道基础固定；通常在轨道上每隔一段相应的距离设置一个。当大风袭击时，将起重机开到设有锚定装置的位置，用锚柱将起重机与锚定装置固定，起到保护起重机的作用。

锚定装置由于不能及时起到防风的作用，特别是在遇到暴风突然袭击时，很难及时地做到停车锚定，而必须将起重机开到运行轨道设置锚定的位置后，才能加以锚定。因此使用不便，常作为自动防风夹轨器的辅助设施配合使用。通常，露天工作的起重机，当风速超过6级时必须采用锚定装置。

3）防风铁鞋

按控制方式，防风铁鞋可分为手动控制和电动控制两种。图1-2-74是一种常用的电动控制防风铁鞋,它靠电磁铁的吸合和弹簧作用来实现铁鞋的放下和移开。图 1-2-75 是使用铁鞋的一种手动防风装置,它将铁鞋和锚链锚固功能结合在一起,通过一个自锁功能装置将夹轨装置固定在轨道上,以防止铁鞋与轨道之间产生滑动。同时,锚链的一端连在起重机上,另一端连在铁鞋上,就相当于将起重机锚固在轨道上。比较简单的方法,是将铁鞋直接放在车轮下面。

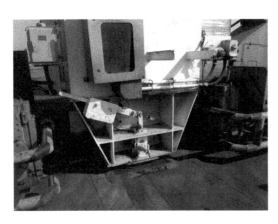

图 1-2-73　插销式锚定装置

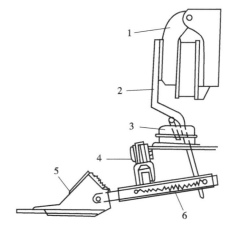

图 1-2-74　电动防风铁鞋
1-电磁铁;2-推杆;3-限位开关;4-电磁铁;5-铁鞋;6-弹簧

除以上几种夹轨器和锚定装置外,还有如夹轮器(图 1-2-76)、顶轨器等不同类型的防风装置。无论其形式如何,都必须满足以下几点要求:

①夹轨器的防爬作用一般应由其本身构件的重力(如重锤等)得自锁条件或弹簧的作用来实现,而不应只靠驱动装置的作用来实现防爬。

②起重机运行机构制动器的作用应比防风装置运作时间略微提前,即防风制动时间—夹轨器运作时间应滞后于运行机构的制动时间,这样才能消除起重机可能产生的剧烈颤动。

③防风装置应能保证起重机在非工作状态风力作用下而不被大风吹跑。在确定防风装置的防滑力时,应忽略制动器和车轮轮缘对钢轨侧面附加阻力的影响。

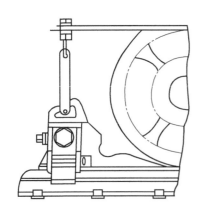

图 1-2-75　手动防风铁鞋

图 1-2-76　夹轮器

 **任务实施**

填写任务单,见表1-2-23。

任 务 单　　　　　　　　　　　　　　　　　　　　表1-2-23

编制专业:港机专业				编号:项目二任务4	
课程名称	港口起重输送机械	班级/组号		学时	4
任务4　制动器和安全与防护装置的认识和使用与维护					
任务描述	描述出制动器典型常见故障的排除方法				
分　析	制动器常见的故障的处理方法				
	故障情况		产生原因	处理方法	
	块式制动器打不开				
	块式制动器断电后,推杆下降异常缓慢(上闸动作缓慢)				
	带式制动器难以制动住机构的运动件				
评价				成绩评定	

 **课后巩固**

1. 为什么要调整制动器的制动力矩和制动轮间隙?如何调整?
2. 为什么要安装防风装置?哪种起重机上要安装防风装置?
3. 在起重机上为什么要安装缓冲器?缓冲器安装在什么机构上?

项目三　起重机械四大机构的认识和使用与维护

任务1　起升机构的认识和使用与维护

任务导读

通过本任务的学习,掌握起升机构的基本组成和工作原理;了解起升机构布置方案;掌握起升机构使用与维护。

教学目标

知识目标:掌握起重机构的组成、作用;熟知起重机构的布置方案;掌握起升机构常见故障修理方法。

能力目标:具备起升机构的使用与维护的能力。

工作任务

任务描述:描述出起重机起升机构的维护与保养方法,如图1-3-1所示。

任务具体要求:列出起重机起升机构的维护与保养方法,并填写任务单。

知识储备

1. 概述

图1-3-1　起升机构

起升机构是起重机械中最重要、最基础的机构,其作用是提升或下降货物。

起升机构通常主要由取物设置、钢丝绳卷绕系统、制动装置、减速传动装置、驱动装置等组成。此外,起升机构还包括电气及液压等传动和操纵设备、支承台架、安全装置等辅助装置。起重机上使用的取物装置有:吊钩、吊环、抓斗、电磁吸盘、吊具、挂梁等。应根据吊运货物的种类、性能和尺寸来合理地选用或设计合适的取物装置。钢丝绳卷绕系统包括:钢丝绳、滑轮与滑轮组、卷筒。起升高度限位器、下降深度限位器、超载限制器、超速保护开关等安全装置用来保证起升机构安全可靠地工作。

典型的起升机构构造如图1-3-2所示。

电动机通过联轴器与减速器高速轴相连,减速器输出轴与卷筒轴连接、钢丝绳和滑轮组与吊钩连在一起。机构工作时,卷筒转动将钢丝绳卷入或放开,通过滑轮组系统,使吊钩与吊钩上的物品上升或下降;机构停止工作时,制动器使吊钩及货物悬挂在空中。吊钩的起升或下降是通过改变电动机的转向来实现的。

电动机轴和减速器高速轴之间,通常采用带制动轮的弹性套柱销联轴器或齿式联轴器、带制动轮的联轴器半体应当安装在减速器轴上,这样,可以减小联轴器的受力,并且即使联轴器损坏,制动器仍能起到制动作用,保证了工作的安全。

起升机构的制动器通常安装在高速轴上,采用与机构电动机连锁的常闭式块式制动器。高速轴转矩小、所需制动转矩小,从而使制动器的尺寸亦小。在内燃机集中驱动的起升机构采用重力下降的起升机构及小型起重机的起升机构中,因构造和操作上的需要也可采用操纵的带式制动器。

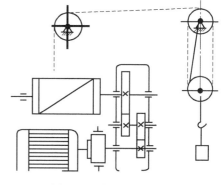

图 1-3-2 起升机构简图

封闭式的标准圆柱齿轮减速器(两级或三级)在起升机构中普遍使用。一些新型的齿轮传动,如摆线行星齿轮传动、圆弧齿轮传动、渐开线少齿差行星齿轮传动和谐波传动被逐渐引用到起重机械上来。

起重量超过10t时,常设有两个起升机构:主起升机构与副起升机构。主起升机构的起重量大,用来起吊较重的货物;副起升机构起重量小,用来起吊较轻的货物或作辅助性工作,但其起升速度较大,能提高起吊货物的生产率,这两个机构可以分别工作,也可以协同工作。副起升机构的起重量一般取为主起升机构起重量的 20% ~ 30%。

2. 起升机构布置方案

起升机构布置方案与起重机的驱动形式有关。

1)电力驱动起升机构布置方案

电力驱动起升机构布置方案通常分为两大类:平行轴线布置和同轴线布置。

(1)平行轴线布置

电动机轴与卷筒轴平行布置方式应用最广。

a. 吊钩起重机。在图 1-3-3a)所示的方案中,卷筒轴一端通过齿式联轴器与减速器的输出轴直接连接,使结构紧凑,制造、安装分组性好,卷筒轴受力静定。选用减速器时,减速器中心距应满足电动机和卷筒的平面布置尺寸。卷筒较长时,在减速器和电动机之间也可装一根浮动轴,以求得布置匀称并且增强补偿性能。

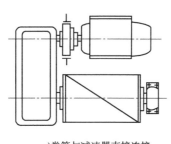 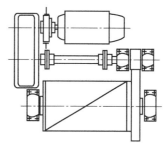

a)卷筒与减速器直接连接　　　　　b)带有开式齿轮传动的起升机构

图 1-3-3 起升机构布置

在图 1-3-3b)所示方案中,减速器与卷筒之间增加了一对开式齿轮传动,通过两个半联轴器和一根浮动轴连接。这种传动形式适用于标准减速器的功率和传动比不能满足要求的那些重载、低速的起升机构中。

图 1-3-4 是有主、副两个起升机构的布置方式,也有采用电动葫芦作为副起升机构,这样可使得布置更加紧凑。

在重载、低速、大起升高度的起升机构中,为了选用标准部件和获得较紧凑的布置方式,常用两台功率小的电动机代替一台大功率的电动机、并采用两个单联卷筒,形成如图 1-3-5 所示的布置方案。

在上述起升机构布置方案中,各部件(电动机、制动器、减速器、卷筒)都有各自的支座,而这些支座又分别固定在一个公共的底座上,形成一个多支点支承结构。为了保证这些部件的轴线相互对中,要求底座具有足够的刚度,从而使底座的自重增大。

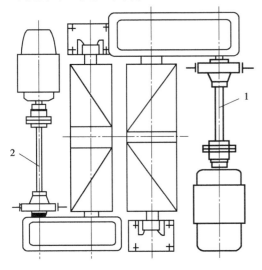

图 1-3-4 带有主、副钩的起升机构
1-主起升机构;2-副起升机构

近年来,随着高速电动机和减速器制造技术的发展,在国内外都开发了起升机构三点支承结构形式(图 1-3-6)。在这种形式中,卷筒轴的一端为悬臂外伸花键轴,电动机和制动器直接安装在减速器,为悬挂式,通过渐开线花键将电动机的转矩传给卷筒轴。

卷筒支承在两个轴承座上,即为两个支点。为了防止反作用转矩使减速器绕低速轴旋转,在减速器高速轴一侧的箱体下方另设一个支承,从而形成了三点支承结构。在减速器的支承点还可以安装测力传感器,用来检测起升载荷大小,实行超载保护。

在三点支承结构中由于支承状态时理想的简支状态,改善了减速器箱体的受力;方便了各部件的安装、定位,以及减速器低速轴密封圈的更换;采用高速电动机后,电动机的性能得到了改善,外形尺寸与质量减小。另外,各部件的支座、底座的刚度要求降低,自重减小,使起升机构的重量也减轻了很多。

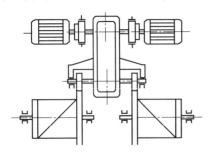

图 1-3-5 带双卷筒的起升机构

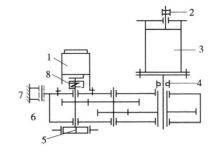

图 1-3-6 起升机构三点支承形式
1-电动机;2、4-卷筒轴承座;3-卷筒;5-制动器;6-减速器;
7-支承点;8-联轴器

b. 抓斗起重机。在抓斗起重机中,为了使用双绳(四绳)抓斗,常采用由两套独立驱动、传动装置组成的双卷筒起升机构,其中一组卷筒作抓斗开闭用,另一组作支持抓斗用。当两组卷筒协同工作时,可使抓斗上升、下降;当两组卷筒分别工作时,可实现抓斗的张开、闭拢,如图 1-3-7 所示。

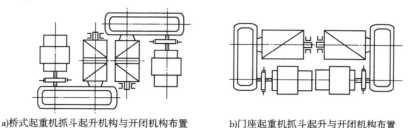

a)桥式起重机抓斗起升机构与开闭机构布置　　b)门座起重机抓斗起升与开闭机构布置

图 1-3-7　抓斗起重机双卷筒起升机构

(2)同轴线布置

在同轴线布置的起升机构中,电动机、减速器和卷筒成直线排列,电动机和卷筒分别布置在同轴线减速器(行星减速器或少齿差行星减速器)的两端,或者把减速器(或电动机和减速器)布置在卷筒内,如图 1-3-8 所示。同轴线布置的起升机构横向尺寸紧凑,但加工精度和安装要求较高,维修稍显不便。

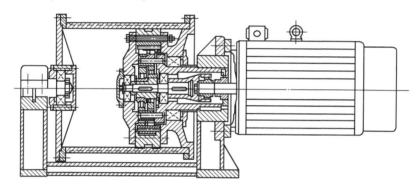

图 1-3-8　同轴线布置的起升机构

电动葫芦是一种常用的轻小起重设备,广泛应用于仓库、车间。电动葫芦是电动机与卷筒同轴线布置的又一典型例子。如图 1-3-9 所示,装在卷筒 3 一端的电动机,通过弹性联轴器 8 与装在卷筒另一端的减速器 1 相连。锥形制动器 6 装在电动机尾端的风扇轴上。

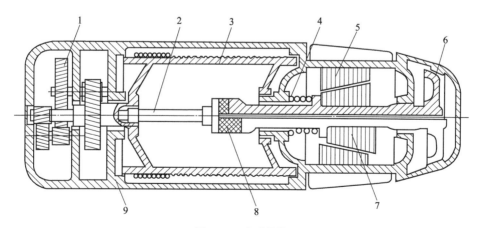

图 1-3-9　电动葫芦

1-减速器;2-动力轴;3-卷筒;4-弹簧;5-定子;6-锥形制动器;7-转子;8-联轴器;9-外壳

2) 轮胎起重机起升机构布置方案

轮胎起重机由内燃机驱动或电动机驱动组成。根据港口装卸作业的要求,可以用吊钩作业,也可既能用吊钩又能用双绳抓斗工作。

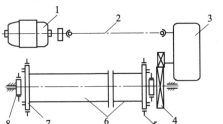

图 1-3-10　Q161 型轮胎起重机起升机构传动图
1-电动机;2-传动轴;3-减速器;4-开式齿轮传动;5-制动器;6-主、副卷筒;7-内胀式离合器;8-操纵离合器的小制动器

(1) 用吊钩及双绳抓斗作业的起升机构布置

a. 布置形式(图 1-3-10)。轮胎起重机起升机构由一台驱动装置通过减速器集中驱动。如图 1-3-11 所示,主卷筒 3、副卷筒 5 分别通过滚动轴承 4 支承在同一根卷筒轴 9 上,卷筒的一端有摩擦凸缘,在摩擦凸缘的内、外面分别安装着内胀式离合器和带式制动器。通过内胀式离合器 6,卷筒轴可带动卷筒一起转动,卷筒和卷筒轴也可以各自独立地转动。

b. 工作原理。起升电动机只向一个方向转动,因此卷筒轴只做货物起升方向旋转。要起升货物时,操纵内胀式离合器,使内胀式离合器张开并压紧卷筒凸缘的内壁,卷筒轴带动卷筒转动,使货物上升,这时带式制动器呈松闸状态。

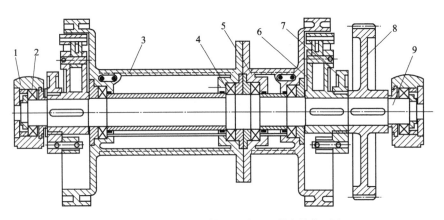

图 1-3-11　Q161 型轮胎起重机起升机构卷筒装配图
1-轴承座;2-轴承;3-主卷筒;4-轴承;5-副卷筒;6-内胀带轮;7-小胀带轮;8-齿轮;9-卷筒轴

当需要停止起升时,松开内胀式离合器同时操纵带式制动器压紧卷筒凸缘的外壁,使卷筒停止转动,货物悬挂在空中。

当货物需要下降时,只要松开带式制动器,由于自重的作用,货物即可自由下落,其下降的速度可通过操纵带式制动器的松紧程度来控制。

(2) 用吊钩作业的起升机构布置

若轮胎起重机用吊钩作业,则起升机构可采用单卷筒,起升电动机作反向旋转。如图 1-3-12 所示,卷筒 3 用两只单列轴承支承在卷筒 2 上,通过内胀式离合器 5 可使卷筒轴带动卷筒转动,实现货物上升或动力下降。若内胀式离合器与卷筒凸缘内壁脱开,可使卷筒轴与卷筒脱离,各自独立动作,依靠货物的自重自由下落,实现货物重力下降。

3) 起升机构驱动装置的机械变速方法

某些起重机的起升机构要求有一定的调速范围,如大起升高度的装卸用起重机要求空钩能快速下降;有些起重机在不同的起重量时要有两种不同的速度;安装用起重机要有微速升降功能。要实现工作速度的变化,除了采用电气调速外,还可以用机械调速方法。

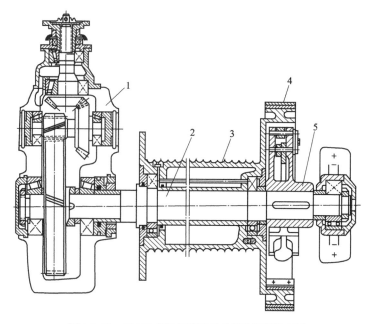

图 1-3-12 QL16B 轮胎起重机起升机构卷筒装配图
1-减速器;2-卷筒轴;3-卷筒;4-带式制动器;5-内胀式离合器

(1) 变速齿轮箱变速

如图 1-3-13 所示,在电动机与减速去之间接入机械变速箱,通过手柄带动拨叉来改变传动比。这种变速方法适用于在同一个起升功率下起重机有两组质量和起升速度的场合,并且速度转换只能在无载情况下进行。

(2) 双电动机—行星减速器传动

采用两个电动机通过行星减速器带动起升卷筒。两个电动机同向旋转或反向旋转,或一个制动另一个转动,利用行星减速器的运动叠加,使卷筒获得四种转速,因此可得到 4 种不同的升降速度(图 1-3-14):

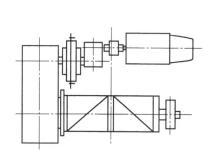
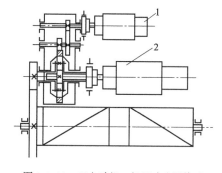

图 1-3-13 带变速齿轮箱机构换挡的起升机构　　图 1-3-14 双电动机—行星减速器传动
　　　　　　　　　　　　　　　　　　　　　　　　　　1-电动机 1;2-电动机 2

①电动机 1 工作,电动机 2 轴上的制动器制动、起升(或下降)速度为 v_1;
②电动机 2 工作,电动机 1 轴上的制动器制动,起升(或下降)速度为 v_2;
③电动机 1 与电动机 2 同向旋转,起升(或下降)速度为 $(v_1 + v_2)$;
④电动机 1 与电动机 2 反向旋转,起升(或下降)速度为 $(v_2 - v_1)$。

3. 塔式起重机起升机构

塔式起重机的起升机构通常由电动机、制动减速器、卷筒、钢丝绳、滑轮组及吊钩等零部件组成,如图 1-3-15 所示。

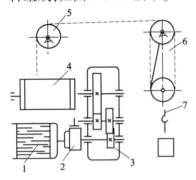

图 1-3-15 起升机构示意图
1-电动机;2-联轴器;3-减速器;4-卷筒;
5-导向滑轮;6-滑轮组;7-吊钩

电动机 1 通过联轴器 2 和减速器 3 相连,减速器的输出轴上装有卷筒 4,它通过钢丝绳和安装在塔身或塔顶上的导向滑轮 5 及起重滑轮组 6 与吊钩 7 相连。电动机工作时,卷筒将缠绕在其上的钢丝绳卷进或放出,通过滑轮组使悬挂于吊钩上的物品起身或下降。当电动机停止工作时,制动器通过弹簧力将制动轮制动。

起升机构采用的减速器通常有以下几种:圆柱齿轮减速器、蜗杆减速器、行星齿轮减速器等。圆柱齿轮减速器(图 1-3-16a),由于效率高、功率范围大,所以使用普遍,但其体积质量较大。

蜗杆减速器(图 1-3-16b),尺寸小、传动比大、质量轻、单效率低、寿命较短,一般只适用于小型塔式起重机的起升机构。

行星齿轮减速器(图 1-3-16c),包括摆线针轮行星减速器及少齿差行星减速器等,具有结构紧凑、传动比大、质量轻等特点,但价格较贵。行星齿轮减速器可直接安装在起身卷筒内,使结构更紧凑。

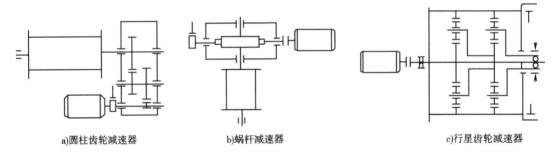

a)圆柱齿轮减速器　　　　b)蜗杆减速器　　　　c)行星齿轮减速器

图 1-3-16 起升机构减速器示意图

起升机构与减速器的连接有很多种不同形式。

减速器输出轴与卷筒为两根轴,采用联轴器连接(图 1-3-17a)。这种连接方式可减少部分安装调整困难及机架变形产生的影响,单联轴器占位增加了轴向尺寸。

减速器输出轴加长,卷筒直接固定于其上(图 1-3-17b)。这种连接方式结构简单、紧凑、转矩通过卷筒传至卷筒,对卷筒受力较为有利。但卷筒轴为超静定三点支撑轴,安装调整比较困难,且卷筒右端只能使用调心轴承,否则对起升机构不利。

减速器输出轴与卷筒轴用十字沟槽式联轴器或齿形联轴器连接(图 1-3-17c),卷筒空套在卷筒轴上,轴的另一端支撑在机架的轴承上,另一端借助于球轴承支撑在减速器输出轴端的内孔中。这种连接方式机构尺寸紧凑,并能补偿减速器输出轴与卷筒轴间的安装误差,传递较大功率,但结构比较复杂。

卷筒两端各有一个齿轮,且大小不同,而减速器的输出轴上装有能沿轴向滑动的双联齿轮(图 1-3-17d),可分别与卷筒两端齿轮啮合,以使卷筒得到两种转速。

起升机构的制动器应是常闭式,且多采用块式制动器,其上装有电磁铁或电动推杆作为自动松闸装置,并与电动机间连锁,即电动机通电时松闸,电动机断电时上闸,以保证起升机构的正常工作和安全可靠。

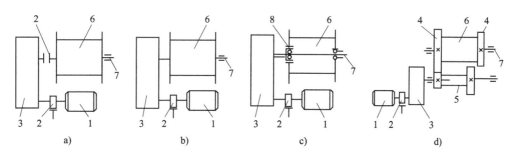

图 1-3-17 卷筒与减速器的连接

1-电动机;2-联轴(制动)器;3-减速器;4-齿轮;5-双联齿轮;6-卷筒;7-卷筒轴;8-十字沟槽式或齿形联轴器

4．门座起重机起升机构

起升机构是起重机提取货物作升降运动的机构,一般是依靠改变电动机的旋转方向来改变取物装置的升、降运动。起升机构由驱动装置、钢丝绳缠绕系统和取物装置组成。

起升机构电动机通电后,开始旋转并产生扭矩,通过联轴器,把扭矩传递给齿轮减速器和卷筒,由卷筒的转动来缠绕钢丝绳,使钢丝绳产生直线运动,经过导向滑轮和滑轮组的作用,成为使取物装置升降的牵引力(图 1-3-18)。

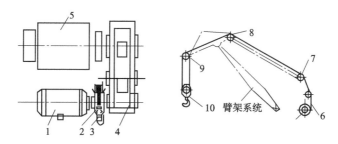

图 1-3-18 起升机构组成

1-电动机;2-制动轮及联轴节;3-制动器;4-齿轮减速器;5-卷筒组;6-钢丝绳;7-人字架导向滑轮;8-象鼻梁尾部导向滑轮;9-象鼻梁头部滑轮;10-吊钩装置

对于起重量较大的门座起重机,除主起升机构外,还设有副起升机构。主起升机构的起重量大,但起升速度较慢;副起升机构则相反,其起重量较小,但起升速度较快。这种做法可以弥补吊运小型物件时,主起升机构速度慢的缺陷,并减少了能量消耗,使门座起重机的生产率得到了保证。一般来说,副钩的起重量是主钩起重量的 20% ~30%。

门座起重机的取物装置可以是吊钩,也可以是抓斗。为了使门座起重机用途较广泛,通常把起升机构设计成双卷筒结构。每一个卷筒都用一台电动机来驱动。如果仔细观察,将会发现两只卷筒上的绳槽的方向是相反的。人们往往把左边的卷筒作为支持绳卷筒,并使用左旋钢丝绳,而把右边的卷筒用作闭合绳卷筒,使用右旋钢丝绳。因此,用抓斗作为取物装置时,人们很自然地把支持绳接到支持绳卷筒上,把闭合绳接到闭合绳卷筒上。

采用吊钩作取物装置时吊钩常用带有滑轮组的夹套支持着。这样,取物装置就有了足够的重力,便于在空载下降过程中克服滑轮组和卷筒的阻力,使吊钩具有一定的下降速度,不致影响其生产率。

5．起升机构的维护保养

起升机构的检查:桥式起重机起升机构检查的项目内容见表 1-3-1。对于起升机构和运行机构相同的零件、设备等,如电动机、联轴器、减速器、轴和轴承等的检查,可参照表1-3-1中相应的项目内容及判定标准进行。

起升机构检查标准　　　　　　　　　　　　　　　　表1-3-1

检查项目		检查内容	判定标准
制动器	机械制动器（一部分进口机型设置）	检查油量是否合适,是否漏油;机架有无裂纹与开裂;棘爪和棘轮咬合状态是否有异常、损伤、磨损;齿轮是否有受伤、裂纹与磨损;机架安装是否有松动或脱落;油液是否清洁	油量合适,不漏油;无裂纹与开裂;下降时可靠咬合,无裂纹、损伤与明显磨损;齿轮无磨损,咬合正常;机架无松动、脱落;油液无明显污染
卷筒装配	卷筒	检查有无裂纹、变形与磨损;钢丝绳固定部分有无异常;钢丝绳脱槽痕迹,卷筒安装连接紧固	无裂纹、无明显变形与磨损;正常,无脱槽痕迹;无松动、脱落
卷筒装配	轴和轴承	检查有无裂纹、变形、磨损;轴端挡板有无变形与松动;转动卷筒,检查轴承有无异常杂音、发热与振动;润滑情况	无裂纹、明显变形与磨损;无变形松动;无异常振动、发声、发热;润滑良好
滑轮组	滑轮	检查有无裂纹、缺损、磨损;绳槽有无异常;有无钢丝绳脱槽痕迹;压板及定位销轴是否有松脱	无裂纹、无明显变形与磨损;无异常磨损;无脱槽痕迹;无松脱
滑轮组	轴及轴承绳档、平衡滑轮等	检查有无裂纹及磨损;润滑情况;转动滑轮,有无声响和回转质量偏心检查脱槽、脱落、变形、裂纹	无裂纹、明显磨损;无异常声响和质量偏心无脱槽、脱落、变形、裂纹
钢丝绳	钢丝绳结构等	检查钢丝绳结构、直径是否与设计相符;吊具在下极限位置时,检查卷筒上的安全圈数	与说明书完全相符;要求有两圈以上安全圈数
钢丝绳	钢丝绳状态	检查钢丝绳有无断丝、断股、露芯、扭结、腐蚀、弯折、松散、磨损;高温环境使用钢丝绳应检查结构是否正确;尾端加工及固定是否正确;有无跳槽现象;有无附着尘、沙子、杂质、水分	一个拧距不得有10%以上的断丝,绳径不得小于公称尺寸的93%,不得有明显缺陷;结构应适用用途;不得有缺陷,且固定牢靠;无跳槽;不粘沙子、尘土及杂质、水分
钢丝绳	钢丝绳安装使用	检查钢丝绳时候与结构件碰擦;与各滑轮的接触状况	不得碰擦;不得有明显的磨损、压偏、松散
吊具	吊钩	检查吊钩有无裂纹、变形与磨损;转动吊钩,轴承及螺纹部位有无异常声响;钩口有无异常变形;轴承等润滑情况	无裂纹、明显变形与磨损;转动平稳、无异常声响;无异常变形;润滑良好,给油适量
吊具	葫芦板、连接件	检查葫芦板、连接件的紧固,要求无松脱;销、轴、侧板无变形;钢丝绳防脱装置功能正常。无裂纹、变形;吊钩组无磨损、变形	紧固可靠、安全,无松脱;无变形;功能正常且无磨损、裂纹
吊具	抓斗	所有结构与零件无变形、裂纹;转动件运转灵活;斗口闭合严密,无明显磨损	无变形、裂纹;转动灵活;抓散粒物料无严重渗漏、磨损正常

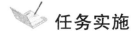 **任务实施**

填写任务单,见表1-3-2。

任务单　　　　　　　　　　　　　　　　　表1-3-2

编制专业:港机专业			编号:项目三任务1	
课程名称	港口起重输送机械	班级/组号	学时	2
任务1　起升机构的认识和使用与维护				
任务描述	描述桥式起重机起升机构的维护与保养方法			
分　析				
评价			成绩评定	

 课后巩固

1. 起升机构是由哪几部分组成的?常用何种形式的制动器?制动器安装在什么位置?为什么?
2. 如何选择起升机构的电动机?
3. 起升机构中常安装哪些安全装置?

任务2　运行机构的认识和使用与维护

 任务导读

通过本任务的学习,掌握运行机构的基本组成和工作原理;了解运行机构布置方案;掌握运行机构使用与维护。

 教学目标

知识目标:掌握起重机构的组成、作用;熟知起重机构的布置方案;掌握运行机构常见故障修理方法。

能力目标:具备运行机构的使用与维护的能力。

工作任务

任务描述：描述出桥式起重机有轨运行机构的常见故障及排除方法，如图1-3-19所示。

任务具体要求：列出桥式起重机有轨运行机构的常见故障及排除方法，并填写任务单。

图1-3-19 运行机构

 知识储备

1. 概述

运行式起重机或起重小车都有运行机构，它使起重机或起重小车作水平运动。

运行机构按照工作特点分为工作性和非工作性两种。工作性运行机构可带载运行，用来水平搬运货物；而非工作性运行机构一般空载运行，用来调整改变起重机的工作位置。桥式起重机大车和起重机小车运行机构，某些门式起重机的运行机构属于工作性运行机构；门座起重机、汽车起重机、轮胎起重机、履带起重机的运行机构属于非工作性运行机构。

运行机构按照支承装置的结构形式分为有轨运行机构和个无轨运行机构。无轨运行机构采用轮胎或履带在平坦的或带坡度的路面上运行，其机动性好，可以根据需要方便地变更工作地点。轮胎起重机、汽车起重机、履带起重机等流动式起重机常用这种运行形式。有轨运行机构采用钢制车轮在专门铺设的轨带上行走，承载能力大，运行阻力小，但工作范围受到一定的限制。因此，它广泛地用于门座起重机、桥架型起重机、塔式起重机等沿固定路线工作的大型起重设备上。

运行机构按照驱动装置的工作装置的工作原理又可分为自行式运行机构或牵引式运行机构。自行式运行机构的驱动装置安装在运行部分上，驱动装置的动力传给主动轮，依靠主动轮在轨面或路面上的滚动实现运行。牵引式运行机构的驱动装置安装在运行部分以外，用钢丝绳牵引运动部分沿轨道运行。起重机大车运行机构一般采用自行式，只有在运行质量受到限制的情况下，如悬臂长度较大的门式起重机与塔式起重机的起重小车，才采用牵引式运行。

运行机构一般有运行支承装置和运行驱动装置两大部分组成（图1-3-20）。

运行支承装置用来支承起重机或起重小车的自重和外载荷，并将所有的载荷传给基础建筑。对于有轨运行起重机，支承装置是车轮、轨道和台车；对于无轨运行起重机，支承装置包括车架、车桥、轮胎或履带装置。

运行驱动装置用来驱使起重机大车或起重小车克服运行阻力，在专门铺设的轨道上或路、面上行走。它包括原动机（电动机或内燃机）、减速传动装置、制动装置、无轨运行起重机的转向装置等。

为了保证起重机大车或起重小车的安全行驶还要设置运行安全装置。它包括缓冲器、行程限位器、防风装置（压轨器、夹轨器、锚定装置）、偏斜装置等。

2. 有轨运行支承装置

1）车轮及其计算

（1）车轮的类型、构造和材料

车轮用来支承起重机或起重小车的自重和外载荷，并使它们沿轨道运行。

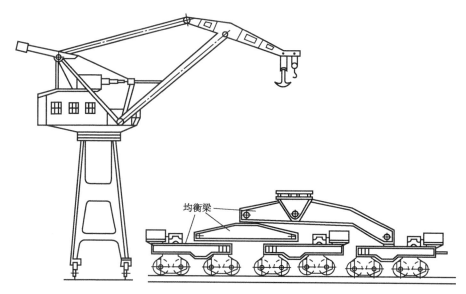

图 1-3-20 门座起重机及运行机构简图

①车轮的类型与构造。车轮踏面的形状分为：圆柱形、圆锥形、鼓形三种。起重机大车和起重小车一般采用圆柱形车轮。集中驱动的桥式起重机大车运行机构常采用圆锥形车轮，锥度1:10，大端安装在轨道的内侧。当起重机运行偏斜时，可以自行消除跑偏，恢复直线运动（图1-3-21）。

悬挂式起重机、电动葫芦的运动小车采用圆弧踏面的鼓形车轮沿工字钢的下翼缘运行（图1-3-22b），避免了采用圆锥车轮时，因车轮大小端的圆周速度的不同而产生的附加摩擦和磨损（图1-3-22a）。

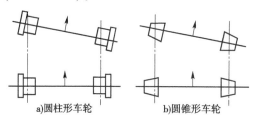

图 1-3-21 车轮自动调整原理图

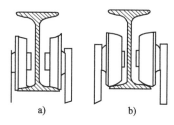

图 1-3-22 工字钢下翼运行的车轮

在圆形轨道上运行时，要采用圆锥踏面的车轮来保证车轮在轨道上纯滚动，轨道顶面应加工成相应的锥面（图1-3-23）。当轨道直径较大、车轮较窄时，也可以采用圆柱形踏面的车轮在平顶的圆形轨道上运行，这时产生的摩擦阻力和磨损较小。采用平顶轨道与鼓形踏面车轮或采用凸顶轨道与圆柱踏面的车轮相匹配，都可避免附加摩擦和磨损。

车轮有双轮缘、单轮缘何无轮缘三种形式（图1-3-24）。车轮轮缘具有导向并防止脱轨的作用。目前起重机大车运行机构上主要采用双轮缘车轮。工作繁忙的起重机除了采用双轮缘车轮外，在车轮旁还加装了水平导向轮，由水平导向轮承受起重机偏斜运行时产生的侧向力。避免车轮轮缘与轨道侧面接触，大大减轻了车缘与轨道的磨损。

起重小车广泛地采用单轮缘车轮，并将轮缘安装在轨道的外侧。

无轮缘车轮也用在起重小车上，但必须在车轮侧面安装水平导向轮。

为了补偿轨道铺设与车轮安装中造成的轨距误差，车轮踏面的宽带 B 应比轨顶宽度 b 稍大。对于双轮缘车轮，$B = b + (20 \sim 30)$ mm；集中驱动的圆锥车轮，$B = b + 40$ mm；单轮缘车轮的踏面应当更宽些。

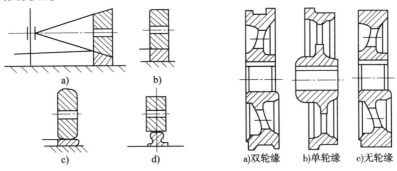

图 1-3-23　圆形轨道上运行的车轮　　　　图 1-3-24　车轮形式

②车轮的材料。铸造车轮一般用不低于 ZG340-640 的铸钢，踏面硬度 HB300-380；工作繁忙、轮压大的车轮宜用 ZG65Mn、ZG50MnMo、ZG35CrMnSi 等合金铸钢铸造。中小规格的车轮也可以采用锻钢制造，踏面直径不大于 400mm 的车轮，应采用不低于 45 钢，直径大于 400mm，应不低于 55 钢。采用 60 号以上优质钢轧制的轮箍套在普通轮辐上，能大大节省优质钢材，是具有发展前景的车轮形成。

(2) 车轮组

考虑到制造、安装和维修的方便以及系列化生产的要求，通常把车轮、轴、轴承等组装成车轮组。根据车轮轴的构造特点，车轮组分成转轴式和定轴式两种；按照车轮组的功能，车轮组又可分成主动车轮组和从动车轮组（图 1-3-25）。

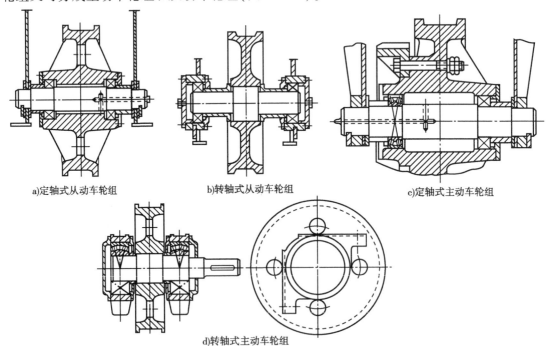

图 1-3-25　车轮组结构形式

车轮轴承应优先选用能自动调心的球面滚子轴承，这种轴承可容许有一定的安装误差和车架变形。也可以采用圆锥滚子轴承。桥式起重机大车和起重小车的车轮一般装在角形轴承箱中。采用这种轴承箱，在端梁或小车架上不用进行机械加工，只要将车轮调整好，再将定位板焊好即可(图1-3-26)。

2)轨道及其选用

(1)概述

轨道用来承受起重机或起重小车的轮压,并使车轮在其上面滚动,轨道还将轮压传递到支承的基础上,起重机和起重小车的运行轨道要负荷车轮的要求,轨道顶面要能承受车轮的挤压;底面要有足够的宽度,以减小对基础的压应力;断面也要有良好的抗弯强度。

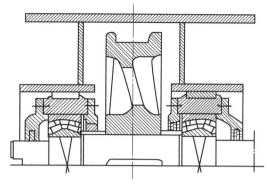

图1-3-26 角形轴承座的定位

起重机和起重小车的轨道大多选用标准的钢轨或型钢。国道顶面有平顶和凸顶两种。圆柱形踏面的车轮与平顶轨道呈直线接触(实际是一个狭长的矩形面),圆柱或圆锥踏面的车轮与凸顶轨道呈点接触(实际是一个小的椭圆面)。

理论上,采用平顶轨道时,轨道受到的挤压应力小,但由于实际存在的知道、安装误差和承载后起重机结构件的变形会引起车轮的偏斜,使车轮与轨道的接触情况有关。有时甚至只接触在轨道边缘上的一点,因而产生很大的挤压应力,是车轮和轨道产生不均匀磨损(图1-3-27)。

凸顶轨道能适应车轮在一定范围内的倾斜,车轮接触情况反而较好。这样,采用凸顶轨道的车轮比采用平顶轨道的车轮使用寿命长,因此,轨道大多制成凸顶。

(2)型号

起重机的运行轨道大量采用铁路钢轨,轨顶是凸的。轮压大的大型起重机运行轨道采用起重机钢轨。与铁路钢轨相比,其腹部较宽而高度较小,抗弯强度较大。器顶面也是凸的,但曲率半径比铁路钢轨大。

用作轨道的方钢或扁钢,轨顶是平的,带有圆角或倒角,底面较宽,抗弯能力低,耐磨性差。一般使用在小型、工作不繁忙的起重机或起重小车上,如图1-3-28所示。

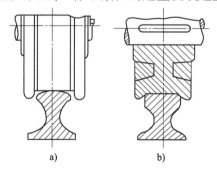

图1-3-27 车轮踏面与轨顶偏斜的线接触

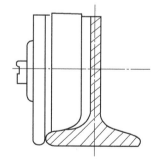

图1-3-28 轨道

(3)钢轨的固定

图1-3-29是钢轨固定的几种方法。图1-3-29a)为不可拆卸的固定方法,用连续的焊缝将钢轨与钢轨梁焊在一起。这种固定适合于起重机工作级别低,轨道磨损不严重的场合。图1-3-29b)是我国常用的固定方法。固定钢轨压板的间距约为700mm,轨道安装方便。但拆卸轨道时,要用铲除焊缝方法而不能用气割的方法去掉压板。图1-3-29c)是钢轨可拆卸的固定方法,适用于工作级别高的场合。对于无法采用螺栓的地方,采用1-3-29d)、e)形式。为了减小冲击与噪声,可以采用1-3-29f)所示的方法,在轨道下面垫厚度3~6mm的橡胶板,

并用螺钉压紧。圆形轨道的固定方法如图1-3-29g)所示。图1-3-29h)是运行轨道固定在起重机金属轨道梁上的方法。

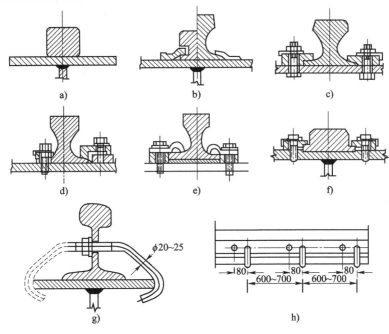

图1-3-29 钢轨的固定

3)台车

车轮对轨道的压力称为轮压。轮压受到基础承载能力大小的限制,当轮压过大而超过轨道基础的承载能力时,通常采用增加车轮数目来降低轮压值。为了使同一支点下各个车轮受力均匀而采用台车。

台车装有车轮或滚轮,并具有铰接件,运用杠杆原理,使各车轮的轮压相等。

图1-3-30是两轮、三轮、四轮、五轮、六轮、八轮台车的原理图。

对于车轮数目特别多的特大型起重机,为了缩短一个支点下车轮排列长度,常常采用双线轨道。这样,一台车下装有两排车轮,并将圆柱铰改为球铰,如图1-3-31所示。

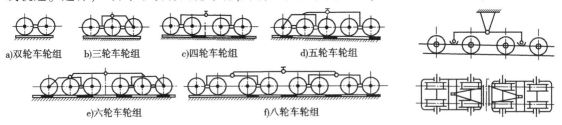

图1-3-30 台车　　　　　　　　　图1-3-31 双轨四轮台车

3. 有轨运行驱动装置的构造

1)运行驱动的工作原理

起重机或起重小车的运行驱动装置按工作原理可以分为自行式和牵引式两种。

(1)牵引式有轨运行驱动装置

驱动装置安装在起重机或起重小车运行部分以外,依靠钢丝绳的牵引实现行走。

图1-3-32是塔式起重机起重小车牵引式运行装置工作原理图。

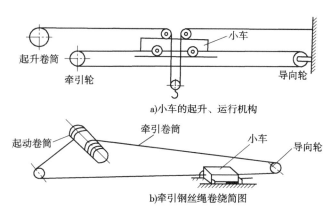

图 1-3-32 牵引式运行驱动装置工作原理图

牵引卷筒是个摩擦卷筒,当一只钢丝绳绕入卷筒时,另一个钢丝绳则绕出卷筒,钢丝绳就牵引着起重小车沿塔式起重机悬臂上的轨道从一端行走到另一端。

起升钢丝绳的一端固定在卷筒上,另一端固定在臂架上的顶端。当起升卷筒卷绕会死,吊钩(联通货物)上升或下降;大部分起升卷筒不懂而校车运行时,起升钢丝绳只是绕过校车上的导向滑轮与吊钩装置中的滑轮,吊钩并不升降。

牵引式运行驱动装置的运行部分自重轻,运行中起重小车不会发生打滑,但卷绕系统较复杂,牵引钢丝绳厂,易磨损,寿命较短。牵引式运行驱动装置主要用于要求自重轻或运行坡度较大的起重小车上,如缆索起重机、塔式起重机、长悬臂的抓斗门式起重机等起重小车。

（2）自行式有轨运行驱动装置

驱动装置安装在起重机或起重小车上,驱动装置将动力传给主动轮,依靠主动轮与轨道之间的黏着力,使车轮在轨道上滚动实现行走。

这种驱动方式结构简单、布置方便,但运行机构部分自重大,驱动力、运行加速受到车轮与轨道之间的黏着力的限制,是最常用的运行驱动方式。

2）主动轮的布置方式

为了保证足够大的驱动力,起重机或起重小车要有足够数量的主动轮。大多数情况下,主动轮是总轮数的一半;运行速度高的起重机或起重小车的全部车轮都是主动轮;而运行速度低的起重机或起重小车,主动轮仅为总轮数的 1/4。

当部分车轮为主动轮时,主动轮的布置应使主动轮在任何情况下都有足够大的总轮压,从而保证车轮与轨道之间有足够大的黏着力。否则,主动轮就会在轮压不足的情况下打滑,造成车轮剧烈磨损,使起重机或起重小车不能正常启动、制动和运行。

主动轮布置方式一般如图 1-3-33 所示的几种。

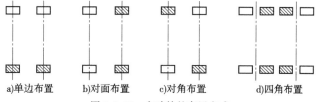

图 1-3-33 主动轮的布置方式

（1）单边布置

这种布置方式的驱动力不对称,只用于轮压本身不对称的起重机,如半门座起重机、半门式起重机等。

(2) 对面布置

起重小车沿桥架运行时,起重机大车各个主动轮的轮压发生变化,但主动轮的总轮压不变。这种布置方式适用于桥架型起重机,能保证起重小车在不同位置时,起重机大车主动轮都有足够大的总轮压。

(3) 对角布置

起重回转时,各个主动轮的轮压改变,但主动轮的总轮压基本不变。这种布置方式适用于中小型的臂架型起重机,能满足起重机臂架在不同位置时,起重机大车主动轮都有足够大总轮压的要求。

(4) 四角布置

用于大、中型的桥架型起重机和臂架型起重机中。这种布置能保证起重机小车或臂架在不同的位置时,起重机大车主动轮的轮压之和足够大。

3) 主动轮的驱动方式

主动轮的驱动方式有集中驱动和分别驱动两种。

(1) 集中驱动

由一台电动机通过传动轴带动两边轨道上的主动轮。这种驱动方式可以减少电动机、减速传动装置的数量,但增加了复杂的传动系统(包括传动轴、轴承、联轴器等),给安装、维修带来不便。当金属结构变形时,还会对运动传动产生不利影响。起重机跨度越大,这种不利影响越突出。另外,当两边主动轮直径相差较大时,起重机会偏斜运动,造成车轮轮缘与轨道侧面接触,发生啃轨。因此,集中驱动主要用于小车运行机构,小跨度的桥式起重机大车运行机构中。

(2) 分别驱动

每个支点上的一个或一组主动轮由一套电动机、减速器传动装置驱动。这种驱动方式分组性好,安装与维修方便,但增加了电动机、减速传动装置的数量。由于电动机、减速器的布置位置靠近车轮,金属结构的变形对传动的影响小。

分别驱动时,由于两边主动轮直径的加工。车轮组的装配和轨道的安装误差以及电动机转速不同步等原因,会使两侧轨道上的车轮不同步运行,引起车轮的跑偏、啃轨,加剧车轮与轨道的磨损,增大运行阻力,严重时会影响起重机的安全工作。

对于金属结构刚度较大的门座起重机,桥式起重机和小跨度门式起重机,基本上可以实现强制性同步运行;而对于跨步大,结构刚度较小的起重机应装设运行偏斜指示器和偏斜运行限制器来保证车轮的同步运行。

分别驱动在目前起重机运行机构中得到广泛的运用。

4) 运行机构的传动方案

(1) 集中驱动的传动方案

①桥式起重机大车运行机构集中驱动。图1-3-34a)为桥式起重机低速轴集中驱动的传动简图。电动机、减速器安装在桥架的中央,减速器输出轴通过较长的低速传动轴带动两边的主动轮转动。这种传动方案虽然传动轴所受到的扭矩较大,传动轴和联轴器等的重量也大但对传动系统的加工、安装的精度要求低,所以在跨度小于16.5m的桥式起重机上应用。

图1-3-34d)为高速轴集中驱动的传动方案,因为传动轴转速太高,对传动轴系统的加工、安装要求高,工作可靠性差,目前很少采用。

图1-3-34b)为中间轴其中驱动的传动方案,还采用了开式齿轮传动,使传动系统复杂,

维修保养麻烦,寿命短,目前很少采用。

图1-3-34c)为中间轴集中驱动,因要用三个减速器,传动装置复杂,因此目前很少采用。

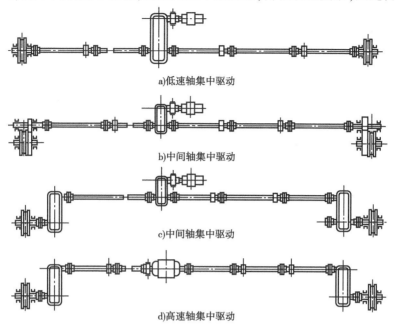

图1-3-34 集中驱动布置形式

②小车运行机构集中机构。图1-3-35是通用桥式起重机小车运行机构驱动装置。电动机通过联轴器、固定在小车架上的立式减速器、低速轴联轴器和传动轴驱动两侧的车轮。根据结构的需要,立式减速器也可以安装在小车架的一侧。

(2)分别驱动的传动方案

①桥式起重机大车运行机构的传动形式。桥式起重机大车运行机构常采用分别驱动的方式。如图1-3-36所示,其中图1-3-36a)、b)、c)三种布置方案之间的差别是电动机、减速

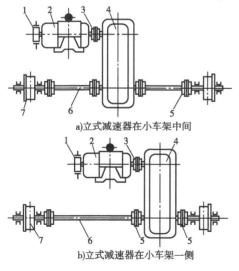

图1-3-35 小车运行机构驱动装置
1-制动器;2-电动机;3-高速轴联轴器;4-减速器;5-低速轴联轴器;6-传动轴;7-车轮

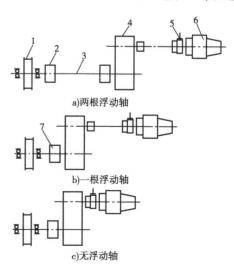

图1-3-36 分别驱动布置方式
1-车轮;2-CLZ型齿式联轴器;3-浮动轴;4-卧式减速器;5-制动器;6-电动机;7-CL型齿轮联轴器

器和车轮之间的连接方式不同。在图 1-3-36a)中,为了补偿电动机与减速器、减速器与车轮之间的安装误差。采用了两根较长的浮动轴。图 1-3-36c)是无浮动轴的布置方式,结构紧凑,但安装精度要求高。图 1-3-36b)设置一根附中周,具有一定的安装误差补偿作用,结构也较紧凑,是目前应用较多的方式。

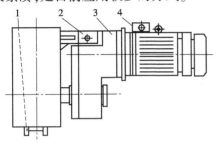

图 1-3-37 桥式起重机运行机构的"三合一"驱动装置
1-车轮;2-连接架;3-减速器;4-带制动器的电动机

在中小型桥式起重机大车运行机构中已经相当广泛采用将电动机,制动器和减速器三者合为一体的"三合一"驱动装置,如图 1-3-37 所示。这种装置结构紧凑、质量小、组装型好,不受桥架走台变形的影响,维修时可整台更换,是一种有发展前景的驱动装置。

采用立式减速器的起重机大车运行机构传动形式。

图 1-3-38 是卧式电动机—立式减速器的传动方案。电动机,中东器安装在门架支腿下部的横梁上,立式减速器的中心轴距满足电动机与车轮之间的高度差要求。若采用图 1-3-38b)所示立式套装式减速器,则减少了车轮与减速器轴之间的齿式联轴器,结构更加紧凑。若为了安装位置的需要或为了补偿安装的误差,还可以采用图 1-3-38c)所示高速轴用浮动轴的立式套装减速器。

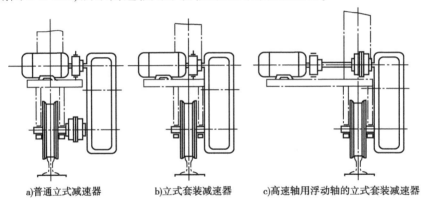

a)普通立式减速器　　b)立式套装减速器　　c)高速轴用浮动轴的立式套装减速器

图 1-3-38 采用立式减速器的驱动装置

②带开式齿轮的起重机大车运行机构传动形式。

图 1-3-39 所示是卧式电动机—蜗杆减速器—开式齿轮传动方式。这是一种常用的传动方案。可以采用普通的卧式电动机、蜗杆减速器,但传动元件较多,传动效率较低。以上两种运行传动在门座起重机、门式起重机中应用较多。

③采用"三合一"驱动装置的起重机大车运行机构传动形式。中、小型通用门式起重机大车运行机构中日益广泛的采用"三合一"驱动装置,如图 1-3-40 所示。这种装置采用立式电动机,通过带垂直轴的减速器区中车轮传动。整个组建直接安装在横梁下面,因此安装方便,又不受横梁结构的限制。

④带独立组建的起重机大车运行机构传动形式。大型起重机大车运行驱动装置采用独立组件。根据驱动轮数目,选择若干组件(称为台车)。电动机、制动器、立式减速器都安装在一个平台上。平台通过铰轴与车架铰接。低速轴是根空心轴,车轮轴直接插入减速器低速轴孔内,如图 1-3-41 所示。这种独立组建结构紧凑,传动效率高,尤其是组件与车轮、组件

与车架的安装方便,是驱动装置的发展方向。

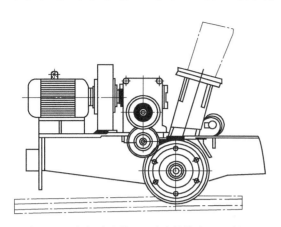

图1-3-39 蜗杆减速器—开式齿轮传动的驱动装置

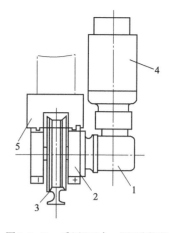

图1-3-40 采用"三合一"驱动装置
1-垂直轴减速器;2-轴承箱;3-车轮;4-立式电动机;5-下横梁

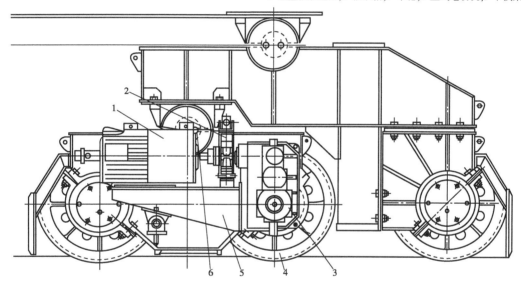

图1-3-41 带独立组件的驱动装置
1-电动机;2-制动器;3-立式减速器;4-车轮;5-平台;6-铰轴

4. 运行机构的检查与维护

运行机构的检查项目、内容及判定标准见表1-3-3。

起重机运行机构检查项目、内容及判定标准 表1-3-3

检查项目		检查内容	判定标准
电动机	安装底座	安装底座有无裂纹;连接有无松动、脱落	无裂纹、无松动或脱落
联轴器	键和键槽	检查键有无松动、出槽及变形检查键槽有无裂纹及变形	无松动、出槽及明显变形无裂纹及明显变形
	传动轴	转动联轴器,检查有无径向跳动、端面摆动	无明显径向跳动和摆动
	橡胶弹性圈	检查变形及磨损程度	不得超过报废标准
	齿形联轴器	检查润滑情况,是否漏油是否有异常声响	给油适当,不漏油无异常声响
	螺栓及螺母	检查螺栓、螺母有无松动与脱落	无松动或脱落

续上表

检查项目		检查内容	判定标准
制动器减速器	制动器	检查制动器工作情况	工作正常,不偏磨,能够有效制动
	液压制动器	检查液面高度及有无漏油;检查工作缸的功能、有无损伤、泄漏;检查推杆有无弯曲变形、油量是否合适、有无泄漏	油量适当,无泄漏;动作正常,没有损伤和泄漏;无明显弯曲,油量适当,无泄漏
	电磁制动器	检查电磁铁动作情况	动作平稳无冲击、无异常噪声、无异味
	电磁盘制动器	检查电磁铁工作状态;检查工作件有无异常磨损与损伤,圆盘安装有无松动	动作平衡,无异常噪声和异味;动作正确,无明显磨损与损伤,无松动
	制动轮与制动瓦	检查制动轮安装有无松脱;摩擦片有无剥落、损伤及偏磨;弹簧是否老化;制动轮有无裂纹、磨损及缺损;制动间隙是否合适	无松动;无剥落、损伤及偏磨;无老化;无裂纹、损伤、磨损正常;制动间隙合乎要求
	行程和制动力矩调节机构	检查行程和制动力矩调节机构有无异常;拉杆、销轴、杠杆及螺栓有无裂纹、弯曲变形与磨损	调节器适当,动作平稳;无裂纹、变形及明显磨损
	安装螺栓、销轴	检查螺栓、螺母与销轴有无松脱	无松脱
	齿轮箱体	检查有无裂纹、变形及损伤;安装连接有无松动与脱落;油量、油品、油质情况;有无漏油	无裂纹、明显变形与损伤;无松动与脱落;油量适当,无污染;无漏油
	齿轮	检查有无异常声响、发热和振动;齿面有无磨损及损伤;轮毂、轮盘、轮齿有无裂纹、变形及损伤;键有无松动、出槽及变形;键槽有无裂纹与变形;齿齿接触和啮合状态有无异常;润滑情况	无异常声响、发热、振动;无明显磨损与损伤;无裂纹和变形及损伤;无松动出槽和明显变形;无裂纹变形;齿面接触良好、啮合深度适度;润滑良好
	齿轮箱盖	检查有无裂纹、变形与损伤;连接与安装有无松脱	无裂纹、明显变形与损伤;无松脱
轴	转轴、心轴、传动轴	检查有无变形与磨损;传动轴是否有振摆;键及键槽有无松动、变形、裂纹	无变形和明显磨损;无明显振摆;无松动、变形、裂纹
轴承	滚动轴承	检查有无裂纹与损伤;润滑情况;检查在空载和负载工况下有无异常振动、发热、噪声	无裂纹、损伤、润滑良好;无异常振动、噪声和明显发热
	滑动轴承	检查轴承有无磨损;在空载和负载工况下是否烧损与发热	无明显磨损;不得有烧损或明显温升

续上表

检查项目		检查内容	判定标准
车轮组	轮缘	检查有无裂纹、缺蚀、变形、磨损	无裂纹、缺蚀、明显变形、磨损
	轮毂及轮盘	检查有无裂纹、变形、磨损及损伤	无裂纹、明显变形、磨损、损伤
	车轮踏面	检查踏面有无磨损；主动车轮及从动车轮直径误差；检查有无裂纹、变形、踏面表面脱落	无明显磨损、轮径误差值符合标准规定；无裂纹与变形；无剥落
	轮毂内轴承	检查滑动轴承的润滑情况；空载和负载工况时有无异常振动、噪声、温升等 检查滚动轴承的润滑情况，有无振动、噪声、温升等	无异常；无振动、噪声、温升、润滑良好
	车轮轮毂与端梁之间的贴板	检查有无摩擦、磨损及装配精度情况	无摩擦、磨损；安装良好

任务实施

填写任务单，见表1-3-4。

任 务 单　　　　　　　　　　　　　　　　　　　表1-3-4

编制专业：港机专业		编号：项目三任务2	
课程名称	港口起重输送机械	班级/组号	学时　2
任务2　运行机构的认识和使用与维护			
任务描述	描述出桥式起重机有轨运行机构的常见故障及排除方法		
分　析			
评价		成绩评定	

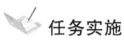

课后巩固

1. 有轨运行起重机的运行支承装置由哪几部分组成的？其工作原理是什么？
2. 起重小车运行机构采用何种驱动形式？阐述这种驱动形式的传动过程、传动特点。
3. 运行机构机械式制动器与起升机构支持制动器的选择有何不同？为什么？

任务3 回转机构的认识和使用与维护

 任务导读

本任务通过任务3的学习,掌握回转机构的基本组成和工作原理;了解回转机构布置方案;掌握回转机构使用与维护。

 教学目标

知识目标:掌握起重机构的组成、作用;熟知起重机构的布置方案;掌握回转机构常见故障修理方法。

能力目标:具备回转机构的使用与维护的能力。

 工作任务

任务描述:描述出门座起重机回转机构的常见故障及排除方法,如图1-3-42所示。

任务具体要求:列出门座起重机回转机构的常见故障及排除方法,并填写任务单。

图1-3-42 回转机构

 知识储备

1.概述

回转机构是起重机的主要工作机构之一。它的作用是绕起重机的回转中心线在水平平面内沿圆弧线移动物品。当与起升、变幅、运行机构配合动作时,能将货物运送到起重机工作空间范围内的任何地方。

起重机的回转运动,是指回转部分相对于不回转部分的运动。要使起重机作回转运动,必须有一套能承受回转部分重力,保证回转部分稳定,并使回转部分相对不会转部分作回转运动的装置,而这装置是有两个部分:产生动力并传递动力的驱动传动系统;支承回转部分的重力,防止回转部分倾覆,连接回转部分与不回转部分的支承装置。任何起重机要作回转运动都必须具有这两个部分,所不同的仅仅是结构形式。

图1-3-43为QL16B轮胎起重机。其回转部分由:臂架、人字架、机器房、司机室等组成(转台以上),不回转部分由轮胎、底盘、支腿组成。回转部分和不回转部分的连接、对中、防止回转部分的倾覆及支承回转部分的重量都是由一个交叉滚子轴承实现,它是回转支承装置;机器房内的柴油机经直流发电机、直流电动机将动力传给回转传动装置,驱使行星齿轮沿大齿圈作行星转动,使起重机作回转运动,这种动力传动装置是回转驱动传动装置。

图1-3-44为M10-33门座起重机。它的回转部分由机器房、转柱、臂架、人字架等组成;不回转部分由门架、运行台车等组成。由装在机器房里的立式电动机,通过行星齿轮减速器,驱动行星小齿轮。小齿轮与固定在支承圆环外的大齿轮相啮合,并使小齿轮沿大齿轮作行星转动,从而实现回转部分的回转运动。

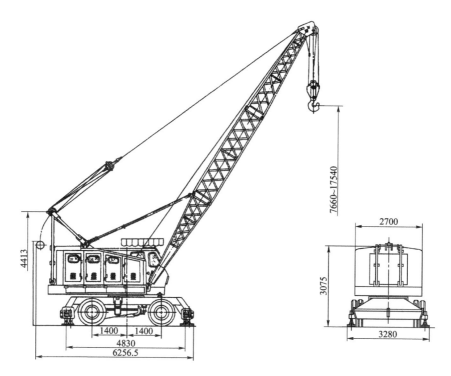

图 1-3-43 QL16B 轮胎起重机

门架的结构形式与为交叉式门架,是由两片箱形截面的刚架交叉的空间结构。其顶部是一个箱形截面的支承圆环,圆环的内侧装有环形轨道,用来支承安装在转柱上的水平滚轮,为上支承装置;圆环的外侧则装有回转大齿圈。门架的中部有一个水平十字架。安装径向轴承和推力轴承(或推力向心球面滚动轴承),为下支承装置。由转柱、上、下支承组成门座起重机的回转支承装置。门座起重机的支承装置形式与轮胎起重机的不一样,但所起的作用与交叉滚子轴承完全相同。

2. 回转支承装置

回转支承装置分转盘式和柱式两大类。支承装置所取的形式对整台起重机的结构情况具有实质性的影响。

1)转盘式回转支承装置

起重机的回转部分装在一个大转盘上,转盘通过滚动体(滚轮、滚子、滚球等)支承在环形轨道上并与转动部分一起回转。

按照转盘载荷的传递方法,转盘式回转支承装置分为三种形式:滚轮式、滚子式和滚动轴承式。

(1)滚轮式回转支承装置

图 1-3-45 为滚轮式回转支承装置的典型结构。

回转部分支承在三个或四个滚轮装置构成的支点上。荷载不大时,每个支点可用一个滚轮,载荷较大时,每个支点可用两个滚轮并装在台车上(图 1-3-46)。当前后支点的载荷相差悬殊时,其中荷载轻的支点可做成单轮,另外支点可做成双轮的。

在滚轮式回转支承装置中,来自回转部分的垂直压力传给滚轮轴,然后通过滚轮踏面传给圆弧轨道。

由于滚轮数目少,若支承装置承载较大,则滚轮直径增大,使回转部分高度变大,重心升高,对回转部分的抗倾覆稳定性不利。因此,滚轮式回转支承装置是转盘式回转支承装置中承载能力最小的一种。主要用于小起重量的起重机,浮式起重机中采用这种支承形式。

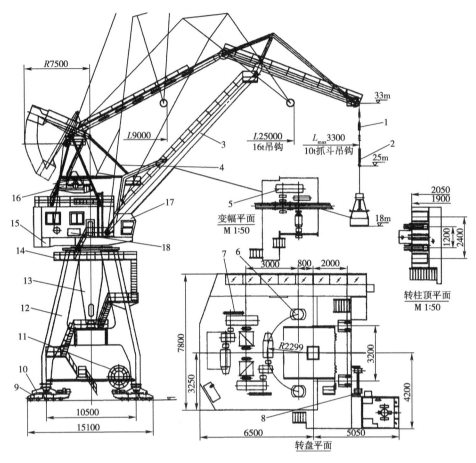

图 1-3-44　M10-33 门座起重机

1-吊具;2-吊钩;3-起重臂系统;4-变幅平衡系统;5-变幅机构;6-回转机构;7-起升机构;8-抓斗稳定器;9-夹轨器;10-五轮行走机构;11-电缆卷筒;12-门架;13-转柱;14-梯子平台;15-转盘;16-变幅驱动装置平台;17-司机室;18-机器房

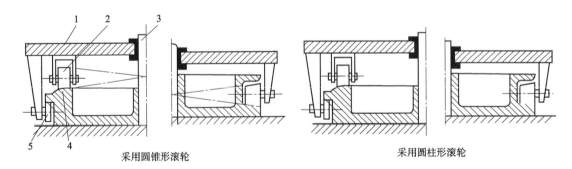

图 1-3-45　滚轮式回转支承装置

1-转盘;2-滚轮;3-中心轴枢;4-轨道;5-反滚轮

（2）滚子式回转支承装置

图 1-3-47 是滚子式回转支承装置的结构简图。

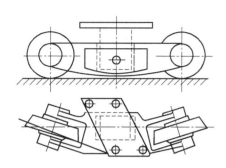

图 1-3-46 装在台车上的滚轮

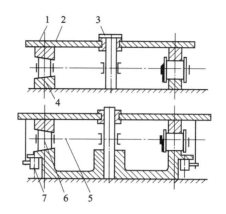

图 1-3-47 装在台车上的滚轮
1-转盘;2-转动轨道;3-中心轴枢;4-固定轨道;5-拉杆;6-滚子;7-反滚轮

滚子式回转支承装置主要有上下两个环形轨道,沿着圆弧形轨道,以较小的间隔排列着圆锥或圆柱形滚子。滚子通过心轴组装在隔离夹套的内外环之间,夹套通过辐射状布置调整的拉杆与中心轴枢的套环相连,实质上是一个大直径的推力滚动轴承。

转盘下的环形轨道通常做成前后两段圆弧,以缩小转盘框架的尺寸。

在滚子式回转支承装置中,回转部分的垂直压力通过转动的上轨道、滚子传给固定的环形下轨道,滚子的心轴不传递载荷。

由于同时参与传递载荷的滚子数目很多,滚子式回转支承装置的承载能力比较滚轮式大。当受到相同的倾覆力矩时,滚子式回转轴承装置所需轨道直径较小,因而结构比较紧凑(图1-3-48)。

滚轮式与滚子式回转支承装置一般都装有中心轴枢,使转盘运转时与回转中心线对中,同时承受所有作用于回转部分的水平力。

中心轴枢一般做成空心的。中心可穿导线,中心轴枢上方可固定于转盘,随转盘转动,下方插入装在固定部分的滑动轴承,也可以是中心轴枢下方固定于固定部分,其是不动的,上方支承在滑动轴承里(图1-3-49)。

回转部分的抗倾覆稳定性是靠装在转盘上的对重以及专门的稳定装置来达到的。例如,在中心轴枢上装压紧螺母(图1-3-49)或在转盘下装置反轮盘(图1-3-45),即可作为稳定装置。装有压紧螺母的中心轴枢结构简单,但它只有在非工作状态风载荷作用下起重机不回转时,才可作为稳定装置,也可在圆弧轨道内装设三四个反滚轮作为稳定装置。当承受载荷较大时,每个支承点采用双轮台车的结构形式。

支承装置的滚轮和滚子的踏面可制成圆柱形成或圆锥形的,圆柱形的滚轮和滚子沿圆弧轨道滚动时,由于踏面内外侧经过的路线长度有差异,会产生滚动踏面与滚道间的滑动。这种滑动将引起附加回转阻力,并加快了滚轮、滚子与轨道间的磨损,所以圆柱形滚轮和滚子只使用于大直径的圆弧轨道。

采用圆锥形踏面的滚轮和滚子能消除除踏面与轨道间的滑动,但轮子受到轴向力的作用,因此,应装设推力轴承以减少轴向力引起的摩擦。圆锥形的滚轮和滚子的制造和安装要求高,并要确保滚轮和滚子的圆锥定点在起重机的回转中心线上。

在圆锥形滚轮支承装置中,为简化轨道的制造,仍可用平而轨道来代替锥面轨道,但安装在滚轮支承架上的滚轮必须保持倾斜的位置(图1-3-50),由于圆柱形的滚轮和滚子工作时会产生滑动,因此要对滚轮、滚子的踏面进行淬火,使踏面达到足够的强度。轨道的顶面也须具有抗磨性能,同时还必须对轨面进行有效的润滑。

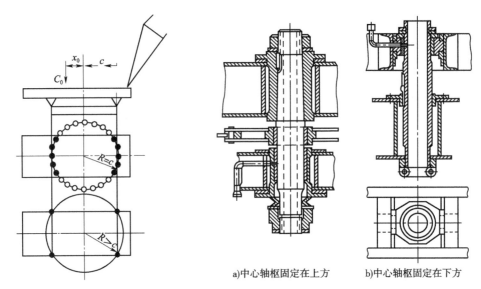

图 1-3-48 滚子式与滚轮式轨道直径比较

图 1-3-49 中心轴枢

(3) 滚动轴承式回转支承装置

①滚动轴承式回转支承装置构造和承载。滚动轴承式回转支承装置构造见图 1-3-51,以图示双排球轴承为例,它由固定座圈、回转座圈、滚动体、隔离圈等组成,固定座圈一般与回转机构的大齿圈做成一体,用沿圆周分布的许多螺栓固定在起重机的底座上。

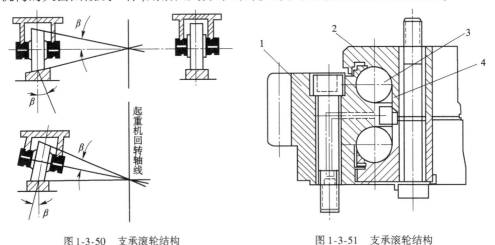

图 1-3-50 支承滚轮结构

图 1-3-51 支承滚轮结构
1-固定座圈;2-回转座圈;3-滚动体;4-隔离圈

回转座圈用螺栓与起重机的回转部分固定,回转座圈分上、下两部分,装配时可先预先讲座圈与滚动体装好,用少量螺栓将轴承回转座圈上下两部分连接起来,使轴承成为一个完整的部件,运到现场安装。为保证滚动体转动灵活及受热膨胀时不致发生与滚道卡死现象,轴承应圈有一定的轴向间隙。为调整滚动体与滚道磨损后的间隙,在上下座圈之间放有调整垫片。

为防止杂质、水分等进入滚道,磨损滚道面和滚动体,必须有密封润滑装置,采用多的是采用橡胶密封条。润滑剂采用优质润滑脂或二硫化铝与润滑脂的混合剂,每50~100h加一次油,从油嘴打入。

滚动轴承式回转支承装置是一个大型滚动轴承,能承受水平载荷、垂直载荷及倾覆力矩。

②滚道轴承式回转支承装置形式。为适应不同的使用要求,滚动轴承式回转支承装置有多种形式,主要有双排球轴承、双排滚子轴承、交叉滚子轴承、单排四点接触球轴承、三排滚子轴承等(图1-3-52)。

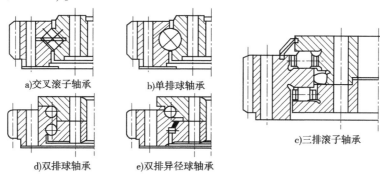

图1-3-52 滚动轴承式回转支承装置

单排交叉滚子式回转支承:该回转支承相邻滚子的轴线交叉排列,接触压力角为45°,滚子与滚道呈线接触,承受能力大于单排球式。为了保证滚子与滚道有足够的接触长度,对与座圈相连接的支承构件的刚度要求较高,安装精度要求也较高,适用于中小弧起重机。

单排四点接触球式回转支承:该回转支承内外座圈滚道是两个对称的圆弧面,球与圆弧面滚道呈四点接触,接触压力角为60°~70°,其结构紧凑,高度尺寸小,承载能力较大,在中小起重量的流动式起重机中较多使用。

双排球式回转支承:该回转支承有三个座圈,采用开式配置,球和调整垫片可直接放入上下滚道。上下两排球可采用不同直径以适应受力状况的差异,接触压力角较大(60°~90°),能承受较大的轴向载荷和倾覆力矩,适用于中型的塔式起重机、汽车起重机等。

三排滚子式回转支承:该回转支承有三个座圈,上下以及向滚道各自分开。上下两排滚子水平平行排列,承受轴向载荷和倾覆力矩,在径向滚道垂直排列的滚子承受径向荷载。它是以上常用的滚动轴承式回转支承中承载能力最大的一种,使用于大起重量的起重机。

采用滚动轴承式回转支承装置有很多优点,与其他转盘式回转支承装置比较,省去了中心轴枢与反滚轮防倾装置,不同考虑回转部分的局部稳定,并且安装、调整方便、维护简单。回转摩擦阻力小、工作稳定、寿命长。但它对材料和加工精度要求高,损坏后修理不便,并对固定轴承座圈的机架有一定的刚度要求,否则,如果机架变形,则滚动体与滚道接触不良,磨损增加,严重时还会使轴承卡死或破坏滚动体与滚道。随着我国工业技术的不断发展,滚动轴承式回转支承装置在各类起重机中越来越广泛的被采用。

2)柱式回转支承装置

柱式回转支承装置主要是由一个柱体和上下支承组成。根据柱体是固定的或旋转的,柱式回转支承装置分定柱式和转柱式两种。

(1)转柱式回转支承装置

采用转柱式回转支承装置的起重机具有一个与回转部分装成一体的转柱。转柱插入固定部分,依靠上、下支承、与起重机转动部分一起回转。

转柱式起重机中,回转部分(包括物品)的全部重量,通过转柱传给下支承,回转部分的倾覆力矩由上、下支承处的水平支承反力形成的力矩来平衡。因此,上支承的作用相当于一个径向轴承,下支承的作用则相当于推力兼径向轴承(图1-3-53)。

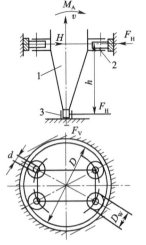

图1-3-53 转柱式回转支承装置
1-转柱;2-上支承;3-下支承

上支承由于尺寸较大,较少采用大直径的径向采用大直径的径向滚动轴承,一般都在转柱上装设水平滚轮,在门架上方支承圆环的内侧装有环形滚道,根据上支承所承受的水平力大小,滚轮常取3~8个。用3个滚轮时,臂架方向装两个,后面装一个;用8个滚轮时,每个转柱角装两个,每两个要用台车连接,以保证与滚道接触良好(图1-3-54)。

滚轮可做成圆柱形的或腰鼓形的,后者与滚道的接触情况较好,也便于安装,为了调整因安装误差及滚道,滚轮磨损后所出现的间隙,通常将水平滚轮的滚动轴承套在偏心轴套上。轴套与滚轮的心轴用键连接,通过转动心轴就可以调整滚轮与滚道之间的间隙(图1-3-55)。

下支承由于承受垂直力和水平力,可采用推力向心球而滚子轴承(图1-3-56)或采用组合轴承,即由一个推力轴承和一个径向轴承组成(图1-3-57)。为了补偿制造、安装的误差以及工作中的变形,确保支座的调位作用,两个轴承应有共同的调位中心,一般采用可调位的推力轴承和球面径向轴承,即推力轴承安装在球面垫支承上。当转柱稍许偏斜时,它能自行调位,不致卡死。

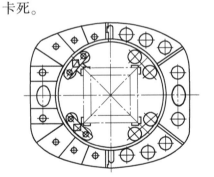

图1-3-54 带台车的水平滚轮组

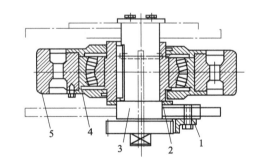

图1-3-55 水平滚轮结构图
1-防转齿块;2-偏心衬套;3-水平滚轮轴;4-滚动轴承;5-水平滚轮

支座应有可靠的密封润滑装置以保证轴承有良好的工作条件,构造上还应保证在不拆除起重机回转部分的情况下,对上、下支承能进行装拆和维修。

转柱式回转支承装置还可以把滚轮装在支承间环内侧,滚道装在转柱上。此外,上支承的滚轮也可以用滚珠代替,转柱回转时,滚珠在滚柱和圆弧滚道上滚动,下支承仅用一个径向球而轴承。这样,上支承的滚珠承受水平力和垂直力,下支承的径向轴承仅受水平力(图1-3-58)。

(2)定柱式回转支承装置

起重机转动部分有一个大"钟罩",带有起重臂的起重机转动部分通过空心的钟形罩套装在定柱上,定柱牢固地安装在非回转部分(如门架、浮船和码头结构),在定柱的上、下端分别装有上支承和下支承,并通过驱动装置转动钟罩使起重机回转运动(图1-3-59)。

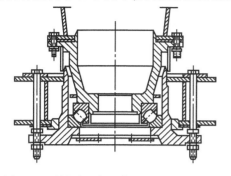

图1-3-56 转柱式下支承(推力向心球面滚子轴承)

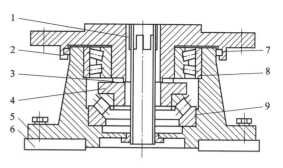

图1-3-57 转柱式下支承(组合轴承)
1-下接管;2-上压盖;3-摩擦圈;4-下压块;5-下支撑座;6-支承垫圈;7-防尘圈;8-径向轴承;9-推力轴承

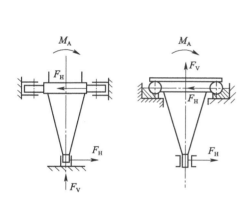

图1-3-58 转柱式回转支承装置其他形式

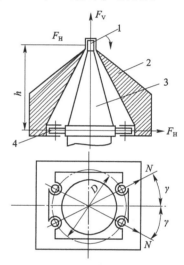

图1-3-59 定柱式回转支承装置
1-上支承;2-回转部分;3-定柱;4-下支承

定柱式回转支承装置上、下支承的结构形式基本上与转柱式的下支承和上支承相同。

图1-3-60a)所示的定柱式上支承采用推力轴承与球面径向轴承,推力轴承球面垫的球心应与径向轴承的球心重合。图1-3-60b)所示定柱式上支承采用推力向心球面滚子轴承。

下支承通常采用水平滚轮形式,滚轮装在转动部分上,滚轮的布置要适应倾覆力矩的方向,当受到的向前、向后倾覆力矩不等时,采用图1-3-61所示的布置方式;当受到的支撑力较大时,每个支点有两个滚轮,并将两个滚轮装在台车上。

柱式回转支承装置与转盘式回转支承装置相比,能承受较大的倾覆力矩,转柱式回转支承装置适用于起升高度和工作幅度较大,而对起重机高度没有严格限制的起重机上(在原门座起重机上使用较多)。定柱式回转支承装置如果布置得恰当,可以使整台起重机的重心降低,但"钟罩"占了相当大的空间,使回转部分的平面尺寸变大。

3.回转驱动装置

驱动装置是产生回转运动的动力传动装置,并由它来保证起重机回转运动的各种要求,如起重机要求低速回转、能正反向回转,能制动停止,保证正常安全地进行回转运动等。驱动装置的形式,主要是根据起重机的用途、工作特点、起重量大小来确定。港口起重机采用的是电力驱动和内燃机驱动的回转驱动装置。

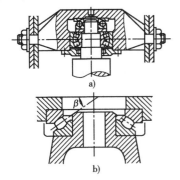 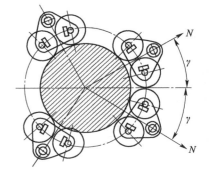

图 1-3-60 定柱式回转支承装置的上支承结构　　图 1-3-61 定柱式回转支承装置的下支承结构

1）电动机驱动的回转驱动装置

在起重机上用得最多的是电动机驱动的机械传动方案,通常回转驱动装置是装在起重机回转部分上,电动机经减速器带动行星小齿轮,小齿轮与装在固定部分上的大齿轮(或针齿轮)相吻合,并绕大齿轮圈转动,实现起重机回转。

（1）传动形式

①卧式电动机—圆柱圆锥齿轮传动(图 1-3-62a)。

传动顺序:卧式电动机—制动器—极限力矩联轴器—圆柱圆锥齿轮减速器(或采用开式圆锥齿轮传动)—最后一级小齿轮绕大齿轮(或针齿圈)传动。

这种方案的优点是可采用标准减速器,传动效率较高。缺点是平面布置尺寸大,机械安装要求高。

②卧式电动机—蜗杆减速器传动(图 1-3-62b)。

传动顺序:卧式电动机—带制动轮的联轴器—制动器—带极限力矩联轴器的蜗杆减速器—最后一级小齿轮绕大齿轮(或针齿圈)传动。

这种方案的优点是结构紧凑,传动比大,工作平稳,但传动效率低,一般用于中小型回转起重机。

③立式电动机—立式圆柱齿轮减速器传动(图 1-3-62c)。

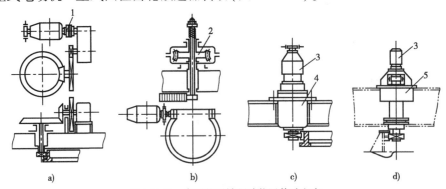

图 1-3-62 常用的回转驱动装置传动方案

1-极限力矩联轴器;2-带极限力矩联轴器的蜗杆减速器;3-立式电动机;4-立式减速器;5-行星减速器

传动顺序:立式电动机—联轴器—水平安置的制动器—轴线垂直布置的立式齿轮减速器(有时带极限力矩联轴器)—最后一级小齿轮绕大齿轮(或外齿轮)传动。

其优点是平面尺寸紧凑,传动效率高,但竖向尺寸较大,一般用于功率较大、布置要求十分紧凑的起重机,门座起重机常采用这种传动形式。

④立式电动机—行星齿轮减速传动(图1-3-62d)。

行星齿轮传动可以是立式行星齿轮传动、摆线针轮传动、渐开线少齿差传动(图1-3-63)。谐波传动等。这些传动的结构都很紧凑、传动比大,是回转机构比较理想的传动形式。

(2)极限力矩联轴器

回转部分受到的惯性载荷和风载荷较大。为了防止回转驱动装置偶尔过载,保护电动机、金属结构及传动零部件免遭损坏,通常在蜗杆传动或齿轮传动系统中装一个有摩擦传递载荷的部件,即极限力矩联轴器(图1-3-64、图1-3-65)。

极限力矩联轴器是一个圆锥形或圆盘形的摩擦式联轴器、摩擦面间用弹簧压紧,弹簧压紧所产生的摩擦力矩应为所在传动轴的起动转矩的10%。

图1-3-64中,带涡轮的圆锥形摩擦盘空套在回转小齿轮低速轴上,而上锥形摩擦盘则用平键连接在回转小齿轮低速轴上。正常工作时,蜗杆的转矩通过涡轮的圆锥形摩擦盘与上锥形摩擦盘间的摩擦力矩传给小齿轮轴,带动小齿轮转动。当需传递的转矩超过极限力矩联轴器所能传递的转矩时,上下两个锥形摩擦盘间开始打滑,以此来限制所要传递的转矩,起到安全保护作用。

为了保持锥形摩擦面间摩擦系数的稳定,应给摩擦面以充分良好的润滑,最好浸在油里,否则应附设一个柱塞浆,由轴上的凸轮带动,对摩擦表面注油润滑,见图1-3-65。

用弹簧压力来调节摩擦力矩不易准确做到,而且摩擦系数还随着许多因素而变化,所以这种极限力矩联轴器工作不一定可靠,故有的电力驱动的起重机用电气保护措施来防止回转机构过载。

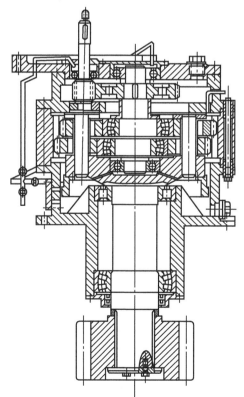

图1-3-63 回转机构用渐开线少齿差齿轮减速器

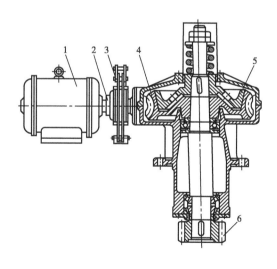

图1-3-64 采用蜗杆减速器的回转驱动装置
1-电动机;2-联轴器;3-制动器;4-蜗杆减速器;5-极限力矩联轴器的上锥形摩擦盘;6-行星齿轮

2) 内燃机驱动的回转驱动装置

(1) 内燃机—机械传动 (图1-3-66)

由动力分配箱输出轴2经联轴器1传给换向轴3.接合图示离合器4时。动力从伞齿轮5传到减速器8,使小齿轮正向转动。当接合联轴器另一端的离合器时(通过联动装置使远离联轴器一端的离合器松开),动力从另一边伞齿轮传给减速器,使小齿轮作反向转动,达到起重机作正、反两个方向回转的目的,在伞齿轮轴上装有制动器7,使回转运动在所需的位置正确停止。当两端的离合器都松开,换向伞齿轮都不转,此时换向轴空转。

这种驱动方式结构比较复杂,传动件多、操作维修麻烦,但它不需要外界提供能量,因此起重机的机动性好。

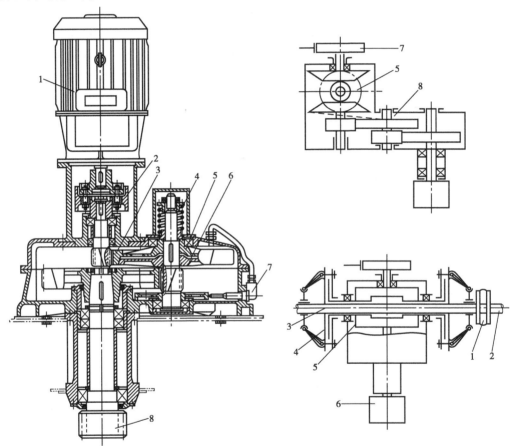

图1-3-65 采用立式电动机的回转驱动装置

1-立式电动机;2-带制动轮的联轴器;3-极限力矩联轴器的齿圈;4-压紧弹簧;5、6-极限力矩联轴器的上、下锥体;7-柱塞油泵;8-小齿轮

图1-3-66 内燃机—机械驱动

1-联轴器;2-动力箱输出轴;3-换向轴;4-离合器;5-换向伞齿轮;6-回转小齿轮;7-制动器;8-圆柱齿轮减速器

(2) 内燃机—液压传动 (图1-3-67、图1-3-68)

由内燃机驱动油泵,油泵输出高压油驱使液压马达回转,若采用高速液压马达,还需采用减速器减速,也有采用低速大转矩液压马达直接驱动与大齿轮相吻合的小齿轮,实现起重机回转运动。

与机械传动相比,这种传动方式结构紧凑、工作平稳,能无级调速。采用低速大转矩液压马达可以省去或减少减速装置,因此机构更紧凑,但低速大转矩液压马达成本高,使用可靠性不如高速液压马达,并且可以采用结构紧凑,传动比大的行星齿轮传动装置,所以高速液压马达在起重机回转机构中使用广泛。

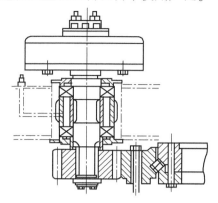

图 1-3-67 液压马达驱动的回转机构

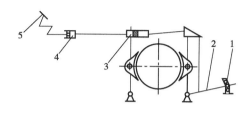

图 1-3-68 常开式可操纵制动器
1-支架;2-杠杆;3-工作缸;4-压力缸;5-脚踏板

 任务实施

填写任务单,见表 1-3-5。

任 务 单　　　　　　　　　　表 1-3-5

编制专业:港机专业				编号:项目三任务3	
课程名称	港口起重输送机械		班级/组号	学时	2
任务3　回转机构的认识和使用与维护					
任务描述	描述出门座起重机回转机构的常见故障及排除方法				
分　析					
评价				成绩评定	

 课后巩固

1. 起重机回转支承装置起什么作用?
2. M16-33 门座起重机回转机构采用什么样的传动方式?阐述其传动过程和传动特点。
3. 起重机回转机构常采用何种形式的制动器?为什么?

任务4 变幅机构的认识和使用与维护

任务导读

本任务通过任务4的学习,掌握变幅机构的基本组成和工作原理;了解变幅机构布置方案;掌握变幅机构使用与维护。

教学目标

知识目标:掌握起重机构的组成、作用;熟知起重机构的布置方案;掌握变幅机构常见故障修理方法。

能力目标:具备变幅机构的使用与维护的能力。

工作任务

任务描述:描述出轮胎起重机变幅机构的常见故障及排除方法,如图1-3-69所示。

图1-3-69 变幅机构

任务具体要求:列出轮胎起重机变幅机构的常见故障及排除方法,并填写任务单。

知识储备

1. 概述

变幅机构是起重机用来改变幅度的机构。

根据工作要求的不同,变幅机构的主要作用是:

(1)通过改变幅度来改变取物装置的工作位置,以调整起重机的起重能力;或者适应装卸路线的需要;或者提高非工作状态下的起重机通过能力。

(2)通过改变幅度使吊载的物品以起重机回转中心线为中心作径向水平移动,扩大起重机的作业范围,提高工作的机动性。

变幅机构按工作性质分为非工作性和工作性两种。

非工作性变幅机构(又称调整性变幅机构)只在起重空载时改变幅度,使取物装置调整到适合吊运物品的作业位置,在装卸过程中,幅度不再改变。因此,其变幅次数少,变幅时间对起重机的生产率影响小,一般采用较低的蝙蝠速度。由于是不带载变幅,变幅阻力和变幅驱动功率的消耗也都比较小。

工作性变幅机构是在带载条件下变幅,实现物品的搬运。变幅过程是起重机每一个工作循环中的主要工序之一,所以变幅频繁,变幅时间对起重机夫人生产率有直接影响,一般采用较高的变幅速度。由于是带载变幅,变变幅阻力及变幅驱动功率的消耗都较大。为了降低变幅驱动功率。改善工作性能,工作性变幅机构常采用多种方法实现载重水平位移和臂架自重平衡。

变幅机构按变幅方法分为运行小车式和摆动臂架式两种。

运行小车式变幅机构是在具有水平臂架的起重机上,依靠小车沿臂架弦杆来改变起重机的幅度。运行小车有自行式和绳索牵引式两种。绳索牵引式小车自重轻,可减轻臂架的受载,减小臂架的结构尺寸,应用较广,运行小车式的变幅速度均匀,变幅时,物品偏摆小,并能实现严格的水平移动。但臂架受到较大的弯矩,使臂架的结构尺寸和自重较大。运行小车式变幅机构主要用于工作变幅,建筑用塔式起重机常用这种变幅方式。

摆动臂架式变幅机构是通过臂架在垂直平面内绕其铰轴摆动来改变起重机的幅度。这种变幅机构的臂架受力情况较好,自重较轻,容易实现多台起重机协同工作。但变幅时物品偏摆大,变幅速度不均匀,很难获得较小的最小幅度。这种变幅形式广泛应用于各种类型的回转起重机,实现工作性变幅或非工作性变幅。

变幅机构按臂架结构分为普通臂架变幅和平衡臂架变幅两种。

普通臂架变幅机构主要有摆动臂架式和运行小车式(图 1-3-70)。

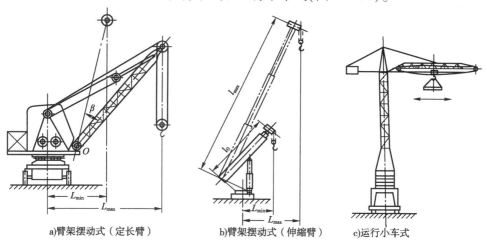

a)臂架摆动式(定长臂)　　b)臂架摆动式(伸缩臂)　　c)运行小车式

图 1-3-70　普通臂架变幅机构

摆动臂架式变幅机构通常采用直臂架,在变幅过程中,臂架的重心和取物装置及其所载的物品会随着幅度的改变而发生不必要的升降,这样增加了变幅驱动功率,也对装卸工作带来了不便。因此,这种变幅方式主要用于调整性变幅。在工作性变幅或不经常带载变幅的汽车起重机、轮胎起重机、履带起重机、铁路起重机和桅杆起重机上广泛使用(图 1-3-71)。

臂架摆动式变幅机构采用定长臂架或伸缩臂架,定长臂架的结构有箱形和桁架形。通常采用钢丝绳滑轮组作为变幅驱动装置,也可用液压缸变幅。伸缩式臂架采用箱形结构,由基本臂和若干节伸缩臂组成。伸缩臂式起重机采用液压缸变幅。臂架伸缩时,虽然幅度随之改变,但伸缩架的主要目的是使流动式起重机在作业时伸出臂架以取得较大的起升高度;

在行驶时收回臂架,以得到较小的外形尺寸,所以一般不作变幅使用。

平衡臂架变幅机构采用各种载重升降补偿方法和臂架平衡系统,使变幅过程中物品中心沿水平线或近似水平线的轨迹移动,臂架系统的合成重心高度不变或变化很小。这样,减小了变幅机构的驱动功率,但臂架结构复杂。平衡比价变幅适用于工作性变幅。

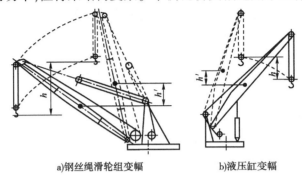

a) 钢丝绳滑轮组变幅　　b) 液压缸变幅

图 1-3-71　臂架摆动式变幅时物品和臂架重心变化图

2. 门座起重机变幅机构及其技术要求

门座起重机利用变幅机构来改变货物的径向货位来完成装卸任务。臂架带载进行变幅的称为工作性变幅机构,臂架不带载进行变幅的称为非工作性变幅机构,门座起重机广泛采用工作性变幅机构。

为尽可能降低变幅机构的驱动功率和提高机构的操作性能,必须采取载荷水平位移措施和臂架自重平衡措施。

1) 变幅时实现载荷水平位移的方法

(1) 绳索补偿法。这种方法的特点是在变幅过程中,采用补偿滑轮组法,使起升钢丝绳卷绕系统及时放出或收回一定长度的钢丝绳,以补偿起重臂变幅时使吊物产生的垂直运动距离,从而达到变幅过程中吊物的运动轨迹是一水平线,即荷载水平位移(图 1-3-72)。这种方法优点是结构简单,臂架受力好;缺点是钢丝绳长,穿绕滑轮多,只适于小起重量的起重机中。

(2) 组合臂架法(图 1-3-73)。这种方法依靠臂架的机构和外形设计,实现在变幅过程中臂端移动轨迹为水平线或接近水平线,以满足在变幅过程中吊物走水平位移的要求。

四连杆组合臂架的象鼻梁下端点,在有小幅度范围内,将沿接近水平的轨迹移动。这样,在起升绳不动的情况下,则能保证吊钩实现水平移动。

2) 变幅机构的技术要求

(1) 变幅机构必须在幅度范围的两终端安装幅度的限位器,以限制起重机的最大幅度和最小幅度。

(2) 起重机必须安装幅度指示器,以使司机能随时掌握操作中幅度位置,防止超载作业,避免整机倾翻事故。

(3) 吊钩在变幅过程中沿非绝对水平线移动时,其高度差值应小于 0.03m。

(4) 变幅机构必须安装制动器,其制动安全系数为:

工作状态下,$K \leqslant 1.25$;非工作状态下,$K \geqslant 1.15$。

制动时间为:

工作状态下,$t \leqslant 4 \sim 5s$;非工作状态下,$t \geqslant 1.5s$。

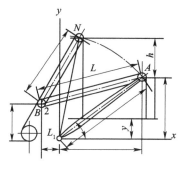
图1-3-72 绳索补偿法

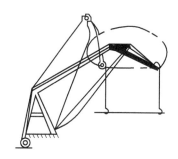
图1-3-73 组合臂架法

3. 塔式起重机变幅机构

起重机的变幅是指改变吊钩中心与起重机回转中心轴线之间的距离 R,这个距离称幅度,如图1-3-74所示。塔式起重机变幅机构可按工作性质与变幅方式不同分类。

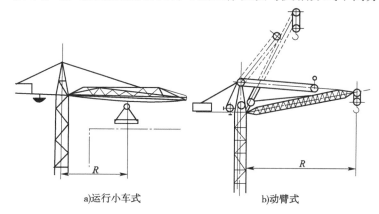

a)运行小车式　　　　b)动臂式

图1-3-74 塔式起重机的变幅方式

1)按工作性质分类

塔式起重机变幅机构按工作性质分为工作性变幅机构和非工作性变幅机构两种。

(1)工作性变幅机构

工作性变幅机构在带载条件下变幅,可使起吊的物品沿起重机的径向做水平运动,如运动小车式塔式起重机。在吊载作业中,常常需要在吊载重物时改变起重机的幅度,以扩大起重机的服务面积和提高起重机的机动性。

工作性变幅机构用于附着式、固定式的塔式起重机。为了防止吊臂俯仰时制动失效,动作性变幅机构要求装有可靠饿安全装置,如限速器、停止器和起重力矩限制器等。

(2)非工作性变幅机构

非工作性变幅机构只是在装卸作业开始前的空载条件下作高速性的变幅,即在空载时调整时起吊的位置,重物在装卸过程中幅度不再改变。

非工作性变幅机构一般用于起重量大、工作不频繁夫人行走式塔式起重机上,其起吊位置的改变靠行走和回转机构联合动作来完成。

2)按变幅方式分类

塔式起重机变幅机构按其变幅方式可分为小车式和动臂式两种。

(1)小车式变幅机构

小车式变幅方案是通过移动小车实现蝙蝠的。工作时吊臂安装在水平位置,小车由变幅牵引机构驱动,沿着吊臂上的轨道移动。这种变幅方案的优点:变幅时重物水平移动,给安装工作带来了方便;速度快、效率高;幅度有效利用率大。它的缺点是吊臂承受压、弯荷载共同作用,受力状态不好,结构自重较大。

图 1-3-75 示出了运动小车式变幅机构原理。小车 1 被支撑在吊臂的下弦杆上。当变幅卷筒 5 在机构驱动下旋转式,牵引绳 4 和 7 中有一个被卷入,另一个被放出。牵引小车沿吊臂向一侧移动。当卷筒反向旋转时,小车又向另一侧运动。

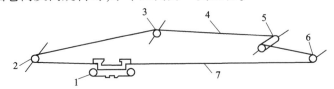

图 1-3-75　运行小车式变幅机构简图
1-运动小车;2、3、6-导向滑轮;4、7-牵引绳;5-卷筒

小车式变幅驱动机构根据其工作其情况分为多速和单速两种。其传动方式有蜗轮蜗杆传动、行星齿轮传动和普通标准卷扬机等。多速驱动机构都是利用多速电机来实现的,它可以提高变幅的工作效率。

小车式变幅驱动机构常采用蜗轮蜗杆传动形式。这种传动形式结构紧凑,一般将卷筒放在臂内,而电机可以立起来;也可以顺放在臂架饿一侧,安装比较方便,但蜗轮蜗杆的传动效率偏低。另一种经常采用的变幅驱动机构是行星传动形式,这一驱动机构采用液力推杆制动器,使启动、制动平稳可靠,而且在卷筒轴端部装有蜗杆或链轮带动的幅度指示器,以确保安全。

常用的变幅小车如图 1-3-76 所示,它主要由车架、行走滚轮、起升绳等组成。运行小车上既要系结牵引绳,使小车运行,又要通过小车的导向轮绕起升绳,使重物随小车作水平移动。为保证变幅时做水平移动,起升绳终端不能系在运行小车上,而必须系在水平吊臂的端部或根部。用于大幅度工作的小车及使用摩擦卷筒驱动的小车都要设置变幅涨紧装置,一般小车在应该设置变幅绳断绳防滑装置。

(2)动臂式变幅机构

动臂式变幅驱动机构,多数与普通卷扬机的结构差不多,由电动机、制动器、联轴器、减速器和卷筒组成。由于整个动臂结构及载荷都是由变幅绳支持,故要特别注意变幅机构的安全可靠。为了增加机构的安全可靠性,防止变幅过程中的超速现象,在变幅机构中有时还装设特殊的安全装置。图 1-3-77 所示是载荷自动式制动器,它被装在减速器内的传动轴上。传动轴 1 与变幅机构原动机连接,齿轮 2 将传动力传给卷筒,轴 1 和齿轮 2 用螺纹副连接,吊臂自重使齿轮 2 逆时针方向转动,并始终压紧棘轮 3,因此传动轴在朝上方转动(顺时针)时,吊臂能正常提升;一旦停止运动,吊臂就得到可靠制动。若传动轴朝吊臂下降方向式变幅机构转动(逆时针转)角度,由于螺纹副作用迫使齿轮 2 向右移动,并与棘轮 3 脱开,于是齿轮 2 能在吊臂自动作用下朝下降方向转动(逆时针转),即吊臂在该时间内下降。与此同时,齿轮 2 由于螺纹副作用重新压紧棘轮 3,吊臂停止下落。只要在下降方向连续传动轴 1、吊臂就能连续降落,而且齿轮 2 的转速不可能超过传动轴 1 的转速,落臂速度受到限制,所以变幅是安全的。

一些工作变幅的塔式起重机,机构中的安全装置可以简单一些。

很多下回转塔式起重机都用变幅机构作为立塔机构,动臂式变幅机构是通过钢丝绳滑轮组使吊臂俯仰摆动来实现的。动臂式变幅具有较大的起升高度,拆装比较方便,臂架结构受力结构好;缺点是幅度的有效利用率低,变幅速度不均,重物一般不能水平移动,因此变幅功率大。

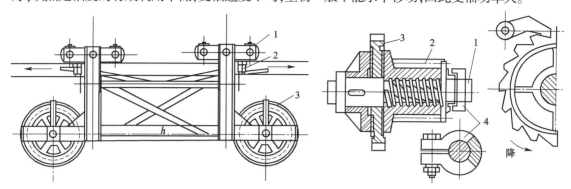

图 1-3-76　牵引小车构造
1-滚轮;2-导向轮;3-起升绳导向滑轮

图 1-3-77　载荷自制式制动器
1-传动轴;2-传动齿轮;3-棘轮;4-定位

4. 变幅机构的安全技术要求

(1)扰性变幅机构必须安装常闭式制动器。

(2)扰性变幅机构必须装设幅度限位装置和防止吊臂后倾装置。

(3)变幅机构应安装幅度指示装置。

(4)变幅机构应安装吊臂下降限速锁装置。

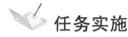任务实施

填写任务单,见表 1-3-6。

任 务 单　　　　　　　　　　　　　表 1-3-6

编制专业:港机专业				编号:项目三任务4	
课程名称	港口起重输送机械		班级/组号	学时	2
任务4　变幅机构的认识和使用与维护					
任务描述	描述出轮胎起重机变幅机构的常见故障及排除方法				
分　析					
评价				成绩评定	

课后巩固

1. 变幅机构的主要作用是什么?

2. 小型起重机要实现工作性变幅,可以采用何种荷载升降补偿的方法?

3. 为什么在 M10-25 门座起重机上可采用液压缸变幅驱动装置?分析液压缸传动的工作过程、传动特点及传动过程中应注意的问题。

项目四　桥式起重机的认识和维护保养

任务1　桥式起重机的构造特征、工作机构认识

 任务导读

本任务通过任务1的学习,桥式起重机的总体特征和应用场合;桥式起重机各工作机构、吊具的工作原理和结构组成。

 教学目标

知识目标:了解桥式起重机的总体特征和应用场合;掌握桥式起重机各机构的结构组成与动作原理。

能力目标:具备桥式起重机的构造特征、工作机构认识的能力。

 工作任务

任务描述:描述桥式起重机各机构的结构组成及特点,如图1-4-1所示。

任务具体要求:列出桥式起重机各机构的结构组成及特点,并填写任务单。

图1-4-1　桥式起重机

 知识储备

1. QD型电动双梁吊钩桥式起重机产品简介

电动吊钩双梁桥式起重机是通用桥式起重机中最基本的类型,是现代工业生产进行短距离物料搬运常用的机械设备之一,被广泛应用于车间、仓库等多种场所,大大减轻了体力劳动强度,提高了劳动生产率。

该种起重机是固定在跨间内装卸和搬运物料的机械设备,通常由金属结构,小车、大车运行机构和电气四大部分组成,起升荷载用的吊具是吊钩。起重量在10t以下的,多为一个起升机构,采用一个吊钩;16t以上的,多为主、副两个起升机构,吊钩分为主钩和副钩。全部机构均有司机室操纵、地面操纵和遥控器操纵三种操纵形式。

该起重机按使用繁忙程度分为中级与重级两种工作制度:中级适用于机械加工、金属结构、装配等车间;重级适用于冶炼车间和参加连续生产的搬运工作。

该起重机环境工作温度一般不超出+40℃和-20℃范围,并不适用于具有强腐蚀性气体和易燃易爆场所。

另外,根据工作需要由让该普通吊钩桥式起重机派生出两种类型的起重机。一种是慢速吊钩桥式起重机,其主要特点就是速度慢,分轻级和中级两种;另一种是地面操纵桥式起重机,所有机构均由悬挂按钮盒在地面操纵,多用于厂矿、企业的车间、仓库等固定跨间一般的检修、安装工作。此两种起重机除上述特点外,其余同普通吊钩桥式起重机一样,故本说明书后边内容部分对此两种起重机有效,具体不再一一详述。

当露天使用时,带有防雨设备。

2. 主要技术参数

起重机的参数是表明起重机械工作性能的指标,也是设计、制造和选用各种起重设备的依据。

起重量:指额定起重量,符号 G_n,单位吨(t),是指起重机能吊起的生物或物料连同可分吊具或属具(如抓斗、电磁吸盘、平衡梁)质量的总和。

本起重机按标准起重量为分 5t、10t、16/3.2t、20/5t、32/5t、50/10t、75/20t、80/20t、100/20t、125/32t、160/50U、200/50U、250/50t 十三个规格。

跨度:桥架型起重机运行轨道轴线之间的水平距离称为跨度,符号 S,单位米(m)。在跨度系列中,一般是每 3m 为一级。

起升高度:指起重机空载置于水平场地上方,从地平面至吊具允许最高位置的垂距离(若有坑下作业,应含下降深度)。符号 H,单位米(m)。

工作级别:起重机工作级别是表明起重机工作繁重程度的参数,即表明起重机工作在时间方面的繁忙程度和吊重方面满载程度的参数。吊钩式共分为 $A_1 \sim A_3$(轻级);$A_4 \sim A_5$(中级);$A_6 \sim A_7$(重级)三个级别七大项。

轻级($A_1 \sim A_3$):很少起升额定荷载,一般起升轻微荷载,多用于电站或其他工作场所安装和检修设备用,或工作不常用的车间和仓库。

中级($A_4 \sim A_5$):有时起升额定荷载,一般起升中等荷载,用于工作不太繁重的车间和仓库,如一般的机械加工和装配车间。

重级($A_6 \sim A_7$):经常起升额定荷载,一般起升较重的荷载,用于工作繁重的工作车间和仓库,如冶金和铸造车间辅助吊运。

3. 结构组成

整起重机主要是桥架、起重机运行机构,装有起升机构和运行机构的小车及电气设备四大部分组成,桥式起重机如图 1-4-2 所示。

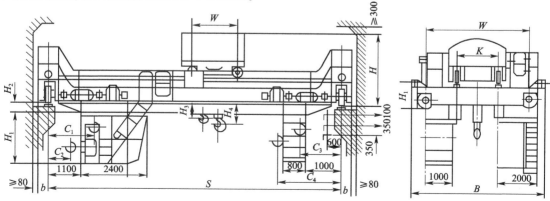

图 1-4-2　电动双梁桥式起重机(125/30t~250/50t,13~31m)

起升机构、小车运行机构和起重机运行机构,是起重机的三个工作机构,各机构都备有各自的电动机,进行单独驱动。

起重量为5t、10t的起重机为单钩起重机,仅有一套起升机构16/3.2t～250/50t的起重机,则有两个吊钩,分子表示主钩起重量,分母表示付钩起重量,因此有两套独立的起升要机构。主钩用来提升重的对象,副钩除可提升轻的对象外,在它额定的负荷范围内,在用来协同主钩倾转或翻倒工件之用。但必须注意的是,不允许两上吊钩同时提升两个物体。在单独工作时均只能起吊重不超过额定起重量的物体。当两个吊钩一起工作时,物体的质量不允许超过主钩额定起重量。

(1) 金属结构

金属结构包括桥架、小车架和操纵室。桥架是两根由钢板焊成的正规箱形主梁,两根箱形端梁,两则的走台所组成。在主梁的上盖板上铺设了供小车运行用的钢轨。两主梁的外侧装有走台,一侧走台为安装及检修起重机运行机构而设;另一侧为安装小车导电装置而设。走台的外侧边都安装有栏杆,以保障安装检修人员的安全。主梁与端梁采用的是刚性连接,两根端梁是在中部用螺栓连接的可拆件,这样整个桥架可拆成两部分,便于运输。

(2) 起重机运行机构

起重机运行机构属于自行式分别驱动,50t以下的起重机,多采用如图1-4-3所示,即电动机通过调整段的浮动轴、卧式减速器、双齿联轴器驱动车轮。该驱动结构简单,装配维修方便,自重较轻,使用效果较好。大吨位起重机稍有不同,低速轴段增设浮动轴,如图1-4-4所示,浮动轴两端可用齿轮联轴器或万向联轴器,其中卧式减速器可改为立式减速器,连同电动机、制动器固定于焊接在主梁的支承上,结构较紧凑,对走台刚度要求不高,使用效果良好。对于宽型梁,整套传动系统可放在梁合内,以节省空间。

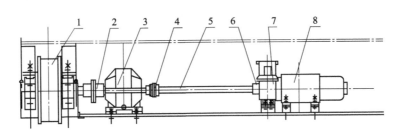

图1-4-3 起重机运行机构(5～50/10t)

1-车轮组;2-齿轮联轴器;3-减速器;4-齿轮联轴器;5-传动器;6-制动轮齿轮联轴器;7-制动器;8-电动机

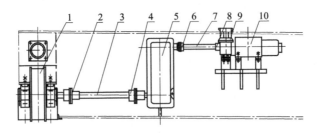

图1-4-4 起重机运行机构(75/20t～10/20t)

1-车轮组;2-齿轮联轴器;3-传动轴;4-齿轮联轴器;5-减速器;6-齿轮联轴器;7-传动;8-制动轮齿轮联轴器;9-制动器;10-电动机

一种较为新式的大车运行机构,分别驱动方案,采用称之为"三合一"的结构,即电动机、制动器和减速器制成一体,其外壳用法兰固定于车轮组壳体上,其驱动部件中心轴与车轮轴相接,装配精度高,成本较高,一般客户有要求才采用此结构,适用于中小吨位起重机。

(3)起升机构

起升机构安装在小车架上,单钩时为一套独立的驱动装置(图1-4-5)。当有两个吊钩时,安装两套各自独立驱动的起升机构。

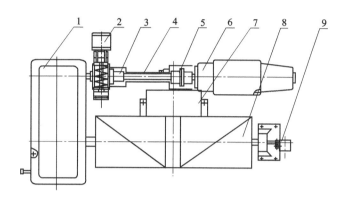

图1-4-5 主起升机构

1-减速机;2-制动器;3-齿轮联轴器;4-传动轴;5-齿轮联轴器;6-电动机;7-滑轮组;8-卷筒组;9-起升限位器

起升机构由YZR绕线式电动机经齿轮联轴器,通过渐开线齿轮减速器,从而带动减速器低速轴上的绕有钢丝绳的卷筒,达到起吊重物的目的,只要控制电动机正反转,就可使吊钩上升或下降。

为了保证起升机构工作的安全性和可靠性,在减速器高速轴上装有制动器,当起重机工作级别为A_6、A_7时,装有两套制动器,在支承卷筒一端的轴承座上,装有上升高度限位器,是吊钩上升至极限位置的安全保护装置。

本系列桥式起重小车分两种:一种是带超载限制器的,另一种是不带超载限制器的,以供用户选用。超载限制是一种超载安全保护装置,当荷载超过额定起重量的10%时,自动切断起升动力电源起到安全保护作用。

(4)小车运行机构

运行于双主梁上的小车运行机构,起重量100t以下的其传动方案,最常用的如图1-4-6、图1-4-7所示,机构中均采用标准部件,由电动机通过双齿连接轴器,固定在小车架上的立式

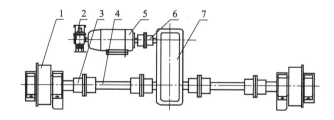

图1-4-6 起重机小车运行机构5~50/10t

1-车轮组;2-制动器;3-齿轮联轴器;4-传动轴;5-电动机;6-齿轮齿轴器;7-减速机

— 117 —

减速器、半齿联轴器、传动轴驱动两侧车轮。当起重量为 125t 以上时,小车运行车轮为台车结构,小车运行多采用三合一机构分别驱动,如图 1-4-8 所示,即用电动机、制动器、减速机三合一结构套装在车轮轴上分别驱动两侧车轮。

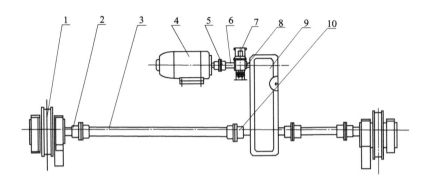

图 1-4-7 起重机小车运行机构 75/20～100/20t

1-小轮组;2-齿轮联轴器;3-传动轴;4-电动机;5-齿轮联轴器;6-传动器;7-制动器;8-制动轮齿轴联轴器;9-减速机;10-齿轮齿轴器

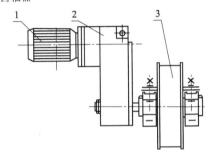

图 1-4-8 起重机小车运行机构 125/30～250/50t
1-电动机;2-三合一减速机;3-车轮组

(5)其他设备

①缓冲器。在起重机两根端梁的两端,装有大车弹簧缓冲器或橡胶缓冲器,在小车车架底部装有小车橡胶缓冲器,用以降低同跨内的两台起重机,可能相碰或是起重机及小车行至两端极限位置时的冲击影响。

②大车导电线挡架。为了防止当小车行至极限位置时,吊具或钢丝绳与高压电源相碰,在桥架的两根主梁下面近电源的一端安装了导电线挡架。

③大车导电架及检修平台。大车导电架及检修平台在桥架的主梁底部,电源线经装在检修吊笼外侧槽钢上的三套集电器来实现对整台起重机的导电,检修吊笼供维修集电器之用。

4.桥式起重机的使用

(1)操作起重机人员要求

起重机的操作,只应由下述人员进行:

①经考试合格的司机,持有管理部门所发操作工证件;

②司机直接监督下的学习满半年以上的学徒工等受训人员;

③为了执行任务需进行操作的维修、检测人员;

④经上级任命的劳动安全监督检察员。

司机应符合下列条件:

①年满18周岁,身体健康;

②视力(包括矫正视力)在 0.7 以上,无色盲;

③听力应满足具体工作条件要求。

司机应熟悉下述知识:

①所操纵的起重机各机构的构造和技术性能;

②起重机的操作规程,与本规程有关的法令;
③安全运行要求;
④安全、防护装置的性能;
⑤原动机和电气方面的基本知识;
⑥指挥信号;
⑦保养和基本的维修知识。

(2)安全操作一般要求

①司机接班时,应对制动器、吊钩、钢丝绳和安全装置进行检查。发现性能不正常时,应在操作前排除。

②开车前,必须鸣铃或报警,操作中接近人时,应给以断续铃声或报警。

③操作应按指挥信号进行。对紧急停车信号,不论何人发出,都应立即执行。

④当起重机上或其周围确认无人时,才可以闭合主电源。如电源断路装置上加锁或有标牌时,应由有关人员除掉后才能闭合主电源。

⑤闭合主电源前,应使所有的控制器手柄置于零位。

⑥工作中突然断电时,应将所有的控制器手柄扳回零位,在重新工作前,应检查起重机动作是否都正常。

⑦在轨道上露天作业的起重机,当工作结束,应将起重机锚定住。

⑧司机进行维护保养时,应切断主电源并上标志牌或加锁。

如有未清除的故障,应通知接班司机。

(3)安全技术要求

有下述情况之一时,司机不应进行操作:

①超载或物体重量不清,如吊拔起重量或拉力不清的埋置物体,及斜拉斜吊等。

②结构或零部件有影响安全工作的缺陷或损伤,如制动器、安全装置安全失灵、吊钩螺母防松装置损坏、钢丝绳损伤达到报废标准等。

③捆绑、吊挂不牢固或不平衡而可能滑动,重物棱角处与钢丝绳之间未加衬垫等。

④无下降极限位置限制器的起重机,吊钩在最低工作位置时,卷筒上的钢丝绳必须保持有设计规定的安全圈数。

用两台或多台起重机吊运同一重物时,钢丝绳应保持垂直;各台起重机的升降运行应保持同步;各台起重机所承受的载荷均不得超过各自的额定起重能力。如达不到上述要求,应降低额定起重能力至80%,也可以由总工程师根据实际情况降低额定起重能力。吊运时,总工程师在场指导。

有主、副两套起升机构的起重机,主、副钩不应同时开动。对于设计允许同时使用的起重机除外。

(4)起重工的一般安全要求

①指挥信号应明确,并符合规定。

②吊挂时,吊挂绳之间的夹角宜小于120°,以避免吊挂绳受力过大。

③绳、链所经过的棱角处应加衬垫。

④指挥物体翻转时,应使其重心平衡变化,不应产生指挥意图之外的动作。

⑤进入悬吊重物下方时,应先与司机联系并设置支承装置。

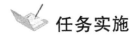# 任务实施

填写任务单,见表1-4-1。

任务单　　　　　　　　　　　　　　　　表1-4-1

编制专业：港机专业			编号：项目四任务1	
课程名称	港口起重输送机械	班级/组号	学时	4
任务1　桥式起重机的构造特征、工作机构认识				
任务描述	桥式起重机各机构的结构组成及特点			
分　析	项目	工作机构		
	结构特点			
	结构组成			
	动作原理			
	安全保护装置			
评价			成绩评定	

课后巩固

1. 桥式起重机由哪几个机构组成？
2. 各机构中安装有哪些安全保护装置？其作用与安装位置是什么？
3. 桥式起重机小车、大车运行采用何种驱动形式？

任务2　桥式起重机的维护保养

 任务导读

本任务通过任务2的学习,了解桥式起重机的常见故障与产生原因、排除方法。

 教学目标

知识目标:了解桥式起重机的常见故障与产生原因、排除方法;掌握对螺杆起升高度限位器、行程开关的调整。

能力目标:具备桥式起重机的维护保养的能力。

 工作任务

任务描述:描述桥式起重机的常见故障、产生原因与排除方法,如图1-4-9所示。

任务具体要求:列出桥式起重机的常见故障、产生原因与排除方法,并填写任务单。

图1-4-9　桥式起重机

 知识储备

起重机在使用过程中,除按规定正确操作外,还要经常按时对起重机进行维护和保养,并及时更换磨损报废件,这样才能保证起重机良好工作状态,保证安全使用。

表1-4-2为起重机典型零部件的润滑保养,常见故障原因及排除方法见表1-4-3和表1-4-4。

主要部件的润滑材料及其添加时间　　　　　　表1-4-2

序号	零部件名称	添加时间	润滑条件	润滑材料
1	钢丝绳	一般15～30d一次	①把润滑脂加热到50～100℃浸涂至饱和为止 ②不加热涂抹	①钢丝绳麻芯脂(Q/SY1152-65) ②合成石墨钙基润滑脂(SYB1405-65)或其他钢丝绳润滑脂
2	减速器	使用初期每季换一次,以后可根据油的清洁情况半年至一年换一次	夏季	用HL30齿轮油(SYS110B-62S)
			冬季 不低于-200℃ 低于-200℃	①用于HL20齿轮油(SYB110B-62S) ②用冷冻机油
3	开式齿轮	半月一次,每季或半年清洗一次		明齿轮脂(HG1-26-73)

续上表

序号	零部件名称	添加时间	润滑条件	润滑材料
4	齿轮联轴器	每月一次	工作温度在 -20~50℃	①可采用以任何元素为基体的润滑脂,但不能混合使用。冬季宜用1、2号,夏季宜用3、4% ②用工业锂基润滑脂(Q/SY1110-65)冬季用1号,夏季用3、4号采用K2号特种润滑脂(Q/SY1119-70)
5	滚动轴承	3~6个月一次		
6	滑动轴承	酌情		
7	卷筒内齿盘	大修时加满		
8	液压电磁或液压推杆	每半年更换一次	高于或等于 -10℃ 低于 -10℃	①2S号变压器油(SYB1B51-62) ②10号航空液压油(SYB1181-65)
9	液压缓冲器	酌情	①0℃以上 ②0℃以下	①沸水40.17%,甘油57.7%铬酸钾2%,氢氧化钠0.13%或甘油和沸水各50% ②链子油或变压器油
10	电动机	年修或大修	①一般电动机 ②H级绝缘和湿热地带	①复合铝基润滑脂(Q/SY1105-66) ②3号锂基润滑脂

机械部分的常见故障及消除方法　　　　　表1-4-3

序号	名称	常见故障	原因及后果	排除方法
1	锻造吊钩	1.尾部及尾部螺纹退刀槽出现裂纹 2.吊钩表面上有裂纹和破裂 3.钩嘴危险断面的磨损超过其高度的10%	吊钩损坏	1.停止使用 2.停止使用 3.停止使用或降低额定起重量
2	片式吊钩	1.外力使吊钩弯曲 2.钩片的表面上有裂纹	吊钩损坏	1.停止使用 2.更换损坏
3	滑轮	1.滑轮槽不均匀磨损 2.滑轮心轴磨损 3.滑轮不转动 4.轮缘或腹板上有裂纹	1.钢丝绳磨损快 2.心轴损坏 3.钢丝绳磨损 4.滑轮损坏	1.更换 2.加油润滑 3.加油润滑 4.更换
4	卷筒	1.出现裂纹 2.厚磨超过原厚度的10%	卷筒损坏	更换
5	轴	1.裂纹 2.轴的弯曲每米超过0.5mm	轴或轴颈损坏	1.更换 2.加热校正或更换
6	联轴器	1.在半联轴体内有裂纹 2.连接螺栓孔磨损 3.联轴器齿磨损 4.键槽磨损	1.损坏联轴器 2.振动切断螺栓 3.缺乏润滑脂齿磨坏,重物坠落 4.键脱出,重物坠落	1.更换 2.重新加工孔更换螺栓 3.1个周期加油润滑。当磨板超过原齿厚的10%~25%时更换 4.磨损严重时更换

续上表

序号	名 称	常 见 故 障	原因及后果	排除方法
7	齿轮	1.齿轮齿损坏 2.齿磨损 3.轮辐、轮圈和轮壳有裂纹 4.键损坏和齿轮有轴上跳动	1.在工作中跳动继而损坏 2.在开动或制动时跳动 3.齿轮损坏 4.切断键	1.更换 2.齿厚磨损超原齿厚的10%~25%时更换 3.起升机构上的应更换运行机构上的应修理 4.更换
8	制动器	1.不能夹持住货物(对运行动来说小车或大车断电后滑行距离较大)	1.拉杆系统中活动关节被卡住 2.润滑油滴入制动轮的制动面上 3.制动带过分的磨损 4.电磁铁制动器上的制动杠杆的锁紧螺母松开 5.液压推杆制动器上叶轮旋转不灵	1.用油润滑活动关节 2.用煤油清洗制动轮及制动带 3.更换制动带调整锁紧螺母 4.检查电气部分和推杆机构
		2.上闸后打不开	1.制动闸带胶粘在有污垢的制动轮上 2.活动关节卡住 3.弹簧张力过大 4.电磁铁线圈烧毁 5.液压推杆制动器油液使用不当,叶轮轴上的键损坏电动机空转,叶轮卡住,电动机回路断线或烧毁	1.用煤油清洗制动轮及制动带 2.消除卡住现象 3.调整弹簧 4.更换线圈 5.按不同温度更换油液,换新键修理键槽,调整推动器机构,检查电气部分
		3.制动带有焦味,磨损很快	由于不均匀地离开而使制动带发生磨损,使制动轮发生过热现象	调整制动带
		4.制动器易于脱开调整位置	调整螺母拧紧或背螺母没拧好	调整制动器,牢固地拧好螺母
9	减速器	1.外壳(装有轴承处)发热 2.润滑油沿剖分面流出 3.振动(跳动)	1.轴承故障轴颈卡住,齿轮磨损,齿轮和轴承内缺润滑轴 2.机件磨损,螺栓松动	1.更换新油,检查啮合情况和轴承状况 2.拧紧螺栓或换涂料 3.更换损坏件拧紧螺栓。在底座处加挡铁 4.拧紧螺母,换新键

续上表

序号	名称	常见故障	原因及后果	排除方法
10	滚动轴承	1.过热	1.缺乏润滑油脂 2.轴承中有污垢	1.检查轴承中的润滑油量使其达到标准规定 2.用汽油清洗轴承并注入新的润滑脂
		2.工作时噪声大	1.装配不良,轴承游隙过小或转动件受阻 2.轴承零件磨损或破碎	1.检查轴承装配情况进行 2.更换轴承
11	车轮	走行不平稳及发生歪斜	1.车轮轮缘磨损超差 2.不均匀磨损使车轮直径差别过大 3.轨道不平	1.磨损超过原尺寸的50%时更换 2.重新加工车轮或更换 3.修理轨道
12	小车运行机构	打滑	1.轨道上有油或在室外工作时有冰霜 2.轮压不均匀 3.同一截面内两根轨道高程差过大 4.起动过猛	1.去掉油污和冰霜 2.调整轮压 3.调整轨道使其达到安装标准 4.改善电动机的起动性能

电器设备的故障及消除方法　　　　　　　　　表1-4-4

序号	名称	常见故障	主要原因	排除方法
1	电动机	1.均匀过热	1.实际工作类型超过了额定值而过载 2.在低电压下工作	1.降低起重机工作的繁忙程序或换合适的电动机 2.电压低于额定电压10%应停止工作
		2.工作时噪声不正常	1.定子相位错移 2.定子铁芯未压紧 3.滚动轴承磨损 4.横楔子膨胀	1.纠正错相 2.调整定子 3.更换轴承 4.锯去胀出的楔子或更换
2	电磁铁	1.线圈过热	1.电磁铁吸力过载 2.磁流通路的固定部分与活动部分之间有间隙,线圈电压与电网电压不相符合	1.调整弹簧拉力 2.更换线圈或改变接法
		2.发出嗡嗡声	1.电磁铁过载 2.磁流通路的工作面看污垢	1.调整弹簧 2.消除污垢
		3.电磁铁吸力不能克服弹簧力	1.电磁铁过载 2.电网电压低	1.调整制动器机构部分 2.暂停工作

续上表

序号	名 称	常见故障	主要原因	排除方法
3	接触器	1.线圈发热	1.线圈过载 2.磁流通路的活动部分接触不到固定部分	1.减小活动触头对固定触头压力 2.消除偏斜、卡塞、污垢或更换线圈
		2.嗡嗡声过大	1.线圈过载 2.磁流通路工作表面上脏污 3.磁力通路自动调整系统中有卡塞现象	1.减小触头压力 2.消除污垢 3.消除卡塞
		3.触头过热或烧损	1.触头压力不足 2.触头脏污	1.调整压力 2.消除污物
		4.主接触器不能接通	1.闸刀开关未闭合 2.紧急开关未闭合 3.仓口开关未闭合 4.控制手柄未放零位 5.控制电路熔断器烧断 6.电路无电	1.合上开关 2.放回零位 3.接通熔断器 4.检查线路是有电
		5.起重机运行中接触器经常掉闸	触头应力不够	调整触头应力
4	控制器	1.控制器合上后,电动机不转动	1.一相断电 2.转子电路断线 3.线路无电压 4.控制器触头未接触 5.集电刷发生故障	1.找出损坏处,接好线 2.用电笔检查有无电压 3.检修控制器 4.检修集电刷
		2.控制器合上后电动机仅能是单相转动	1.反相触头接触不良或转动机构有毛病 2.配电线路有故障 3.限位开关发生故障	1.调整触头或检修控制器 2.用短接线路法找出故障并消除 3.检修限位开关
		3.工作时发生卡塞和冲击	1.定位机构发生故障 2.触头卡在弧形分支中	1.消除故障 2.调整触头位置
		4.运行中控制器扳不动	1.定位机构有毛病或凸轮卡住 2.触头灼烧连接	停车修理控制器触头
		5.触头烧损	1.触头压力不足 2.触头有污物	1.调整压力 2.清洗触头
5	液压电磁铁	通电后推杆不动作或行程小	1.推杆卡住 2.网路电应低于额定电压的85% 3.延时断电器延时过短或常开触头不动作 4.整流装置损坏 5.严重漏油	1.消除卡塞 2.提高电压 3.调整修理继电器 4.修复或更新 5.修理密封

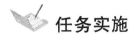 **任务实施**

填写任务单,见表1-4-5。

任 务 单　　　　　　　　　　　　　　　　　　　表1-4-5

编制专业:港机专业					编号:项目四任务2	
课程名称	港口起重输送机械		班级/组号		学时	2
		任务2　桥式起重机的维护保养				
任务描述		列出桥式起重机的常见故障、产生原因与排除方法				
分 析	序号	故障现象	产生原因		排除方法	
	1	起重小车运行时打滑(尤其在启动、抽动时)				
	2	运行时起重机或起重小车不能马上停止工作,并出现滑行				
评价					成绩评定	

 **课后巩固**

桥式起重机有哪些常见故障?这些故障是如何产生的,应如何排除?

项目五　门座起重机的认识和维护保养

任务1　门座起重机的构造特征、工作机构认识

 任务导读

本任务通过任务1的学习,了解门座式起重机各工作机构、吊具的工作原理和结构组成;门座式起重机各机构的主要零部件的结构组成和工作原理。

 教学目标

知识目标:了解门座起重机的构造特征以及运用的场合;了解门座起重机的性能参数;掌握门座起重机的起升、变幅、回转和运行四个机构的结构特点、组成与动作原理。

能力目标:具备门座起重机的构造特征、工作机构认识的能力。

 工作任务

任务描述:描述桥式起重机各机构的结构组成及特点,如图1-5-1所示。

任务具体要求:列出门座起重机各机构的结构组成及特点,并填写任务单。

图1-5-1　门座起重机

 知识储备

1. MQ16-33门座起重机产品简介

MQ16-33门座起重机是在港口码头前沿装卸一般散货和杂货的通用港口装卸机械。根据货种不同可分别使用吊钩或抓斗两种吊具。它工作幅度大、速度高,可以带载作水平位移变幅,带载作任意角度回转,可以在所有工作范围内作起升、变幅、回转的单独或联合动作,操作方便,动作灵活,可使用于海港或内河港口。

MQ16-33门座起重机使用380V/220V、50Hz三相四线制交流电源,所有机构全部采用封闭它扇冷三相异步变频电动机驱动。

MQ16-33门座起重机适用于轨距为10.5m,沿水平平行直线铺设的钢轨轨道。钢轨型号为YB/T5055-1993中规定的QU80型。要求轨道接地良好。

MQ16-33门座起重机设有安全操作所必需的各种电气、机械保护装置。

MQ16-33门座起重机机房平面布置见图1-5-2。

MQ16-33门座起重机的主要性能参数见表1-5-1。

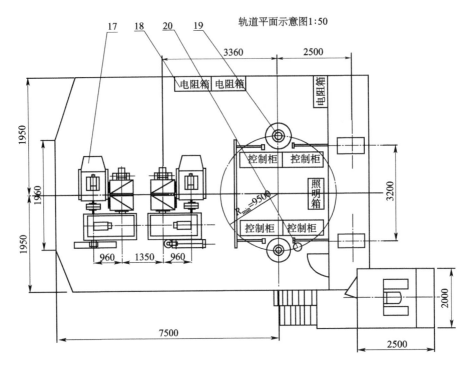

图 1-5-2 MQ16-33门座起重机机房平面布置图

起重机主要性能参数表　　　　　表 1-5-1

名　称		单　位	参　数
工作级别			A8
起重量		t	16
幅度	最大幅度	m	33
	最小幅度	m	9.5
起升高度	轨面上	m	28
	轨面下	m	15
工作速度	起升速度	m/min	60
	变幅速度	m/min	50
	回转速度	r/min	1.5
	行走速度	m/min	26
电动机	起升电机	YZP355M2-10	160kW×2
	变幅电机	YZP250M-8	37kW
	回转电机	YZP225M-8(立式)	30kW×2
	行走电机	YZP160L-6	11kW×4
轨距		m	10.5
基距		m	10.5
行走车轮数		个	24(其中驱动轮12个)
最大轮压		kN	≤250
最大工作风压		N/m²	250
转台尾部回转半径		m	<7.8
装机容量		kW	461
电源			电缆卷筒　三相四线　AC 380V　50Hz

2. 起升系统

起升系统包括起升机构和钢丝绳滑轮系统。

起升机构由两部单独的绞车组成。两部绞车可以单独或联合动作,便于起重机使用四索抓斗装卸散货或使用吊钩装卸件货。每部绞车均由电动机、联轴器、减速器、长闭式制动器、电机风机及钢丝绳卷筒组成。

起升机构除调试试车时可以按规定作超载试验外,不允许任何形式的超载作业。为此,起升系统附有起重量限制装置(超负荷限制器),使起重机在90%额定负荷时声光报警,在110%额定负荷时停止工作。同时,起升系统还附有钢丝绳防脱槽装置、导向装置、起升高度限位装置,以保证安全作业。

本机起升机构使用钢丝绳型号为6T(25) - 28 - 1700 - Ⅰ - 左/右。

本机可用于抓斗或吊钩作业。

起升机构的布置见图1-5-3;性能参数见表1-5-2。

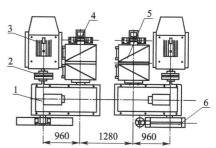

图1-5-3 起升机构简图
1-减速器;2-联轴器;3-电动机;4-行程控制器;5-卷筒;6-制动器

起升机构性能参数表   表1-5-2

起重量		16t
幅度		9.5～33m
起升速度		60m/min
工作级别		M8
钢丝绳	线接触钢丝绳	6T(25) - 28 - 1700 - Ⅰ - 左/右
电动机	型号	YZP355M2 - 10
	功率	160kW×2
	转速	585r/min
	工作制度	60%
减速器	型号	QJR - D560 - 25 - Ⅶ/Ⅷ - C
	传动比	24.48
制动器	型号	YWZ600/180Z
	制动力矩	4500N·m
	制动轮直径	φ600mm
	操作方式	电力液压推杆
卷筒	直径	φ828mm
	长度	1894mm
	节距	32mm

3. 回转机构

回转机构包括回转支承和回转驱动装置。其中,回转驱动装置由立式电动机、电机风机、锥盘极限联轴器、立式行星减速箱、常开式制动器及小齿轮组成。

回转驱动装置的制动器是常开式制动器,这样有利于司机视回转运动的实际情况,脚踏回转制动踏板,以踏力的大小控制制动过程的缓急。应当注意的是:如司机需离开操纵位置,应及时上紧制动器的手轮,以免门机失去回转控制。

锥盘极限联轴器是一种安全设施,只有当起重机的回转部分与机外障碍物相撞或非正常操作(如猛力起、制动)时,其滑动面间才有相对滑动,以此保护传动部件和支承部件。不得将极限力矩联轴器作为回转摩擦阻尼器使用。

回转驱动装置的布置见图1-5-4;回转机构性能参数见表1-5-3。

4.变幅系统

变幅系统包括臂架系统、平衡系统和变幅机构。其中,臂架系统由臂架、象鼻梁、大拉杆和上转柱等组成,它们的几何关系保证起重机作变幅运动时,象鼻梁端部能沿一条近似水平的曲线移动,这样既节省变幅驱动功率,又便于操作。臂架系统自重所产生的倾覆力矩由平衡系统平衡。平衡系统由平衡梁、配重、小拉杆等组成。

变幅机构由电动机、电机风机、联轴器、制动器、减速器、摇架、变幅小齿轮和齿条总成等部分组成。摇架部件兼有导向和调整齿条与小齿轮啮合状况的作用。

变幅系统质量大、构件多、运动情况复杂,为了使

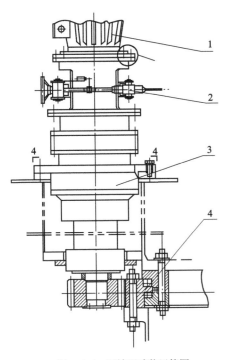

图1-5-4 回转驱动装置简图
1-电动机;2-联轴器、制动器;3-立式行星减速器;4-开式齿轮传动

变幅平稳,变幅机构采用变频调速。在变幅摇架上和臂架下铰点处,分别设置有独立的幅度限制开关,以防止起重机超幅。

变幅机构简图见图1-5-5,变幅机构性能参数见表1-5-4。

回转机构性能参数表 表1-5-3

回转速度		1.56r/min(稳定运行)
工作级别		M7
电动机	型号	YZP225M-8(立式)
	功率	30kW×2
	转速	735r/min
	工作制度	40%
减速器	型号	T31C
	传动比	43.66
回转支承	型号	132.50.3150
开式齿轮传动	模数	22mm
	齿圈齿数	158
	小齿轮齿数	15
	传动比	10.53
总传动比		459.74
制动器	型号	TYWZ-400
	制动力矩	1600N·m
	制动轮直径	φ400mm
	操作方式	脚踏液压

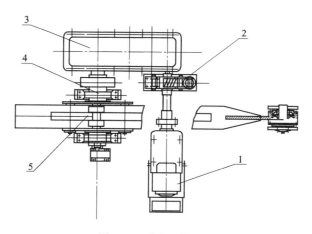

图 1-5-5 变幅机构简图
1-电动机;2-制动器;3-减速器;4-齿型联轴器;5-齿轮、齿条传动

变幅机构性能参数表　　　　　　　　　　　　　　　　表 1-5-4

变幅速度		50m/min(平均速度)
工作级别		M7
电动机	型号	YZP250M-8
	功率	37kW
	转速	735r/min
	工作制度	40%
减速器	型号	QJS-D500-80-Ⅲ-H
	传动比	80
齿条传动	模数	22mm
	小齿轮齿数	13
	齿条齿数	70
制动器	型号	YWZ400/45Z
	制动力矩	1000N·m
	制动轮直径	φ400mm
	操作方式	电力液压推杆

5.行走机构

行走机构装有四套行走台车,它们分别布置在门架端梁的四个底脚,每套台车都有完整的驱动传动装置。台车设计有水平和垂直铰,可以自动调节轨道误差和轻微的码头沉陷,但是变形严重和被堵塞的轨道,都将妨碍行走机构发挥作用。

行走机构是非工作性的机构,它不参与货物的装卸过程,只有当起重机需要移位时,才使用行走机构。

为了防止门机在非工作时被大风吹走,应使用锚定装置将大车锁定,行走控制同锚定限位之间联锁,当锚定锁定时,行走机构不能动作。在遇有台风时,应使用防风保护装置,将防风系缆钢丝绳拉紧。

行走台车简图见图1-5-6;性能参数见表1-5-5。

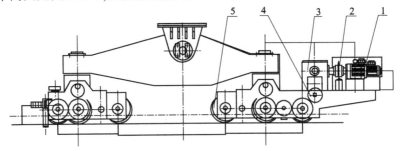

图1-5-6 行走台车简图
1-电动机;2-联轴器、制动器;3-齿轮减速器;4-开式齿轮传动;5-车轮

行走机构性能参数　　　　　　　　　　　　　　　表1-5-5

工作级别			M4		
运行速度			26m/min		
最大工作轮压			≤250kN		
车轮直径			ϕ550mm		
电动机	型号	YZP160L-6	制动器	型号	YWZ300/25Z
	功率	11kW×4		制动轮直径	ϕ300mm
	转速	900r/min		制动力矩	3200N·m
齿轮减速器	第一级	模数	6.5mm	开式齿轮传动	模数	9mm
		小锥齿轮齿数	17		小齿轮齿数	16
		大锥齿轮齿数	68		驱动齿轮齿数	49
	第二级	模数	5mm		惰性轮齿数	36
		小圆柱齿轮齿数	17		传动比	3.0625
		大圆柱齿轮齿数	86			
总传动比			$i = 20.235 \times 3.0625 = 61.97$		

6. 金属结构

本机金属结构采用Q235钢材焊接而成,结构形式以箱形结构为主,重要受力焊缝均使用碱性低氢焊条焊接。考虑到安装和运输方便,部分结构件之间用法兰螺栓连接,转盘与门架之间用高强度螺栓连接,所有螺栓都有适当的预紧力并有防松措施,防止松动,所有高强度螺栓的预紧应力必须达到螺栓材料屈服极限的70%。在振动、腐蚀等因素作用下,螺栓仍有可能松动,此时用户应及时拧紧。

港口装卸使用的起重机,荷载情况和利用级别都很高,因此防止金属结构的早期疲劳是用户应注意的问题。使用中的局部损伤,如不及时修正,可能出现严重应力集中,造成结构损坏。修理和补焊都应考虑疲劳问题,必要时要钻孔,开坡口和磨平焊缝,使局部应力集中降低到最低程度。

过于猛烈的制动(尤其是起升机构的制动)、运动件之间过大的间隙、超载、拖钩等不规范操作和违章作业,对结构都很不利。因此,合理的操作和及时的调节是保护金属结构的重要内容。

金属结构的表面涂有多层保护油漆,能有效地保护钢材不受空气、潮湿等对其的腐蚀。应注意保持油漆的完好,在含有腐蚀物质环境中工作的起重机,更应注意油漆的保护。

7.门座起重机使用

(1)开机前的准备工作

本起重机的操作部分考虑了港口装卸工作的需要,也考虑了作业的安全要求。操作时,必须按下述程序作好检查和准备工作后,才能开机。

①接通码头配电箱空气开关(电站开始向起重机供电)。

②检查行走轨道,除去轨道上的障碍物,撤除车轮下的防爬楔。

③检查旋转锚定装置,将防风销轴从座套中取出。

④检查机房里的所有控制屏,将各机构的主电路和控制电路的开关合上,此时绿灯亮(说明已向起重机供电)。

⑤旋转两只回转控制器的手轮,松开回转制动器,制动器闸瓦与制动轮的间隙应在2mm以内,不能太大。

⑥用电压表及转换开关检查电源三相的电压值,查看电源电压是否处于正常值及平衡情况。

⑦合上动力电源开关,联动台上灯及主控制屏上灯亮,主回路得电。

⑧进行起升、变幅、回转、行走试动作,确认一切正常后,即可投入生产。

(2)操纵手柄及按钮的使用

①右操纵手柄的作用(表1-5-6)。

右操纵手柄的作用　　　　　　　　　　表1-5-6

控制起升机构	手柄前推	下降
	手柄后拉	提升
控制行走机构	手柄左倾	向码头一方运行
	手柄右倾	向码头另一方运行

②电源指示。

动力总空气开关合闸,电源指示灯即亮。

③急停。

按一下急停开关,则全部机构电源都被切断。

④警笛。

踏下警笛脚踏,则发出警报声。

⑤电机选择。

通过2SA2进行电机选择。

⑥工况选择。

开关2SA1转向"抓斗",起重机可进行抓斗作业。

开关2SA1转向"吊钩",起重机可进行吊钩作业。

⑦回转制动踏板。

司机脚踏此踏板,可控制回转机构的制动过程。

⑧单机脚踏开关。

当吊具选择开关2JTK1在"抓斗"位置时,脚踏此开关,则右操纵手柄的前推和后拉只能控制闭合绞车动作。此开关复位,则经过2秒延时后,另一部绞车即自动启动,与闭合绞车配合动作。

⑨左操纵手柄的作用(表1-5-7)。

左操纵手柄的作用　　　　　表1-5-7

手柄方向	起重机动作	手柄方向	起重机动作
前推	增幅	左倾	向左回转
后拉	减幅	右倾	向右回转

(3) 使用吊具作业

①使用吊钩。吊具选择开关必须在"吊钩"位置上，使用以上操纵手柄和按钮即可使用吊钩作业。

②使用抓斗。吊具选择开关必须在"抓斗"位置上使用抓斗抓取物料时，右操纵手柄应"后拉"，同时脚踏"抓斗开关"；抓取完毕后，"抓斗开关"应及时复位，此时抓斗即进入提升状态。抓斗可在空中像吊钩一样作任意提升和下降动作，以便将抓斗对准卸料口。需要卸料时，只要将操纵手柄"前推"，同时脚踏"抓斗开关"，抓斗即开斗卸料，料一旦卸完，"抓斗开关"应立即复位，打开了的抓斗也可像吊钩一样任意作提升和下降动作。

(4) 关机安检

司机离开起重机时必须完成以下安全检查工作：

①操纵手柄放到零位。

②拉下主电源开关和控制电源开关，切断电源。

③上紧回转制动器。

④如有必要，应将旋转锚定的两个防风螺杆插入座套中。

⑤在车轮下塞入防爬锲。

⑥切断码头配电箱电源。

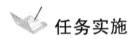
任务实施

填写任务单，见表1-5-8。

任务单　　　　　表1-5-8

编制专业：港机专业				编号：项目五任务1	
课程名称	港口起重输送机械		班级/组号	学时	4
	任务1　门座起重机的构造特征、工作机构认识				
任务描述	列出门座起重机各机构的结构组成及特点				
分　析		项目	工作机构		
		结构特点			
		结构组成			
		动作原理			
		安全保护装置			
评价				成绩评定	

— 134 —

 **课后巩固**

1. 叙述门座起重机的构造特点与结构组成。
2. 各机构中安装有哪些安全保护装置？其作用与安装位置是什么？
3. 门座起重机采用何种驱动形式？

任务2　门座起重机的维护保养

 任务导读

通过本任务的学习,了解门座起重机的常见故障与产生原因、排除方法。

 教学目标

知识目标：了解门座起重机的常见故障与产生原因、排除方法；掌握对螺杆起升高度限位器、行程开关的调整。

能力目标：具备门座起重机的维护保养的能力。

 工作任务

任务描述：描述门座起重机的常见故障、产生原因与排除方法,如图1-5-7所示。

任务具体要求：列出门座起重机的常见故障、产生原因与排除方法,并填写任务单。

 知识储备

图1-5-7　门座起重机

1. 维护和保养总则

使用过程中的维护和保养是保证起重机正常工作的必要手段。

(1) 所有安全设施,如超负荷限制器、各种行程限制开关、过电流继电器、热继电器、欠电流继电器等都应经常检查,保证它们能有效地保护起重机。

(2) 如果安全设施出现故障,应由专门人员维修,修后必须检验,确认安全设施能正常工作之后,起重机才能投产使用。

(3) 按照本说明书的说明,定期对有关部分进行润滑或换油。

(4) 及时更换已磨损或损坏的易损件。

2. 机械部件的维护和保养

机械维修和保养原则上与一般机械的维修和保养类似。在本机的使用过程中,应特别注意以下方面：

(1) 各机构的制动器,既是重要的工作部件,也是重要的安全设施,应予以特别注意。本机的起升机构、变幅机构和行走机构都使用标准瓦块制动器。这种制动器的制动力矩在一定范围内是可调节的,但是只能用调节主弹簧的松紧程度的方法来调节制动力矩的大小,不得用调节制动瓦块间距的方法来调节制动力矩的大小。在制动器上闸之后,液力推杆必须有足够的补偿行程。

起升制动器的制动力矩应调至额定负荷下降制动之后,货物能下滑 0.2~0.3m,不能太松。

(2) 下述状况的钢丝绳不得使用或不得继续使用

① 钢丝绳实际直径比公称直径减小 7%。

② 在一个捻距内断丝总数等于或超过钢丝总数 10%。

③ 有扭结缺陷,明显变形和严重腐蚀。

④ 型号不符要求,未经研究计算者。

⑤ 不明型号钢丝绳也可按有关劳动保护,国家标准等规定更新。

(3) 回转驱动机构中的驱动小齿轮和回转支承装置中的大齿圈的啮合情况应符合《港口门座起重机》(GB/T 17495—2009)标准要求(齿轮副齿面接触率沿齿高不少于 40%,沿齿长不少于 50%),运转时应平稳、无敲击噪声。

(4) 变幅机构中,齿条和小齿轮的间隙,可通过压轮轴的转动进行调节。

(5) 回转机构的制动油泵,必须加制动液,不能加其他机油,可在操纵室司机座椅前地下开孔处加油,加油时应旋开制动油缸放气塞,踏动制动踏板数次,让制动液充满油泵。加油的多少以油从总泵的气孔溢出为度,回转机构的制动零部件应使用酒精清洗。

(6) 门机用高强度螺栓连接的结构及部件,必须定期检查螺栓连接的情况,如稍有松动,须立即拧紧,且达到规定预紧力,以防止螺栓松脱给门机的正常使用带来严重后果。

3. 电气部件的维护和保养

(1) 电缆卷筒集电环,中心集电器和电机的滑环碳刷传电部分应清洁,接触面积应不小于碳刷接触面积的 90%,碳制弹簧应保证碳刷和滑环之间有 $0.2kg/cm^2$ 的压力。

(2) 接触器、继电器的主、副触点应经常检查,遇烧毛现象应用细砂纸仔细磨光,烧蚀严重的应及时更换,衔铁接合面上的防锈油必须擦抹干净,以免衔铁黏合造成事故或吸合不牢,发出噪声。

(3) 如过流继电器漏油后失效,应加足 201-100 甲基硅油,不能使用其他油液。

(4) 继电器上端的微动开关应动作可靠,否则应以校正。

(5) 室外电气元件,应经常注意其密封性能。

(6) 所有电气接线螺栓应连接可靠,不能在螺栓松动情况下通电工作。

(7) 应保持所有电气元件的清洁。

(8) 变频器和 PLC 的维护和保养,参看变频器和 PLC 的用户手册。

4. 润滑

起重机零部件的拆装应有专人指导。

润滑和加油可照图 1-5-8 及表 1-5-9 进行。

各润滑点编号所指:

1:稀油润滑或油池。

A:快速或经常工作的滚动轴承。

B:慢速或不常工作的滚动轴承。

C:快速或经常工作的部位。

D:慢速或不常工作的部位。

E:各电机轴承。

F：起重机钢丝绳。
G：集中润滑。

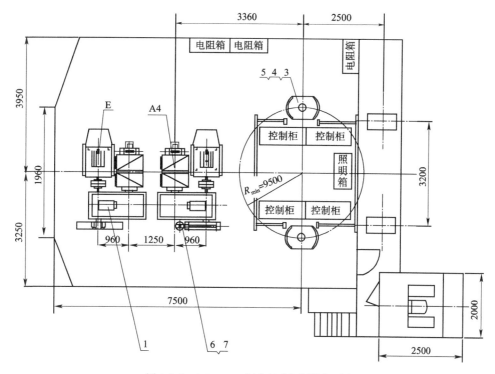

图 1-5-8 MQ16-33 门座起重机润滑位置图

起重机润滑加油表

表 1-5-9

编号	位置及名称	类型	数量	润滑剂	加油周期	清洗周期
	稀油润滑或油池					
1	变幅、起升减速箱	油池	3	N320 齿轮油	每周检查油标一次	6 个月
2	行走减速箱	油池	4	N320 齿轮油	每周检查油标一次	6 个月
3	旋转行星减速箱	油池	2	N320 齿轮油	每天检查油标按需加油	3 个月
4	操纵手柄及各脚踏铰点	销轴		N320 齿轮油	按需	
5	回转制动补充油箱（操纵室内）	油箱	1	制动油	按需	6 个月
6	起升、变幅及回转制动器杠杆铰点	销轴	5	HL-20 机械油	d	
7	起升、变幅及行走液压推杆油泵	油池	7	DB-10 变压器油	每周检查按需加油	3 个月
8	行走制动器杠杆铰点	销轴	4	HL-20 机械油	周	
9	超负荷限制器油缸	油箱	2	HL-20 机械油	按需	
10	超负荷限制器杠杆铰点	销轴	2	HL-20 机械油	d	

续上表

编号	位置及名称	类型	数量	润滑剂	加油周期	清洗周期
A	快速或经常工作的滚动轴承				3个月	
A1	吊钩	油杯	2	钙基润滑脂	高温时应缩短周期	
A2	防转接头	油杯	2	钙基润滑脂	高温时应缩短周期	
A3	上转柱滑轮	油杯	2	钙基润滑脂	高温时应缩短周期	
A4	起升卷筒	油杯	2	钙基润滑油	高温时应缩短周期	
B	慢速或不常工作的滚动轴承	油杯	2	钙基润滑油	3个月	
B1	大拉杆下铰点	油杯	1	钙基润滑油	高温时应缩短周期	
B2	起重臂下铰点	油杯	2	钙基润滑油	同上	
B3	变幅拉杆平衡梁及齿条铰点	油杯	6	钙基润滑油	同上	
B4	齿条压轮及小齿轮支座	油杯	5	钙基润滑油	同上	
B5	超负荷限制器支座	油杯	4	钙基润滑油	同上	
B6	行走轮	油杯	8	钙基润滑油	同上	
B7	中心受电器轴承	油杯	3	钙基润滑油	同上	
C	快速或经常工作的部位				d	
C1	超负荷滑轮	油杯	2	钙基润滑脂	同上	
C2	行走机构中间齿轮轴	油杯	8	钙基润滑脂	同上	
D	慢速或不常工作的部位			钙基润滑脂	周	
D1	电缆卷筒轴承	油杯	2	钙基润滑脂	同上	
D2	行走开式齿轮	涂	20	钙基润滑脂	同上	
D3	行走中间支承转轴	油杯	8	钙基润滑脂	同上	
D4	齿条	涂	1	石墨钙基润滑脂	3个月	
E	各电机轴承	油杯	9	钙基润滑脂	3个月	
F	起重机钢丝绳	涂	2	石墨钙基润滑脂		
G	集中润滑			锂基润滑脂		
G1	象鼻梁尾部滑轮		4			
G2	大拉杆上铰点		1			
G3	起重臂上铰点		2			
G4	象鼻梁头部滑轮		4			
G5	回转支承		24	石墨钙基润滑脂	1个月	

加油注意事项:
①各类润滑油要有专用密闭的容器盛装,容器、漏斗、油枪等加油工具应保持清洁。
②润滑开式齿轮和钢丝绳时,先把陈油刮去,然后涂抹润滑脂,润滑脂最好加热到50~60℃,再用刷子涂上去。
③清洗齿轮油池时,先放净污油,再加入清洁煤油至适当高度,空转数分钟,将脏油放出,然后加入新油。
④圆柱齿轮减速器可使用90号油。
⑤清洁缓冲器补油箱时,要用后摇抽油泵把油从油箱抽净,然后用煤油或柴油清洗油箱,滤油网和硬毛刷擦洗。

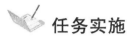

任务实施

填写任务单,见表1-5-10。

任务单 表1-5-10

编制专业:港机专业				编号:项目五任务2	
课程名称	港口起重输送机械		班级/组号	学时	2
	任务2 门座起重机的维护保养				
任务描述	列出门座起重机的常见故障、产生原因与排除方法				
分析	序号	故障现象	产生原因	排除方法	
	1	起重小车运行时打滑(尤其在启动、制动时)			
	2	运行时起重机或起重小车不能马上停止工作,并出现滑行			
评价				成绩评定	

课后巩固

1. 桥式起重机由哪几个机构组成?
2. 各机构中安装有哪些安全保护装置?其作用与安装位置是什么?
3. 桥式起重机小车、大车运行采用何种驱动形式?

项目六　轮胎起重机的认识和维护保养

任务1　轮胎起重机的构造特征、工作机构认识

任务导读

本任务通过任务1的学习,轮胎起重机的总体特征和应用场合;轮胎起重机各工作机构、吊具的工作原理和结构组成。

教学目标

知识目标:了解轮胎起重机的总体特征和应用场合;掌握轮胎起重机各机构的结构组成与动作原理。

能力目标:具备轮胎起重机的构造特征、工作机构认识的能力。

工作任务

任务描述:描述轮胎起重机各机构的结构组成及特点,如图1-6-1所示。

任务具体要求:列出轮胎起重机各机构的结构组成及特点,并填写任务单。

知识储备

轮胎起重机是一种全回转臂架型流动式起重机,广泛应用于港口、车站、堆场、建筑工地进行船舶和车辆的装卸,堆料、取料作业,设备安装等工作。尤其适用于经常要求起重量在10t以下,同时又兼有10~16t货物的工作场所。

1. 轮胎起重机构造

如图1-6-1所示,轮胎起重机由金属结构,直臂架、人字

图1-6-1　轮胎起重机

架、转台、车架、支腿、机房;工作机构,起升、变幅、回转;运行机构,驱动装置与操纵系统等组成。

轮胎起重机的臂架采用四弦杆桁架式结构,主弦杆为方形薄壁无缝钢管,腹杆为小无缝钢管焊接而成。臂架质量轻,刚性好。臂架一般分为四节,头尾两节为变截面的基本段,中间各节为等截面的接长段,各节之间用销轴连接。可以按照作业要求进行拆装,组成不同长

度的起重臂。

起重机采用滚动轴承式转盘回转支承装置。转台上安装着起升、变幅、回转机构以及臂架、人字架、机器房、司机室等。这样,安装在车架上部的回转部分可以相对于车架做360°的回转运动。

车架一般由两根纵梁和若干根横梁组成,靠近回转中心的两根横梁和纵梁一起组成刚性很大的框架,上表面焊有固定回转大轴承的定位环。车架端部的横梁用来安装支腿梁,支腿是用来加大起重机作业时的支承距离。起重机工作时,支腿向外伸出并将起重机机体抬起,使轮胎离地;不工作时,支腿收缩到车架内。在车架下安装轮胎式无轨运行机构。

2. 轮胎起重机与汽车起重机区别

起重机底盘。轮胎起重机采用专门设计的轮胎底盘,汽车起重机则采用汽车通用的底盘或专用的汽车底盘。

行驶速度。轮胎起重机的行驶速度一般不大于30km/h,越野型轮胎起重机大于30km/h,高速型轮胎起重机可达70km/h。汽车起重机的行驶速度即是汽车原有速度,一般不小于50km/h。

发动机数量和位置。轮胎起重机只设一台发动机,装在回转平台上或底盘上;中小型汽车起重机采用汽车原来的发动机,大型汽车起重机除原有的汽车发动机之外,在回转平台上再设一台发动机,供应上车回转部分的起升、回转、变幅和伸缩机构的动力。

驾驶室数量和位置。轮胎起重机只在回转平台上设一个驾驶室;汽车起重机除汽车原有的驾驶室以外,在回转平台上另设一个操纵上车工作机构用的驾驶室。

起重性能。轮胎起重机可前后左右四面进行起重作业,在平坦路面上实现无支腿吊重以及吊重状态下慢速行驶;汽车起重机吊重时必须使用支腿,作业位置主要在侧面和后方。

行驶性能。轮胎起重机的转弯半径小,越野性好(越野型的);汽车起重机转弯半径大,越野性差,轴压要符合公路行驶要求。

支腿位置。轮胎起重机的支腿一般装在轮胎起重机结构示意图前、后桥的外侧;汽车起重机的前支腿位于前桥的后面。

外形尺寸。轮胎起重机的轴距小,轮距宽,重心高;汽车起重机的轴距长,重心低。

3. 轮胎起重机主要性能参数

(1) QL16B型轮胎起重机起重性能(表1-6-1)

当臂架长度为12m以下,不使用支腿时,允许在平坦坚实路面上,按纵向不使用支腿的额定起重量75%吊重行驶,其行驶速度不得超过5km/h。

QL16B型轮胎起重机起重性能 表1-6-1

起重臂仰角(°)	起重臂8m			起重臂12m			起重臂18m		
	幅度(m)	起重量(t)		幅度(m)	起重量(t)		幅度(m)	起重量(t)	
		有支腿	无支腿		有支腿	无支腿		有支腿	无支腿
75	3.26	16.00	7.09	4.30	12.80	4.97	5.85	6.40	3.22
70	3.92	16.00	5.90	5.29	11.09	4.12	7.34	6.07	2.51
65	4.55	14.16	5.18	6.25	8.96	3.51	8.78	4.76	2.03
60	5.16	12.44	4.65	7.17	7.28	3.05	10.17	3.92	1.65
55	5.74	10.63	4.21	8.04	6.12	2.72	11.48	3.34	1.38
50	6.28	9.01	3.87	8.85	5.35	2.44	12.71	2.92	1.16

续上表

起重臂仰角(°)	起重臂8m			起重臂12m			起重臂18m		
	幅度(m)	起重量(t)		幅度(m)	起重量(t)		幅度(m)	起重量(t)	
		有支腿	无支腿		有支腿	无支腿		有支腿	无支腿
45	6.78	7.73	3.60	9.61	4.80	2.22	13.85	2.62	1.01
40	7.24	6.69	3.40	10.30	4.38	2.05	14.90	2.38	0.92
35	7.64	5.83	3.24	10.92	4.06	1.95	15.84	2.22	0.85
30	8.00	5.11	3.11	11.47	3.52	1.87	16.66	2.10	0.81

注：使用支腿时，应使机体保持平衡。不使用支腿时，将轮胎气压充到 $0.7 \sim 0.75 N/mm^2$，起升钢丝绳最大许用拉力为22.5kN。

（2）常用轮胎起重机的技术参数

常用轮胎起重机的技术参数见表1-6-2。

常用轮胎起重机的技术参数　　表1-6-2

型号		单位	HG-72	Q161	DLQ16	QL16B	（日）UC—25
最大起重量	打支腿	t	16	16	16	16	25
	不打支腿	t	7.5	10		8	12.2
起重臂长度		m	8,12,16	10,15	8,12,16,18	8,12,18	9,24
最大起升高度		m	11～15	13,15	11.6～17.39	7.66～17.54	9,24
工作幅度范围		m	2.34～14.8	3.4～15.5	2.6～8	2.59～16.66	3～22
工作速度	起升	m/min	65（单索）	6.3	60（单索），32（双索），20（三索）	70（单索）	75
	变幅	s	45（30°～80°）	45	45（30°～75°）	9m/min	15（40°～60°） 60～69m/min
	回转	r/min	4	2.5	2	1.5～3	4～4.5
	运行	km/h	10	18		18	8～18
最大爬坡度			8°	7°		7°	25.8%
最小转弯半径		m	7.5	7.5	10.5	7.5	8
动力形式	形式		四缸四冲程柴油机	四缸四冲程柴油机	三相、四线制380V交流电	四缸四冲程柴油机	六缸四冲程柴油机
	型号		4135AC-1	413SC-1	起升 JQ-225S $N=40kW$	4135AK-2	ISUZU6S41
	功率	马力	100	80	变幅 J_2R_251-8 $N=17.5kW$	73.5kW	88.24
动力形式	转速	r/min	1500	1500	回转 J_2R_242-8 $N=13kW$	1500	2150
	转矩	N·m	480	380	480	478	490
轮距	前桥	mm	2380	2383		2383	2400
	后桥	mm	2380	2383		2383	2400
轴距		mm	2900	2800	4500	2800	3206
轮胎规格		m	12.00-20	12.00-20	9.00-20-16PR	12.00-20	11.00-20-16PR

续上表

型　号	单位	HG-72	Q161	DLQ16	QL16B	（日）UC—25
支腿距离（纵×横）	m	4.75×4.5	4.6×4.1	4.5×4.5	4.83×4.5	5.5×5.2
外形尺寸（行驶状态） 长	mm	5499（无吊臂）	14650	6620（不带起重臂）	6256（不带起重臂）	13300
外形尺寸（行驶状态） 宽	mm	2800	3200	3270	3280	3180
外形尺寸（行驶状态） 高	mm	3950	3500	3970	3470	3600（行走）3600（作业）
质量	t	24	23	24	22.5	28.34
出产厂		上海港务局机修厂	上海港机厂	上海港务局机修厂	长航红光港机	日本住友重机械工业公司

4. 轮胎起重的驱动形式

轮胎起重机是一种流动式机械，一般不便直接采用外部能源，通常采用内燃机作为动力装置，分别驱动各个工作机构。各个机构既能独立操作，又能协同动作，提高了起重机的生产率。

轮胎起重机也有采用电力驱动，如 DLQ16 型轮胎起重机。但该起重机的作业范围受到了供电方式的限制。

HG-72 型 16t 轮胎起重机采用内燃机—机械驱动，如图 1-6-2 所示。Q161 型轮胎起重机、QL16B 型轮胎起重机均采用内燃机—电力驱动，如图 1-6-3 所示。

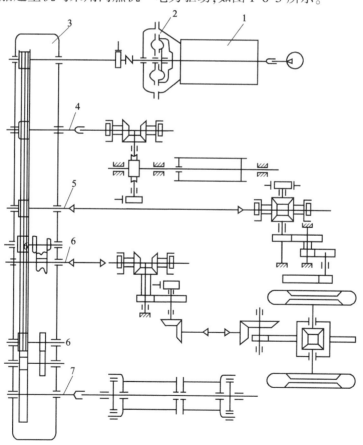

图 1-6-2　HG-72 形轮胎起重机驱动传动原理图

1-柴油机；2-液力耦合器；3-动力分配箱；4-变幅机构输出轴；5-回转机构输出轴；6-运行机构输出轴；7-起升机构输出轴

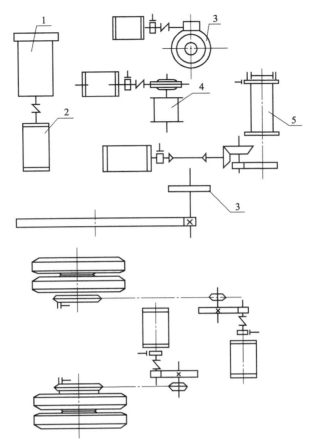

图 1-6-3　QL16B 型轮胎起重机驱动传动简图
1-柴油机;2-发电机;3-回转机构;4-变幅机构;5-起升机

5. 轮胎起重的工作机构

1) 起升机构

(1) 结构特点

轮胎起重机为适应港口码头装卸速度快、效率高的要求,不论采用哪种驱动形式,大多采用货物重力下降形式。图 1-6-4 所示为 Q161 型轮胎起重机起升机构传动图。

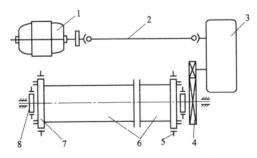

图 1-6-4　Q161 型轮胎起重机起升机构传动图
1-电动机;2-传动轴;3-减速器;4-开式齿轮传动;5-带式制动器;6-主、副卷筒;7-内胀离合器;8-操纵离合器的小制动器

(2) 结构组成与动作原理

起升机构的动力由一台直流电动机 1 通过传动轴 2、减速器 3 传给开式齿轮 4,开式齿轮与卷筒相连,卷筒轴上装有两个卷筒 6,卷筒的一端有摩擦凸缘,在摩擦凸缘的内外面分别安装着

内胀式离口器7和带式制动器5。通过内胀式离合器,卷筒轴可带动卷筒一起转动。

起升电动机只向一个方向转动。因此,卷筒轴只向货物起升方向旋转。要起升货物时,操纵内胀式离合器,使内胀式离合器张开压紧卷筒凸缘壁,卷筒轴带动卷筒转动,使货物上升,这时带式制动器呈松闸状态。

当需要停止起升时,松开带式离合器,同时操纵带式制动器压紧卷筒凸缘的外壁,使卷筒停止转动,货物悬挂在空中。

当货物需要下降时,只要松开带式制动器,由于自重的作用,货物自由下落,其下降的速度可通过操纵带式制动器的松紧程度来控制。图1-6-5为Q161型轮胎起重机起升机构卷筒装配图。

若轮胎起重机采用吊钩作业,则起升机构可采用单卷筒。图1-6-6为QL16B轮胎起重机起升机构卷筒传动图。电动机作正反向旋转。通过内胀式离合器可使卷筒轴带动卷筒转动,实现货物上升或动力下降。若内胀式离合器与卷筒凸缘内壁脱开,可使卷筒轴与卷筒脱离,各自独立动作,依靠货物的自重自由下落,实现货物重力下降。

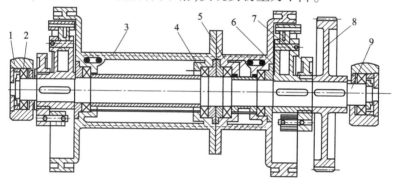

图1-6-5　Q161型轮胎起重机起升机构卷筒装配图

1-轴承座;2-轴承;3-主卷筒;4-轴承;5-副卷筒;6-内胀式离合器;7-小胀带轮;8-齿轮;9-卷筒轴

图1-6-7所示是常闭式内胀式离合器的结构。离合盘通过花键与卷筒轴连接。在离合汽缸内弹簧2、3的弹簧力作用下,拐臂6使制动带5紧贴在卷筒凸缘的内壁上,带动卷筒转动实现货物上升。制动带紧贴卷筒的程度可以通过调节螺杆7来调整。调整时必须保证制动带箍有脱开卷筒内壁的最小间隙。当货物需要作重力下降时,压力气体便通过电磁气阀经过卷筒轴端的回转接头,送到离合汽缸,推动活塞和拐臂,使内胀式离合器与卷筒凸缘的内壁脱开,使卷筒与卷筒轴脱离,依靠货物自重,自由下落。

起升钢丝绳根据起重机的超重能力与倍率的不同,有多种缠绕方法,如图1-6-8所示。

(3)安全保护装置

轮胎起重机起升机构的安全保护装置有超重力矩限制器、幅度指示器和起升高度限位器。

由于轮胎起重机的起重量是随着臂架幅度位置的变化而变化的。它采用起重力矩限制器来防止起重机超载。同时,在臂架下铰点近司机室处安装有幅度指示器,如图1-6-9所示。幅度指示器上刻有臂架倾角、幅度值和起重量值。当臂架俯仰时,指示器上的指针便在刻度盘上指出每一幅度位置所允许的起重量,司机可随时观察,以避免起重机的超载。

轮胎起重机的起升高度限位器是采用重锤式的,如图1-6-10所示。该限位器安装在臂架端头。重锤的重力使限位开关的触头处于闭合状态,重锤与吊具的钢丝绳用套环连接。

当吊具上升到极限位置时,固定在吊具上的顶杆起限位开关的重锤,开关转柄在平衡重的作用下转动,常闭触头断开,切断电源,机构停止起升。

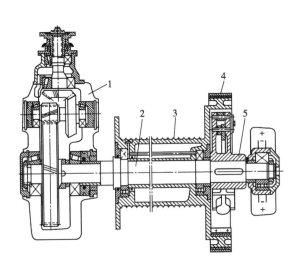

图 1-6-6 QL16B 轮胎起重机起升机构卷筒传动图
1-减速器;2-卷同轴;3-卷筒;4-带式制动器;5-内胀式离合器

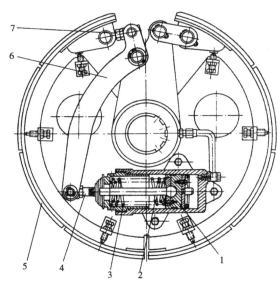

图 1-6-7 内胀式离合器
1-活塞;2-小弹簧;3-大弹簧;4-活塞杆;5-制动带;6-拐臂;7-调节螺杆

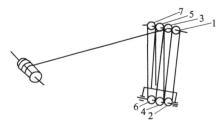

作业类型	起重能力(t)						
连续作业	10.5	9	7.5	6	4.5	3	1.5
间断作业	16	13.8	11.5	9.2	6.9	4.6	2.3
钢丝紧缠绕法							
倍率	7	6	5	4	3	2	1

图 1-6-8 钢丝绳绕图
1、3、5、7-臂架端部滑轮;2、4、6-吊钩滑轮

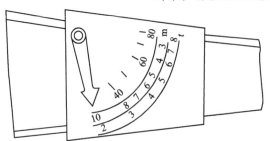

图 1-6-9 幅度指示器

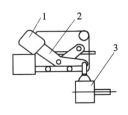

图 1-6-10 重锤式起升高度限位器
1-平衡重;2-开关转柄;3-重锤

2）变幅机构

（1）结构特点

起重机是通过改变幅度来改变取物装置的工作位置，以调整起重机的超重能力，或者适应装卸路线的需要。此变幅机构为非工作性变幅机构（又称调整性变幅机构），它只在起重机空载时改变幅度，使取物装置调整到适吊运物品的作业位置，在装卸过程中，幅度不再改变。因此，其变幅次数少，变幅时间对起重机的生产率影响小，一般采用较低的变幅速度。由于不带载变幅，变幅阻力和变幅驱动功率的消耗也都较小。

轮胎起重机采用的摆动式直臂架。在变幅过程中，臂架的重心会随着幅度的改变而发生不必要的升降，这样增加了变幅驱动功率，也对装卸工作带来了不便，如图1-6-11所示。

（2）结构组成与动作原理

轮胎起重机的变幅机构由摆动式直臂架、绳索滑轮组变幅驱动装置所组成。

绳索轮组变幅驱动装置由电动机、联轴器、块式制动器、蜗杆减速器、变幅卷筒、钢丝绳卷绕系统等组成，如图1-6-12所示。变幅钢丝绳通过臂架和人字架之间的滑轮组，引入变幅卷筒。依靠变幅卷筒的转动放出或卷入钢丝绳，使臂架绕其铰轴摆动，从而达到变幅的目的。

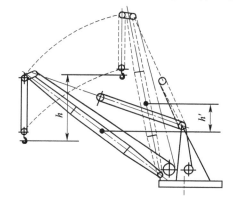

图1-6-11 简单摆动臂架式变幅机构工作简图

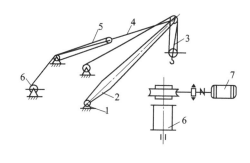

图1-6-12 绳索滑轮组变幅驱动传动简图
1-臂架铰轴；2-臂架；3-起升滑轮组；4-变幅拉索；5-变幅滑轮组；6-变幅卷筒；7-变幅电动机

（3）安全保护装置

变幅机构的安全保护装置有幅度指示器、臂架防倾装置和幅度限位器等。

由于传动中的钢丝绳是绕性件，只能受拉力，不能受压力。在小幅度时，若受到向后的外载荷作用，臂架有可能发生向后倾倒的危险。应采用臂架防倾装置，如图1-6-13所示。

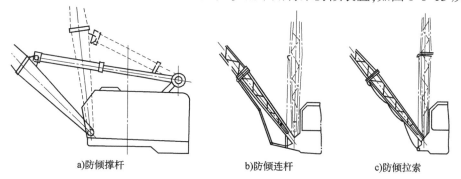

a）防倾撑杆 b）防倾连杆 c）防倾拉索

图1-6-13 臂架防倾装置

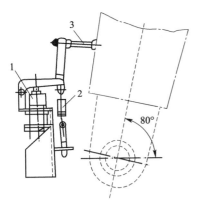

图 1-6-14　变幅限位器
1-电磁气阀;2-弹簧;3-可调节顶杆

图 1-6-14 所示为变幅限位器,安装在臂架根部位置。当臂架超过极限位置时,碰到限位开关,立即切断动力,防止臂架后倾。

3)回转机构

(1)结构特点

轮胎起重机采用转盘式回转支承装置。其回转部分(臂架、人字架、机器房、司机室)安装在大转盘上,围绕着不回转部分(轮胎、底盘、支腿)做回转运动。回转部分和不会转部分的连接、对中、防止回转部分的倾覆及支承回转部分的重力都是由一个交叉滚柱轴承实现;机器房内的电动机将动力传给回转传动装置,驱使行星齿轮沿固定部分上的大齿轮圈作行星转动,使起重机作回转运动。

(2)结构组成与动作原理

回转机构由回转支承装置和回转驱动装置组成。

回转支承装置是一个大型交叉滚柱轴承,能承受水平载荷、垂直载荷及倾覆力矩。如图 1-6-15 所示,转台与轴承的上内圈 3、下内圈 6 用螺栓连接,轴承的外圈 1 用螺栓与车架连接。滚子 4 在滚道内交叉排列,如图 1-6-16 所示。交叉滚柱能够承受双向倾覆力矩。上内圈与下内圈之间装有调整垫片 5,用来调节滚柱与滚道磨损后的间隙,延长轴承的使用寿命。轴承外圈的外侧做成回转机构的大齿轮。

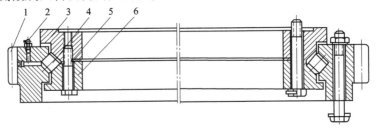

图 1-6-15　回转支承装置
1-外圈;2-油嘴;3-上内圈;4-滚子;5-垫片;6-下内圈

为了减轻滚柱和滚道面的磨损,防止杂质、水分等的侵入,损坏道面和滚动体,滚动轴承必须有密封润滑装置。一般采用橡胶密封条,用油枪从油嘴 2 打入优质润滑脂。

采用滚动轴承式回转支承装置有很多优点,并且安装、调整方便,维护简单。回转摩擦阻力小、工作平稳、寿命长。但它对材料和加工精度要求高,损坏后修理不便,并对固定轴承座圈的机架有一定的刚度要求。否则,如果机架变形,则滚动体与滚道接触不良,磨损增加,严重时还会使轴承卡死或破坏滚动体与滚道。

回转驱动装置是装在起重机回转部分上,电动机经蜗轮蜗杆减速器,蜗杆带动蜗轮,蜗轮有通过极限力矩联轴器的锥形摩擦盘来带动同轴上的行星小齿轮传动,小齿轮绕固定于车架上的大齿轮圈回转,来实现起重机回转运动。

由于回转部分受到的惯性荷载和风荷载较大,为了防止回转驱动装置过载,保护电动机、金属结构

图 1-6-16　大型交叉滚柱轴承

及传动零部件免遭损坏,通常在蜗杆传动或齿轮传动系统中装有一个靠摩擦传递载荷的部件,即极限力矩联轴器。

极限力矩联轴器是一个圆锥形或圆盘形的摩擦式联轴器,摩擦面间用弹簧压紧,弹簧压紧所产生的摩擦力矩应为所在传动轴的起动力矩的110%。

图1-6-17中,带蜗轮的圆锥形摩擦盘空套在回转小齿轮低速轴上,而上锥形摩擦盘则用平键连接在回转小齿轮低速轴上。正常工作时,蜗杆的转动力矩通过蜗轮的圆锥形摩擦盘与上锥形摩擦盘间的摩擦力矩传给小齿轮轴,带动小齿轮转动;当需传递的转动力矩超过极限力矩联轴器所能传递的力矩时,上下两个锥形摩擦盘间开始打滑,以此来限制所要传递的转动力矩,起到安全保护作用。

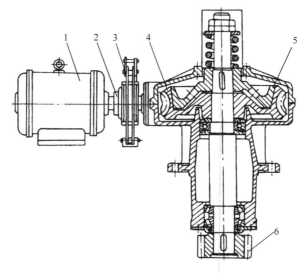

图1-6-17 采用蜗轮蜗杆减速器的回转驱动装置
1-卧式电动机;2-联轴器;3-制动器;4-蜗轮蜗杆减速器;5-极限力矩限制器;6-行星齿轮

图1-6-18为采用内燃机-机械传动的HG-72型轮胎起重机驱动装置结构图。动力从动力分配箱输出轴2传出后,通过橡皮弹性联轴器1带动换向轴3转动。因为内燃机不能逆转,而起重机必须正、反方向回转,所以必须装有换向器(由换向轴3、换向离合器4和伞齿轮5所组成)。当图示离合器4接合时,动力从伞齿轮5传给减速器,使回转小齿轮6正向转动;当接合另一端的离合器时(此时,通过联动装置使离合器4松开),动力从伞齿轮5传给减速器,使回转小齿轮6反方向转动,从而达到起重机正、反两个方向回转的目的一致。

图1-6-19为采用内燃机一液压传动的回转驱动装置。油马达直接带动行星小齿轮转动,以实现起重机的回转运动。由于采用了低速大扭矩马达(油马达可以正、反方向扭转),可用调节流量的方法来达到大范围的无级调速。因此,采用内燃机一液压传动时,回转驱动装置中省去了其他机械传动装置,只剩下小齿轮和大齿圈的传动,使结构更为紧凑。

4)运行机构

(1)结构特点

轮胎起重机的运行机构是采用特种底盘的轮式无轨运行机构。它可在平坦路面上做任意方向的运行,具有较好的灵活性,但其结构较为复杂。

(2)结构组成与动作原理

轮式运行机构由行驶系、传动系、转向系和制动系4个部分组成。

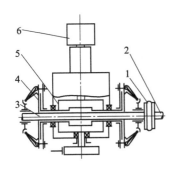
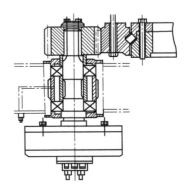

图 1-6-18　HG-72 型轮胎起重机回转驱动装置
1-联轴器；2-动力分配箱输出轴；3-换向轴；4-离合器；5-换向伞齿轮；6-回转小齿轮

图 1-6-19　液压马达驱动的回转驱动装置

轮胎起重机的行驶系由车轮、前桥、后桥以及车架组成，用来支承整个起重机的重力，并使机身与车轮联系在一起。

轮胎起重机的车架为特种底盘车架，车架上装有作为起重机回转部分基础的支承圆盘、大齿圈和中心回转接头和平衡顶杆装置。当起重机不使用支腿进行起重作业时，必须旋紧车架上的两个螺旋千斤顶，顶住车架的主梁。这样增加了起重机作业时的稳定性。

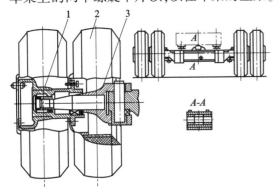

图 1-6-20　车架与前桥梁的连接形式
1-套；2-轮胎；3-转向节叉总成

轮胎起重机一般采用四点支承，车轮轮毂上面装有充气橡胶轮胎。前轮为转向轮，后轮为驱动轮。装有转向车轮的前桥梁称为转向桥，装有驱动车轮的后桥梁称为驱动桥。为了保证起重机在高低不平的路面上运行时，所有车轮同时着地，车架与前桥梁（转向桥）采用铰接，如图 1-6-20 所示。车架与后桥梁（驱动桥）则采用刚性连接。起重量较大的轮胎起重机，其驱动桥有两根驱动轴，为保证所有驱动轮同时着地，将两根轴线上同一侧的驱动轮，安置在钢性的均衡梁上。

传动系统的作用是将原动机的转矩和转速按一定的要求传递给驱动轮，实现车轮的滚动，以使整台起重机运行。传动系统布置在车架的下面，有两个直流串激电动机分别通过弹性联轴器、一级斜齿圆柱齿轮减速器、链条传动来驱动两边的后轮转动。

在链条上有一套张紧装置，以免链条产生过大的松弛量。过大的松弛量会引起不应有的传动滞后与冲击。

通过转动方向盘，操纵液压转向器，控制压力油换向来达到使起重机转向的目的。

图 1-6-21 所示的是起重机不转向时的情况。油泵 1 输出的油液经过液压转向器 5 的自通回路再通过滤油器 6 直接回到油箱。

若要使起重机右转，则向右转动方向盘，从油泵 1 输出的油液经过液压转向器 5、中心回转接头 3 进入作用缸 4，压力油迫使作用缸活塞向内移动，使前轮向右转。

若要使起重机左转，则向左转动方向盘，从油泵 1 输出的油液经过液压转向器 5、中心回转接头 3 进入作用缸 4，压力油迫使作用缸活塞向外移动，使前轮向左转。

运行机构中装有两套制动系统。在驱动桥的左右车轮上，各装有一个车轮制动器，其结构与解放牌汽车的后轮制动器基本相同。如图1-6-22所示,当司机踩下制动踏板时,压力气体通过脚制动阀到制动室,推动制动调整臂,从而又推动凸轮轴驱使制动蹄片张开并压紧在和轮毂连在一起的制动毂上,使车轮停止转动。

运行机构的两个电动机轴上,各装有一个中央制动器。如图1-6-23所示,当制动踏板踩到一定位置时,限位开关动作,运行机构电动机断电,控制中央制动器的行驶制动电磁气阀也断电,中央制动器气室中的压力气体从快速排气阀1排出,制动弹簧1通过杠杆4使制动器制动。

当压力气体进入中央制动器气室,压缩制动弹簧时,制动器松开。调节推杆3的长度,可以得到不同的制动力和制动瓦块与制动轮之间的间隙。固定在制动臂6上的弹簧片5是用来保持制动器松闸时左右制动瓦块与制动轮的间隙均匀。

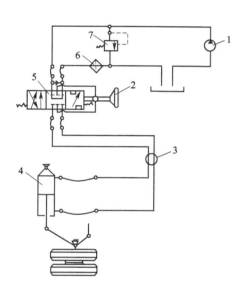

图1-6-21 运行机构转向系统原理图
1-油泵;2-方向盘;3-中心回转接头;4-作用缸;5-液压转向器;6-滤油器;7-溢流阀

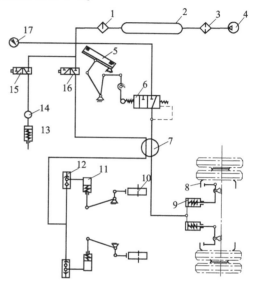

图1-6-22 运行机构制动系统原理图
1-油雾器;2-储气罐;3-分水滤油器;4-气泵;5-抽动踏板;6-脚制动阀;7-中央回转接头;8-车轮制动器;9-气室;10-中央制动器;11-气室;12-快速排气阀;13-内胀式离合器;14-回转接头;15-起升电磁气阀;16-行驶制动电磁气阀;17-压力表

运行机构制动系统采用气动操纵。图1-6-22所示的各元件位置为正常行驶状态。放松制动踏板时,压力气体进入中央制动器气室11,推动活塞向下,使常闭式中央制动器10松开。同时脚制动阀6处于非工作状态,压力气体不能进入车轮制动器气室9,因而常开式车轮制动器8处于松开状态。

当踩下制动踏板时,脚制动阀6进入工作状态,压力气体推动车轮制动器气室9的活塞,车轮制动器8开始制动。由于脚制动阀6的出口压力随着踏板行程的加大而逐渐加大,因此,车轮制动器8的制动力是可以控制的。

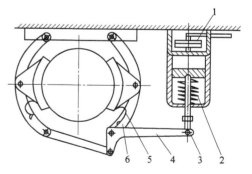

图1-6-23 中央制动器
1-快速排气阀;2-弹簧;3-推杆;4-杠杆;5-弹簧片;6-制动臂

当制动踏板踩到一定位置时(脚制动阀输出气压约为$0.3N/mm^2$),限位开关动作,使行驶制动电磁气阀16断电,中央制动器气室11中的压力气体从快速排气阀排出,中央制动器

— 151 —

10 进入制动状态。

由于采用制动踏板可以使车轮制动器和中央制动器依次进入制动,这样既简化了操纵,又保证了制动平稳。

当起重机停止行驶时,操纵行驶制动主令开关,使行驶制动电磁气阀 16 断电,中央制动器气室 11 中的压力气体通过快速排气阀排出,中央制动器处于制动状态,使起重机可靠停车。

(3) 支腿

轮胎起重机的底架上装有独特的装置——支腿。其目的是为了提高起重机的起重能力和稳定性,其次是为了保护轮胎。因为,轮胎起重机是采用充气轮胎进行运行的,这样可以大大减小运行阻力。但轮胎的承压能力有限,对于起重量稍大些的,轮胎的承载能力往往显得不足。另外,为了使轮胎起重机运行灵活,起重机的轮距和轴距不能布置得过宽过大。这使得起重机稳定性受到限制,尤其在工作时,稳定性问题显得更为突出。为此,在轮胎起重机上安装支腿,能有效提高其工作和非工作的稳定性。

支腿一般安装在车架的前后端梁上,其种类很多。按结构形式可分为可伸缩梁式支腿、可折回的铰接支腿和定位式支腿等,如图 1-6-24 所示。支腿的驱动常见有人力和液压两种,前者一般通过人力翻转推拉或螺纹旋转进行收放支持;后者则通过支腿油缸的伸缩来完成。

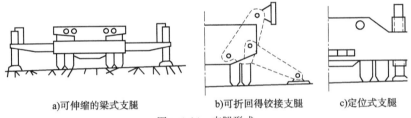

a) 可伸缩的梁式支腿　　b) 可折回得铰接支腿　　c) 定位式支腿

图 1-6-24　支腿形式

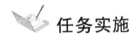

任务实施

填写任务单,见表 1-6-3。

任务单　　　　　　　　　　　　　　　　　表 1-6-3

编制专业:港机专业				编号:项目六任务1	
课程名称	港口起重输送机械	班级/组号		学时	4
	任务 1	轮胎起重机的构造特征、工作机构认识			
任务描述		轮胎起重机各机构的结构组成及特点			
分析	项目		工作机构		
	结构特点				
	结构组成				
	动作原因				
	安全保护装置				
评价				成绩评定	

 **课后巩固**

1. 叙述轮胎起重机的构造特点与结构组成。
2. 熟悉轮胎起重机的性能参数。
3. 轮胎起重机采用何种驱动形式？为什么？

任务2　轮胎起重机的维护保养

 任务导读

本任务通过任务2的学习,了解轮胎起重机的常见故障与产生原因、排除方法。

 教学目标

知识目标：了解轮胎起重机的常见故障与产生原因、排除方法；掌握对螺杆起升高度限位器、行程开关的调整。

能力目标：具备轮胎起重机的维护保养的能力。

 工作任务

任务描述：描述轮胎起重机的常见故障、产生原因与排除方法,如图1-6-25所示。

任务具体要求：列出轮胎起重机的常见故障、产生原因与排除方法,并填写任务单。

图1-6-25　轮胎起重机

 知识储备

1. 轮胎起重机起升机构操作过程

当起升机构要起升物时,先将转换开关置于"电气"位置,将脚操纵的卷筒外带式制动器踏板松开,再将起升手柄置于"上升"位置,脚控制柴油机加速踏板大小。这样,通过内胀式离合器,卷筒随着卷筒轴一起转动,重物上升。

当货物需要作重力下降时,扳动转换开关至"机械"位置,将手柄置于"零"位,脚控制外带式制动器踏板。此时,二位三通电磁气阀通电动作,压力气体便通过电磁阀经过卷筒轴端的回转接头,送到离合汽缸,推动活塞和拐臂,使内胀式离合器与卷筒凸缘的内壁脱开,使卷筒和卷筒轴脱离,依靠自重使货物自由下落。下降的速度可以通过操纵外带式制动器的松紧程度来控制,一般不宜超过起升速度的1.5倍。

当需要紧急抛重时(在发生事故及允许的情况下),可以迅速将转换开关置于"机械"位置,同时完全松开外带式制动器踏板,重物立即完全自由下落。

当货物需要作动力下降时,将转换开关置于"电气"位置,操纵手柄至"下降"位置。电磁气阀断电断气,压力气体通过快速排气阀排出,拐臂和活塞在弹簧力的作用下回位,将离合器的内胀带紧贴在卷筒凸缘的内壁上,电动机反转,实现货物动力下降。

2. 轮胎起重机机构的常见故障

轮胎起重机机构的常见故障、产生原因与排除方法，见表 1-6-4。

轮胎起重机机构的常见故障、产生原因与排除方法　　　　　表 1-6-4

	常见故障	产生原因	排除方法
起升机构	发动机和传动机构工作正常，起重机却吊不起额定负载	内胀式离合器太松； 内胀式离合器与卷筒接触面太小； 内胀式离合器的摩擦带上有油污； 拆卸卷筒时，将内胀式离合器左右接合支架装反，引起内胀式摩擦带与卷筒之间的结合力减小	调紧内胀式离合器； 拂刮摩擦带，增加摩擦带与卷筒的接触面积；若制动钢带失圆，则应校正钢带； 拆下摩擦带，用汽油清洗摩擦带的油污，然后再装上； 将左右接合支架对调，装好后，调整内胀式离合器的松紧度
	空吊钩不能下降	内胀式离合器太紧； 带式制动器失圆或制动器复位弹簧太软； 气盛卷筒或钢丝绳有卡阻，起升卷筒不转或钢丝绳不能下降； 制动轮锈蚀；新涂油漆使制动轮与制动带黏住；制动摩擦带受潮膨胀	按要求重新调松内胀式离合器； 对失圆的制动轮进行车削，纠正失圆；失圆度过大而无法修整时，更换制动轮；对回位弹簧进行调整； 找出卡阻后消除卡阻； 清除制动轮上的锈渍和油漆；吊一定质量的物体，迫使吊钩做连续几次的下降动作
	卷筒卷入钢丝绳时，某一些钢丝绳敲击卷筒并引起起车抖动	钢丝绳排列错乱；在绕至第二层时，叠起的钢丝绳滑下引起敲击；因钢丝绳长度变化，起吊货物时发生抖动，引起车身抖动	将钢丝绳在卷筒上重新排列整齐
变幅机构	臂架有下滑现象	机械传动的变幅机构： 变幅蜗轮副因过度磨损而失去自销性能； 常闭式制动器被卡住不能回位	更换失去自销作用的变幅蜗轮； 调整制动器的弹簧； 清除制动轮上引起卡阻的杂物
		液压传动的变幅机构： 变幅油缸内漏； 换向阀卡滞或失效	更换变幅油缸活塞的失效油封； 更换失效的换向阀
	变幅时电磁块式制动器冒烟，电流过大	机械传动的变幅机构： 制动瓦块与制动轮之间的间隙过小，变幅时有拖带作用，增加了变幅阻力； 接到电磁铁的线路损坏； 电磁铁线圈的电压与额定电压不符或电源电压过低使线圈烧坏	调松制动器的调整螺钉，使制动瓦块与制动轮之间有一定的间隙； 检查接到电磁铁的线路，若损坏进行检修； 若线圈损坏，则应更换；若电压不稳，则待电压正常后再进行操作
	操纵控制装置，变幅机构不能变幅	液压传动的变幅机构： 因系统安全阀调整不当或失效，引起系统压力过低； 系统油路失效； 换向阀失效；变幅油缸内漏	按规定的要求调整安全阀；若安全阀失效，则应更换； 找出被阻塞的油路部位，用气筒吹净管内的阻塞物； 更换失效的换向阀； 更换油缸活塞上损坏或失效的油封

续上表

	常见故障	产生原因	排除方法
回转机构	起重机空载时能转动,重载时不能回转或仅在货物回荡时随货物的惯性力方向转动	极限力矩联轴器的压紧弹簧调得太松,两个锥形摩擦盘间能够传递的转矩小; 蜗轮轴损坏,动力传不到行星小齿轮上	调整极限力矩联轴器; 修复或更换蜗轮轴
	回转时有异常响声,滑行情况不好	回转滚动轴承中滚道或滚子(球)损坏; 回转减速箱内零件磨损;蜗轮箱输出轴下的轴承松动或减速箱损坏; 回转制动器有拖滞现象; 在大齿圈与行星小齿轮间或在滚动轴承内缺少润滑脂	对损坏和滚动轴承,视其损坏程度进行修复或更换;对损坏的滚子(球)应更换; 对减速器中磨损的齿轮、蜗轮等应成对更换;将轴承压紧;对箱体进行修复或更换; 按要求调整回转制动器; 添加润滑脂
	回转机构制动后,转盘不能马上停下,并出现滑行	回转制动器的制动带(瓦块)与制动轮间隙过大; 回转制动器的复位弹簧过软或有卡阻现象; 制动控制装置失灵	调整制动带(瓦块)与制动轮之间的间隙; 重新调整复位弹簧的弹力或更换弹簧;找到卡阻部位,并消除卡阻现象; 找到控制装置失灵的部位进行有针对性的处理
	回转时机身晃动较大	操作过猛; 支腿螺杆未旋紧或支腿螺杆过度磨损; 回转滚动轴承固定螺栓松动或损坏	改进操作,使回转运动从慢到快的转动; 将支腿螺杆旋紧,若螺杆螺母之间间隙过大,则更换支腿螺杆; 检查滚动轴承固定螺栓的松动情况,旋紧或更换螺栓

3.安全操作案例

轮胎起重机起升吊钩冲顶坠落。

(1)事故概况

某公司一起重操作工在一工件吊运完毕后,将空钩起升过程中发生起升过卷扬,使钢丝绳断裂、吊钩坠落,击中正在下方工作的王某头部,王某经抢救无效死亡。事故现场发现起升钢丝绳已断裂,吊钩坠落至地面,起升高度限位器机械传动部件已失效。事后了解到该事故起重机自安装、调试完毕后,未经有资格的检验测机构验收,未向特种设备安全监督管理部门登记,使用单位擅自使用该起重机。

(2)事故原因分析

起升高度限位器失效,是造成本次事故的直接原因。经现场勘查发现,起升高度限位器为螺杆式限位器,其中起横移作用的螺母紧贴螺杆一端(起重机下降位置端),限位撞板与螺母脱离,致使限位器的机械传动部分失效。当吊钩接近上终端时,高度限位器无法正常动作。吊钩过卷扬后,造成钢丝绳断裂、吊钩坠落。

设备未经有关部门验收合格、使用单位缺乏经常性的日常维护保养与定期自行检查制度、操作人员无证上岗且操作不当是造成本次事故的主要原因。

（3）措施

使用单位应全面树立法律意识，应严格执行国家规定法律、法规和相关安全技术规范要求，坚决杜绝无法运行和无证操作现象。

使用单位应全面建立起重机的安全管理制度和岗位安全责任制，制定相关的安全操作规程和日常维护制度。

操作人员应规范操作，当吊钩上升接近上终端位置时，应当操作控制开关切断上升动力源，实现正常停车。

应严格执行起重机"十不吊"等操作基本要求。

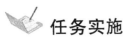 任务实施

填写任务单，见表1-6-5。

表 1-6-5 任务单 编号：项目六任务2

编制专业：港机专业				编号：项目六任务2	
课程名称	港口起重输送机械		班级/组号	学时	2
任务2　轮胎起重机的维护保养					
任务描述	列出轮胎起重机的常见故障、产生原因与排除方法				
分析	序号	故障现象	产生原因		排除方法
	1	空吊钩不能下降			
	2	回转时有异常响声，滑行情况不好			
评价				成绩评定	

 课后巩固

1. 轮胎起重机由哪几个机构组成？
2. 各机构中安装有哪些安全保护装置？其作用与安装位置是什么？
3. 轮胎起重机运行机构采用何种驱动形式？

项目七　起重机械典型事故分析和预防

任务　起重机械典型事故分析和预防

任务导读

通过本任务的学习,了解起重机常见事故类型的特点,掌握防范起重机械易发生事故灾害的要领。

教学目标

知识目标:了解轮起重机典型事故的原因。
能力目标:具备起重机典型事故分析和预防的能力。

工作任务

任务描述:谈谈你对起重机安全重要性体会,如图1-7-1所示。

任务具体要求:列出起重机安全重要性体会(300~500字),并填写任务单。

知识储备

起重机械设备中隐藏危险因素较多、易发事故

图1-7-1　起重机倒塌事故

几率较大的典型危险机械之一。国内外每年都有因起重设备作业造成大量人身伤亡灾害的事故发生,损失较大。

实践证明,绝对避免起重事故是不现实的,积极防范、力求减少与避免起重事故灾害发生,是每一个从事与起重机械有关人员的神圣职责。最首要的是要掌握起重事故的类型特点,发生事故的原因,才能制订出防范事故发生的措施。作为各种类型起重机械的操作者——起重机司机必须能充分了解起重机械常见事故类型的特点,掌握防范起重机械易发生事故灾害的要领是当务之急。

1. 吊钩冲顶坠落砸死人

(1)事故概况

2005年6月1日凌晨3时40分左右,某公司一起重机操作工周某在一工件吊运完毕后,将空钩起升过程中发生起升机构过卷扬,造成钢丝绳断裂、吊钩坠落,击中正在下方工作的王某头部,王某经抢救无效死亡。该事故起重机型号为QD5-25.5,于2004年6月制造。

该起重机自安装、调试完毕后,未经有资格的检验检测机构监督(验收)检验合格,未向特种设备安全监督管理部门登记,使用单位擅自使用该起重机。事后在现场发现起升钢丝绳已断裂,吊钩坠落至地面(图1-7-2),起升高度限位器机械传动部件已失效(图1-7-3)。

图1-7-2 吊钩坠落　　　　　图1-7-3 失效限位

(2)事故原因分析

①起升高度限位器失效,是造成本次事故的直接原因。经现场勘查发现,起升高度限位器为螺杆式限位器,起重起横移作用的螺母紧贴螺杆一端(起重机下降位置端),限位撞板与螺母脱离,致使限位器的机械传动部分失效,当吊钩接近上终端时,高度限位器无法正常动作,吊钩过卷扬后,造成钢丝绳断裂、吊钩坠落。

②设备未经监督(验收)检验合格、使用单位缺乏经常性的日常维护保养和定期自行检查制度、操作人员无证上岗且操作不当是造成本次事故的主要原因。

(3)预防同类事故的措施

①使用单位应全面树立法律意识,应严格执行国家规定、法律、法规和相关安全技术规范等要求,坚决杜绝无证运行和无证操作现象。

②使用单位应全面建立起重机的安全管理制度和岗位安全责任制,制订相关的安全操作规程和日常维护制度。

③操作人员应规范操作,当吊钩上升接近上终端位置时,应当操作控制开关切断上升动力源,实现正常停车。

④应严格执行起重机"十不吊"等操作基本要求。

2. 起吊重物晃动操作工躲闪不及被挤压身亡

(1)事故概况

1999年10月23日20时30分左右,某纸业公司的切机工场,一员工地面操作一台9t的进口电动单梁起重机,吊装纸筒(纸质量4.77t+吊具质量0.725t)过程中,由于其所站位置没有退路,且对起吊重物晃动估计不足,来不及躲闪,发生挤压事故,并造成该青年当场死亡。

(2)事故原因分析

操作人员在作业过程中站立位置不当,没有与吊件保持一定的安全距离,且未及时采取有效的稳钩措施。

(3)预防同类事故的措施

使用单位应加强对特种设备作业人员进行经常性的特种设备安全教育和培训,保证作业人员具备必要的安全作业知识和基本操作。

3. 吊索选用不当起重机整体坠落

(1)事故概况

2003年12月24日19时30分左右,浙江某设备安装有限公司压力管道加工厂,一员工操纵一台型号为 LDA5-16.7 的起重机,吊装一根长约 12m、质量约 3.7t 的钢管时,发生起重机整机坠落事故,造成起重机严重损坏,幸无人员伤亡。

(2)事故原因分析

由于起吊钢丝绳选用不合理(钢管过长,吊索钢丝绳偏短偏细,造成起吊夹角过大,且吊装钢丝绳安全系数不足),在吊装过程中起吊钢丝绳突然断裂,使起重机瞬间受到向上的冲击力;又由于起吊时,向上冲击力和水平斜向分力的组合,从而导致速度较快的一侧端梁首先出轨坠落地面。

(3)预防同类事故的措施

①使用单位应建立合适本企业工艺特点的安全生产操作规程并严格执行。

②使用单位应加强安全生产意识,同时对特种设备作业人员应进行经常性的特种设备安全教育和培训,保证作业人员具备必要的安全作业知识。

4. 大吨位的歪拉斜吊钢丝绳切断、重物坠落

(1)事故概况

2003 年 5 月 19 日 22 时左右,浙江某灯具有限公司一分厂二车间 13 号起重机发生钢丝绳断裂,造成起重机吊钩组坠地事故。

该起重机型号为 QD20-25.5,于 2002 年 4 月制造,2003 年 4 月安装完毕并经验收检验合格投入使用。在使用不到两个月时间,小车架定滑轮缘破损严重,吊钩滑轮组护罩变形损坏,钢丝绳断丝严重,且最终被切断,造成重物突然坠落,幸无人员伤亡。

(2)事故原因分析

使用单位生产流水线布置不合理,造成起重机经常性受到严重斜拉,而起重机司机视而不见,引起滑轮轮缘破损,钢丝绳脱离滑轮绳槽,直接与轴、破损轮缘缺口、吊板和轮辐摩擦,使钢丝绳割伤和磨损,导致在使用过程中较快断裂。

(3)预防同类事故的措施

①使用单位应加强安全生产意识,同时对特种设备作业人员应进行经常性的特种设备安全教育和培训,保证作业人员具备必要的安全作业知识。

②使用单位要加强对起重机的日常检查,及时消除事故隐患,保证起重机处于完好状态。

5. 电动葫芦坠落修理工躲闪摔伤

(1)事故概况

2004 年 5 月 21 日零点 10 分,浙江某不锈钢有限公司冷轧车间,两名修理工正站在 2m 多高的机器上检修机器,并操纵一台型号为 LD5-17 的电动单梁起重机,吊装一根齿轮箱螺杆放于地面上时,其电动葫芦运行电机及驱动装置突然从上方坠于一修理工眼前。该修理工作出出于本能的后退动作,因机器顶部无防护栏装置,故从 2m 多高的机器架上摔落下来,结果造成该修理工头部、肩部划破,两根肋骨摔断。

(2)事故原因分析

①小车驱动装置与墙板的连接螺栓其中一根早已松动,随着驱动齿轮的运行振动,又带动其余三个固定螺栓受力不均衡,随着驱动齿轮箱运动的加剧,使此三根螺栓逐渐松动和脱出。这是导致事故发生的直接原因。

②小车驱动轮的被动侧轮缘与工字钢的侧翼摩擦程度比较严重,且一对轮缘与工字钢的两侧间隙均较小,导致小车的车轮行走不平稳或两侧轮面受力不均匀,结果造成小车驱动

齿轮箱相对运动的振动。这也是造成连接螺栓松动加剧的另一个原因。
（3）预防同类事故的措施
使用单位应制订起重机运行管理制度,加强对起重机的日常检查和维护,把事故隐患消除在萌芽状态。

6. 两台起重机共同吊运重物钢丝绳断裂致使起重机坠落
（1）事故概况
2007年14时45分左右,安徽省一公司拼装车间,在使用两台起重量为10t的电动单梁起重机进行钢质煤斗翻身过程中,东侧起吊煤斗的钢丝绳索具发生断裂,煤斗东侧在重力的作用下迅速向下坠落。当煤斗东侧落地时,由于惯性冲击力的作用,造成西侧起重机承受很大的冲击力,冲击力通过西侧起重机传递到大车承轨梁上,使得北侧大车承轨梁向北失稳,造成西侧起吊煤斗进行翻身作业的起重机坠落,坠落后翻转砸中站在煤斗西南侧一位职工,造成该职工死亡。

（2）事故原因分析
①采用两台10t电动单梁起重机械抬吊翻转重量为16t的煤斗,这种方法本身就会出现单台起重设备的超载,更无法处理起吊翻身过程中可能出现的冲击载荷的危险因素。这种不安全的作业方法是发生事故的主要原因。
②吊煤斗的起重用钢丝绳索具已严重断丝且有断股,承载能力大大降低,在这种情况下仍然使用,最终发生断裂导致事故的发生。因此,使用过程中未对起重用设备及索具的状况进行检查,是引发事故的直接原因。
③由于设备自身的原因,发生事故时大车沿运行方向阻力不一致,水平方向的力仅通过一个大车轮传递到大车轨道梁上,集中荷载增大了轨道梁承受的弯矩力,使得大车轨道梁失稳,最终导致起重机坠落是造成事故结果的间接原因。

（3）预防同类事故的措施
①起重机械应按要求进行定期检验,检验合格后方可使用。
②使用单位应完善起重机使用的管理、维护和定期维护保养工作,加强日检、月检和年检工作并做好记录落实到位,形成制度。加强吊具、索具的检查工作。
③起重吊装作业应有完善的作业指导书。应对管理人员和作业人员加强培训。
④大型构件的吊装应有一套完整的能保证安全的并得到有效控制的作业方案。

7. 日常维护管理不善 起重机坠落事故
（1）事故概况
2008年1月29日,浙江某精轧带钢有限公司操作人员在吊运退火炉时,发生起重机整机坠落事故,造成起重机严重损坏,两侧大车轨道及吊车梁散落到地面,幸无人员伤亡。

（2）事故现场分析
通过对现场的勘察结果进行分析,判定此次事故的主要原因如下:
①大车承轨梁横拉杆接头焊接强度不够,部分接头有锈蚀的现象,可以认定此接头早已经断裂。
②承轨梁横拉杆固定不可靠(埋入墙内的深度不足),对吊车梁不能起到很好的稳定的作用。

基于以上原因,起重机在吊运重物过程中所产生的横向力,引起大车承轨梁掉落,最终造成整台起重机坠落。

(3)预防同类事故的措施

①使用单位应提高安全意识,对于检验不合格的特种设备不得继续使用。

②加强对作业人员的安全教育,遵章操作。

③使用单位应制定起重机运行管理制度,加强对起重机的日常检查和维护,把事故隐患消除在萌芽状态。

8. 吊臂坠落船员一死两伤

(1)事故概况

2005年11月,在黄浦江边作业的某公司的码头,一辆型号为DQL-8,额定起重量5t,起升速度60m/min,最小额定幅度3.2m,工作级别A5的电动轮胎式起重机,正在把钢丝绳线材装运到停在码头的驳船上。当吊装作业进行时,突然起重机吊臂拉索钢丝绳断裂,起重臂坠落,造成现场作业的工人坠落黄浦江中。经多方抢救两名工人被救上岸身上多处受伤,一名工人三天后才被打捞上来。这起事故造成了作业人员一死两伤的后果。

(2)事故原因分析

经过对断裂钢丝绳进行的断口电镜扫描分析,发现钢丝绳没有存在制造上的缺陷,再对钢丝绳的断丝进行金相检查,结合使用维修记录情况发现:

①钢丝绳断裂的主要原因,是由于钢丝绳在钢丝断裂数量超过规定极限值的情况下继续使用,造成剩余钢丝绳强度不能支撑起重机吊臂及被吊重物的重力,最终导致钢丝绳瞬间过载断裂。这说明钢丝绳在使用时已经有部分钢丝断裂没有及时更换。

②从事故作业现场看,该起重机在作业时其起重臂的作业角度为49°。依据该起重机的负荷曲线,此时起重机最大起重量应为2t,而起重机在此作业的工况中经常起吊2~3t的钢材,事故时起吊质量为2.73t。因此,起重机存在超载作业的现象,所以才会造成钢丝绳在使用过程中有断丝情况产生。

(3)预防同类事故的措施

①平时要对使用的钢丝绳进行检查、保养,达到报废标准的应该及时更换。

②司机应充分掌握起重机不同变幅下的吊重吨位,严禁超载。

③加强管理制度的建设。

9. 桥门式起重机倾覆事故

(1)事故概况

某物流有限公司的货物堆放场地,两台桥门式起重机正在作起重作业,忽然间作业现场天昏地暗,狂风大作,猛然间只听到轰的一声巨响。待到狂风停息时,只见一台起重机倾覆倒地,一台起重机靠在倒地起重机旁,该单位的救援人员及时赶来,发现倾覆倒地起重机的驾驶员已经死亡,靠在倒地起重机旁的起重机司机正惊魂未定的等待救援。

(2)事故原因分析

①由于事故发生突然,究竟是碰撞导致起重机倾覆,还是起重机倾覆后再发生碰撞,对事故处理有举足轻重的意义。技术部门对起重机撞击的痕迹和部位进行了认真的勘察。从两台起重机碰撞点看,碰撞部位是两台起重机的远点,而不是近点。倒地的起重机在倒地处有明显被移动拖痕。因此,可以认定倒地的起重机是先出轨倾覆,另一台再与其发生碰撞。

②根据事发当天气象部门提供的资料,在事发时该地区有突发12级大风,该物流公司由于没有注意收听到气象部门紧急预报,公司的货物现场一直在进行起重作业,起重机被突发大风吹出轨道倾覆,另一台起重机虽采取了相关措施,但仍撞上了倒地的起重机。

(3)预防同类事故的措施

①对露天场地作业的起重机械应针对在各种季节中的气象特点,建立不同的工作制度和相应的预防措施。

②对露天场地作业的起重机械驾驶员,应当进行除正常操作内容的培训外,还应当增加一些应对突发事故时操作技能的培训。

③对露天场地起重机械的安全装置,如夹轨器、锚地装置、轨道的止挡装置等,应当保证完好,不能因为使用频次少而不去保养或让其残缺不全。

④有关部门可以组织技术机构,对露天场地工作的起重机械的安全装置进行研究或者将其作为科研项目进行开发。

10.汽车吊盲目操作伤人致死

(1)事故概况

2009年2月9日下午,某船舶制造有限公司的起重机操作员马某操纵汽车吊,准备从平板车上吊下一块纵舱壁拼板到船台中间,进行分段拼装。当时现场未安排指挥司索人员,吊车通过钢丝绳与拼板中间四个焊接吊环相连接,从车上吊下并回转。由于起吊点与钢板重心不重合,在起吊回转过程中,钢板发生旋转,其中一端与起重机相碰,马某立即叫了两名冷作人员(无证人员)对钢板进行稳定,在稳定过程中,两名冷作人员在未离开吊物时,驾驶员又进行起升、回转操作,在操作过程中突然整台起重机失稳,造成起重机沿吊臂方向倾翻,吊物钢板随起重机吊臂倒下压死1人。

(2)事故原因分析

①操作人员违反操作规程,当吊物下面有人时,进行起升、回转操作,违反了作业时起重臂下严禁站人的规定。

②超载作业是造成汽车吊整机倾覆的主要原因。

③使用管理不到位,现场无吊装管理制度,未配备相关指挥司索人员。

④吊机受力支点基础不牢固,其中一只支腿的基础受力点水泥地面发生5mm左右的下陷,并导致整台设备失稳是造成此次事故的原因。

(3)预防同类事故的措施

①操作人员应严格按起重机的使用特性和安全操作规程来吊装。

②使用单位应建立安全管理制度,配备相关的指挥、司索工。

③汽车起重机在吊装前应检查地面的基础状况。

11.塔式起重机倾翻事故

(1)事故概况

2008年3月11日,浙江某地一期工程一台塔机在工作过程中突然发生倾翻事故。发生倾翻事故的塔机型号为QTZ63C,于2007年5月出厂,当年11月首次安装使用,事后对在场的塔机所吊荷载进行清点,经确认起重量约为3.378t。此时,塔机变幅小车位于起重臂第6节中,根据使用说明书和现场测量得知,此时工作幅度在38~40m位置,根据起重性能曲线,小车在38m时最大起重量为1.63t,在40m时最大起重量为1.527t;从安装在塔机塔帽上的力矩限制装置发现,该力矩限制器已经被人为强制绑扎,使之无法正常工作。

(2)事故原因

①塔机起重力矩限制失效是造成塔机倾覆的直接因素。

②塔机操作人员未按该塔机的起重特性要求进行操作,未对起吊物的重量进行确认。

(3)预防同类事故的措施
①操作人员应严格遵守相关操作规程,做到安全装置失效不吊。
②使用单位应加强安全意识培训,落实各作业人员的岗位职责。

12.吊件失重砸伤手臂

(1)事故概况

某重型机器厂二金工车间起重工陈某,负责为各种机加工机床的上料工作。2005年6月3日10时,陈某指挥吊车准备吊运半成品的机车大轴为一台机床上料,他采用钢丝绳单根穿扣捆绑法吊大轴,未仔细将绳扣对准轴中心便指挥起吊。大轴吊起后,陈某为使吊件平衡用手压住轻的一头并跟车行进。当快到要上料的机床时,陈某喊车工李某,因机声嘈杂李某并未听见。这时吊轴经过床尾,床尾后侧的工具案台挡道。陈某未及时绕过,把轴头的手脱离,偏重的大轴一头突然砸向床面,正在给机床导轨注油的李某躲闪不及,左手被垫砸在床面,造成手背手指多处粉碎性骨折(图1-7-4)。

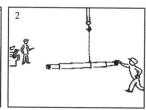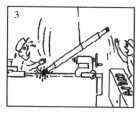

图1-7-4 失重吊件

(2)事故原因分析

单根绳吊大轴,即使拴位在中心,运行中也会因摇摆而一头偏低,但吊位高便不碍事。有时因运料位置较近,便吊位不高,直接用手扶吊件随行。这次送料本来拴位偏重很多,扶吊件行进中未考虑到案台阻路,快到位时与车工配合不当,又未及时指挥吊车,造成突然脱手,吊件失重,轴头砸伤人及砸坏设备的事故。

(3)预防同类事故的措施

①吊重型大轴最好采用两点拴位法。单绳拴法必须拴正中心并高吊行进,以免碰物。到位后慢放并与车工配合扶轴上卡盘。严禁手扶吊物同时跟吊车行进。
②给重型机床上料前起重工和机床工应提前打好招呼,做好准备,吊运中应协调配合,严格遵守起重搬运安全规定。

13.吊耳断裂防护措施不全作业人员被撞出楼面坠落身亡

(1)事故概况

2003年8月27日,在某通讯楼工程现场,当晚8时40分发生了一宗人员高处坠落事故。当晚6时30分,空调班组在六层楼面安装空调静压箱,静压箱3.25m(长)×3.2m(宽)×1.5m(高),质量为500kg。作业人员先用汽车吊把静压箱吊至六层楼面,李某等人准备将静压箱安装就位。晚上9时50分左右,位于静压箱东侧、现场焊接的吊耳突然断裂,造成静压箱失稳摆动,挟着静压箱的李某被撞出楼面,坠落至地面,坠落高度21.8m。李某被送往医院抢救无效死亡。

(2)事故原因分析

直接原因:

①静压箱吊耳焊接质量达不到要求。
②施工作业面临边无安全防护措施。
间接原因：
①吊装方法选择不当。
②吊装、焊接人员均未经培训，无证上岗。
③项目部对吊装作业管理混乱，违反施工程序，施工方案未经审查擅自施工。
④夜间施工照明不足。
（3）预防同类事故的措施
①施工现场发生事故必须立即停工，进行整顿，安抚作业人员情绪，消除隐患。起重吊装必须制定专项施工方案，制订安全技术措施。并经企业技术负责人和监理司总监审批后实施。
②夜间进行起重吊装作业，必须有足够照明。
③避免过度加班加点，疲劳作业。
④特种作业人员必须持证上岗。

14．违章超载作业致使门机倾翻
（1）事故概况
2004年1月2日20时50分，辽宁省大连市一渔轮公司发生一起门座起重机械倾翻事故，造成1人死亡。1月2日20时，该公司起重机械操作工在码头使用15t门座起重机从汽车上吊卸工字钢，起吊最后一钩时，吊起36B工字钢28根，因超载起吊、违章作业，致使门座起运机失稳，整机倾翻。操作工杨某挤压在门座起重机下，经抢救无效死亡。

（2）事故原因分析
①渔轮公司用于码头装卸货物的自制15t门座起重机存在严重设备缺陷，无力矩限制器，是造成此起事故发生的主要原因。
②门座起重机操作工杨某安全意识淡薄，违反渔轮公司《起重机安全操作规程》，在吊运工字钢时，没有确认其质量，就盲目起吊，导致超载运行将门座起重机拉倒，其本人随倒塌的门座起重机一起摔倒地面受伤致死。这是造成事故发生的直接原因。
③渔轮公司对码头装卸的安全管理存在漏洞，安全规章制度落实不够，缺乏对作业现场安全的监督检查。
④渔轮公司对在用起重设备安全管理不善，缺乏对起重设备定期的保养和检修。
（3）预防同类事故的措施
①从事故中吸取深刻教训，加强对特种设备的安全管理。
②加强对作业现场的安全检查力度，落实安全生产责任制，明确安全职责，责任到人。

15．超重时吊绳崩断机车倾翻人员伤亡
（1）事故概况
2006年的一天，某港务指派所聘用的装卸民工4人在货运码头从一节露天厢栏式火车货厢里卸钢筋，吊钢筋使用的是10t汽车起重机。当剩下最后五捆钢筋时，已经是下午三点多了，工人都累了，急着下班。于是，挂钩拴绳的两个工人便一下子把五捆钢筋都拴绑在挂钩上，起重机司机起吊时感觉很吃力，勉强吊起外移出车厢时，吊钩滑轮钢丝绳忽然崩断，总质量为17.5t的钢筋砸在机车上，将这节车厢砸翻。倾翻的车厢及钢筋当即将一名民工砸死坐在厢上指挥起吊的另一民工被甩坠地，造成重伤（图1-7-5）。

图 1-7-5 超重吊绳崩断机车倾覆

（2）事故原因分析

限重 10t 的起重机起吊超负荷的货物，造成钢丝绳断裂，这是事故发生的直接原因。安全管理不到位，作业中有多项违章，起吊时工人站位与悬吊物过近，指挥人员在车厢内或攀附于车厢上，司机和装卸工经常超负荷起吊重物造成钢丝绳损害严重，未经安全培训上岗的民工安全意识淡薄，着急下班抢时间，野蛮装卸，违章操作，这些都是事故发生的重要原因。

（3）预防同类事故的措施

①严格遵守起重作业安全操作规程，严禁超负荷起吊，非持有起重作业特殊工种证的人员严禁进行起吊作业。

②加强安全管理，外聘民工必须经过三级安全教育，考试合格后方能上岗。

16. 钢丝绳断裂吊臂下作业工被砸死

（1）事故概况

2004 年 12 月 8 日，山东省烟台市莱州一渔船停泊点发生起重机械倒塌重大事故，造成 4 人死亡。12 月 8 日 11 时 50 分，在该渔船停泊点，一个体户用租用的轮胎式起重机吊装扇贝。在吊装作业过程中，起重机操作员在吊臂下有人的情况下，进行起吊作业。起吊时，在超负荷货物还未被吊起时，吊臂变幅钢丝绳突然断裂，导致吊臂坠落，水平俯角 20°，吊臂前上巧插入水中，变幅钢丝绳在离卷筒 1.5m 处断裂，钢丝绳多处断丝严重。造成正在渔船上进行吊装作业的 3 人当场死亡，1 人经抢救无效死亡。

（2）事故原因分析

①吊臂变幅钢丝绳突然断裂，导致吊臂坠落是造成事故的直接原因。其吊臂变幅钢丝绳突然断裂的原因：

a. 在用变幅钢丝绳受损严重且 30 倍直径内断丝数也超过规定标准，已达到报废标准，是断裂的根本原因。

b. 钢丝绳选型不当，缩短了钢丝绳的寿命。事故起重机设计配用直径 14mm 的变幅钢丝绳，实际选用直径为 15mm，绳径与滑轮不匹配，加快了钢丝绳的磨损。

②该机在租用期间未进行钢丝绳磨损检查，导致钢丝绳严重磨损而未发现和及时更换，疏于管理。

③违章操作是造成事故的主要原因。

④管理混乱是造成事故的间接原因。

（3）预防同类事故的措施

①特种设备使用单位必须严格执行法规要求，认真落实安全管理制度，强化作业人员的安全教育和培训，提高作业人员的安全责任意识，加强对特种设备的日常检查和保养，有效遏制违章操作。

②使用单位必须按规定申请检验，禁止无证人员操作特种设备。

③使用单位应加强对钢丝绳的日常检查,对不达标的钢丝绳必须立即更换;更换的钢丝绳必须与设备的设计要求相匹配。

④在出租起重机和操作人员时,产权单位必须做到特种设备和人员都符合相关法规要求,承租单位必须具备安全条件。

17. 塔机顶升失误整机倒塌

(1)事故概况

2008年11月25日中午12时30分左右,浙江省一船业公司安装于1号与2号船台之间的塔机在顶升作业过程中发生整体倒塌事故,致现场1人当场死亡、3人送医院后抢救无效死亡、另1人受伤。事故塔机型号为QTZ63,出厂日期2008年6月13日,幅度范围为3~52m,最大额定起重量6t,平衡质量8.8t,于2008年6月安装完毕,7月份投入使用。该塔机在事故发生前已经加升至第11标准节,标准节每节长度均为2.5m,在加装第12标准节时发生倒塌事故。

(2)事故原因分析

①事故的直接原因:本次事故的直接原因是顶升作业人员违反使用说明书中规定的顶升作业方案,错误地将第11与第10标准节之间的连接螺栓拆除,在该作业工况下顶升套架上滚轮的安全行程为550mm;实际顶升距离超过此安全行程,致使顶升套架上滚轮脱离第10标准节的约束,第10标准节在上部结构不平衡力矩的作用下于顶升套架下滚轮处被折弯,进而造成整机倒塌致人员伤亡。

②事故的间接原因:本次事故的间接原因是该塔机顶升作业人员无证上岗,缺乏必要的专业知识。

(3)预防同类事故的措施

①塔机使用应遵守国家相关法律、法规及安全技术规范要求,在投入使用前向检验检测机构申报监督检验。

②顶升作业应严格按照使用说明书操作,无证及无操作经历人员的使用单位应委托相应资质单位进行顶升操作。

18. 上海沪东中华造船(集团)有限公司龙门起重机吊装倒塌特别重大事故

(1)事故概况

2001年7月17日8时许,在上海沪东中华造船(集团)有限公司船坞工地,由上海电力建筑工程公司等单位承担安装的600t×170m龙门起重机在吊装主梁过程中发生倒塌事故,造成36人死亡,2人重伤,1人轻伤。事故造成经济损失约1亿元,其中直接经济损失8000多万元。2001年7月17日早7时,施工人员按施工指挥张某的布置,通过陆侧(远离黄浦江一侧)和江侧(靠近黄浦江一侧)卷扬机先后调整刚性腿的M对内、外两侧缆风绳,现场测量员通过经纬仪监测刚性腿顶部的基准靶标志,并通过对讲机指挥两侧卷扬机操作工进行放缆作业(据叙述,调整时,控制靶位标志内外允许摆动20mm)。放缆时,先放松陆侧内缆风绳,当刚性腿出现外偏时,通过调松陆侧外缆风绳减小外侧拉力进行修偏,直至恢复至原状态。通过10余次放松及调整后,陆侧内缆风绳处于完全松弛状态。此后,又采用相同方法和相近的次数,将江侧内缆风绳放松调整为完全松弛状态。约7时55分,当地面人员正要通知上面工作人员推移江侧内缆风绳时,测量员发现基准标志逐渐外移,并逸出经纬仪观察范围,同时还有现场人员也发现刚性腿不断地在向外侧倾斜,直到刚性腿倾覆,主梁被拉动横向平移并坠落,另一端的塔架也随之倾倒。

(2)事故原因分析

①刚性腿在缆风绳调整过程中受力失衡是事故的直接原因。在吊装主梁过程中,由于违规指挥、操作,在未采取任何安全保障措施的情况下,放松了内侧缆风绳,致使刚性腿向外侧倾倒,并依次拉动主梁、塔架向同一侧倾坠、垮塌。

②施工作业中违规指挥是事故的主要原因。施工现场指挥张某在发生主梁上小车碰到缆风绳需要更改施工方案时,违反吊装工程方案中关于"在施工过程中,任何人不得随意改变施工方案的作业要求。如有特殊情况进行调整必须通过一定的程序以保证整个施工过程安全"的规定。未按程序编制修改书面作业指令和逐级报批,在未采取任何安全保障措施的情况下,下令放松刚性腿内侧的两根缆风绳,导致事故发生。

③吊装工程方案不完善、审批把关不严是事故的重要原因。吊装工程方案中提供的施工阶段结构倾覆稳定验算资料不规范、不齐全;对沪东厂600t龙门起重机刚性腿的设计特点,特别是刚性腿顶部外倾710mm后的结构稳定性,没有予以充分的重视;对主梁提升到47.6m时,主梁上小车碰刚性腿内侧缆风绳这一可以预见的问题未予考虑。在此情况下,如何保持刚性腿稳定这一关键施工过程更无定量的控制要求和操作要领。

吊装工程方案及作业指导书编制后,虽经规定程序进行了审核和批准,但有关人员及单位均未发现存在的上述问题,使得吊装工程方案和作业指导在重要环节上失去了指导作用。

④施工现场缺乏统一严格的管理,安全措施不落实是事故伤亡扩大的原因。

(3)预防同类事故的措施

①工程施工必须坚持科学的态度,严格按照规章制度办事,坚决杜绝有章不循、违章指挥,凭经验办事和侥幸心理。

②必须落实建设项目各方的安全责任,强化建设工程中外来施工队伍和劳动力的管理,坚决杜绝"以包代管"。要重视对外来施工队伍及临时用工的安全管理和培训教育,必须坚持严格的审批程序,必须坚持先培训后上岗的制度,对特种设备作业人员要严格考核,持证上岗。

③中央管理企业在进行重大施工前,应主动向所在地监管部门备案,有关部门应加强监督。

④要重视和规范高等院校进行工程施工时的安全管理教育。

19.违规安装导致起重机倒塌事故

(1)事故概况

2004年12月27日16时50分,广西某钢铁集团公司大转炉精炼炉旁一台定柱式悬臂起重机在吊运两根质量约900kg的电极时发生一起倒塌事故,造成1人死亡。该刚安装完毕,但未经特种设备检验机构检验合格。设备型号为BZ,起重量为2000kg,有效半径为6.7m,起升高度为18m,起升速度为8~0.8m/min,回转速度为0.8m/min,回转角度为360°。

现场可见该定柱式旋臂起重机的整个旋臂断落在地上,起重机的钢丝绳被拉断,起重机的三角支撑与旋臂的连接螺栓在连接界面上全部失效断裂,冶炼炉前工被断落的旋臂砸死。

(2)事故原因分析

该事故是出于该起重机设计存在严重问题,安装以及使用部门违规安装和使用该起重机所导致的严重事故。

①该起重机由无制造资格的起重机配件公司提供,由于设备存在严重设计问题,导致了事故的发生,故应对该事故负主要责任。

②该起重机安装单位在安装前未按规定办理安装告知手续,安装完毕后未进行动载和静载试验,未经检验机构检验合格,疏于对所安装特种设备的安全管理工作,导致安全隐患未能及时被发现消除,以致发生事故,故应对此事故负次要责任。

③使用单位未按国家相关法律、法规的要求对特种设备各环节进行安全管理,故应对此事故负次要责任。

(3)预防同类事故的措施

①加强特种设备的管理力度,加强特种设备进入渠道的监督,确保特种设备的质量符合相关技术标准。

②按规定加强特种设备的安装管理,特种设备安装前必须到当地特种设备安全监督管理部门办理安装告知手续,并在安装完成后在经过自检以及法定特种设备检验机构检验合格后方能交付使用单位投入使用。

③使用单位要加强对特种设备的安全管理,建立健全特种设备安全管理各项规章制度。

④制造单位对于特种设备的设计制造必须严格执行法规技术标准,确保特种设备符合设计制造规范,保障特种设备的使用安全。

20.辽宁铁岭清河特钢厂事故

(1)事故概况

2007年4月18日7时45分,辽宁省铁岭市清河特殊钢有限责任公司生产车间,一个装有约30t钢水的钢包在吊运至铸锭台车上方2~3m高度时,突然发生滑落倾覆,钢包倒向车间交接班室,钢水涌入室内,致使正在交接班室内开班前会的32名职工当场死亡,另有6名炉前作业人员受伤,其中2人重伤。

(2)事故原因分析

①直接原因。

a.电气控制系统故障及设计缺陷导致钢水包失控下坠。

起重机电气控制系统在运行过程中,由于下降接触器控制回路的一个联锁常闭辅助触点锈蚀断开,上升、下降接触器均失电,电动机电源被切断,失去电磁转矩,而制动器接触器仍在闭合状态,制动器不抱闸。

起升控制屏的线路存在制动器接触器线圈有自保回路的重大缺陷,当上升接触器或者下降接触器接通后,制动器接触器闭合并自保,不再受上述三接触器的控制,制动器仍维持打开状态,不能自动抱闸,钢水包在自身重力作用下,以失控状态快速下坠。

b.制动器制动力矩不足未能有效阻止钢水包下坠。

当主令控制器回零后,由于两台制动器的制动衬垫磨损严重,制动轮表面均有不同程度的磨损,并有明显沟痕,事故单位未对其进行及时更换和调整,致使制动力矩严重不足,未能有效阻止钢水包继续失控下坠。

c.班前会地点选择错误导致重大人员伤亡。

据调查,班前会地点原本是由立柱和VD真空炉平台构成的开放空间,2006年11月在各立柱间砌起砖墙,形成房间,用作临时堆放杂物的工具间。该工具间离铸锭坑仅7.0m长期处于高温危险范围内,没有供人员紧急撤离的通道和出口。北面窗户又被墙外的多个铁柜挡住。2007年春节后,各工段逐渐将此工具间作为班前会地点。钢水包倾覆后,正在工具间内开班前会的人员无法及时撤离,导致重大人员伤亡。

②间接原因。

a. 起重机选型错误。

该公司生产车间起重设备不符合国家规定,按照《炼钢安全规程》的规定,起吊钢水包应采用冶金专用的铸造起重机,而该公司却擅自使用一般用途的普通起重机。

b. 检测检验机构未正确履行职责。

铁岭市特种设备监督检验所的检验人员在炼钢车间主厂房内,按照通用桥式起重机的检验标准,对用于提升钢水包的事故起重机进行了检验,且在图纸资料不全的情况下,仅用一个多小时就完成了全部检测检验工作,并出具检验合格的报告,导致事故起重机在运行条件不符合的情况下运行。

c. 制造厂家不在许可范围生产。

事故起重机由开原市起重机器修造厂生产,该厂经国家质量监督检验检疫总局核准的资质为生产20t及以下通用桥式起重机,不具备生产80/20t通用桥式起重机的资质;事故起重机电气系统设计有缺陷;未向事故单位提供相关技术资料,造成设备运行、维护缺乏依据。

d. 事故单位建设项目设计不规范。

事故单位炼钢项目除土建厂房委托吉林冶金设计院设计外,其余部分均无正规设计,无法正确进行设备选型;在土建厂房设计委托中提供的依据不正确,如委托资料为50t吊车,实际建设采用80t吊车。

e. 起重机司机缺乏处理突发事件的能力。

起重机司机缺乏必要的岗位培训和职业技能训练,对起重机的基本性能缺乏了解,未掌握紧急情况下的处置手段和程序,致使其在发现钢水包的下降速度异常时,将主令控制器回零,未切断起重机电源。

f. 设备日常维护不善。

事故单位在没有起重机相关图纸、资料的情况下,由维护工凭经验进行日常设备维护维护内容和要求均不能满足设备正常运行的需要。如制动器制动衬垫磨损严重,未及时更换制动器电磁铁拉杆行程不足,未及时调整;制动轮表面磨损严重;主钩卷筒上的钢丝绳绳头固定压板严重松动;控制屏积尘严重,触点腐蚀等。

g. 机构不健全,管理混乱。

事故单位未按照《安全生产法》的要求,设置专门的安全管理机构和配备专职安全管理人员。管理制度不健全,现场管理混乱,员工培训不力,起重机司机无证上岗现象严重,员工安全意识薄弱,缺乏处理突发事件的能力。

h. 生产组织不合理,关键岗位工作时间过长。

炼钢车间采用三班两倒工作制,每班工作时间为12h,时间过长。

(3)预防同类事故的措施

①要进一步加强和规范特种设备的设计、制造、安装、使用和检测检验工作,确保特种设备安全可靠运行。

②冶金企业要重点加强对起重机等关键设备、设施的日常维护与保养,健全维护保养制度,完善维护保养记录,防止设备、设施带病运行。

③冶金企业要针对冶金生产工艺链长、高温高压、有毒有害因素多的特点,认真开展危险辨识工作,对重大危险源进行登记建档、加强监控。

④冶金企业新建、改建和扩建工程项目要符合国家相关产业政策,建设项目要委托有

资质的设计单位进行正规设计,切实把好工艺设计和设备选型关,提高企业本质安全程度。

⑤冶金企业要建立健全安全生产责任制和安全管理制度,加强安全管理机构建设和人员培训,加强作业现场的安全管理。

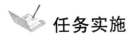 **任务实施**

填写任务单,见表1-7-1。

任 务 单　　　　　　　　　　　　　　　表1-7-1

编制专业:港机专业				编号:项目七任务
课程名称	港口起重输送机械	班级/组号	学时	4
任务	起重机械典型事故分析和预防			
任务描述	列出起重机安全重要性体会(300~500字)			
分　析				
评价			成绩评定	

 **课后巩固**

1. 轮胎起重机由哪几个机构组成?
2. 各机构中安装有哪些安全保护装置?其作用与安装位置是什么?
3. 轮胎起重机运行机构采用何种驱动形式?

项目八 门座起重机操作模拟

任务 门座起重机操作模拟

任务导读

通过本任务的学习,了解门座起重机仿真模拟器的组成和各部分的功能,掌握门座起重机仿真模拟器的操作。

教学目标

知识目标:了解门座起重机仿真模拟器的组成和各部分的功能,了解门座起重机驾驶室的布置,熟悉驾驶室内操作联动台上各开关、旋钮的作用。

能力目标:具备操作门座起重机模拟器的能力。

工作任务

任务描述:谈谈你对门座起重机模拟操作的体会,如图 1-8-1 所示。

图 1-8-1 门座起重机操作

任务具体要求:写出门座起重机模拟操作的体会(300~500 字),并填写任务单。

— 171 —

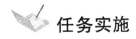
任务实施

填写任务单,见表1-8-1。

表1-8-1

任 务 单

编制专业:港机专业				编号:项目八任务	
课程名称	港口起重输送机械	班级/组号		学时	4
任务 门座起重机操作模拟					
任务描述	写出门座起重机模拟操作的体会(300~500字)				
体会					
评价				成绩评定	

— 172 —

模块二

集装箱机械

  集装箱起重机械是供集装箱船舶和车辆的装卸、库场上集装箱的堆场、拆垛和转运以及集装箱运输的专用机械。通过项目一(集装箱机械认识和使用与维护)2个任务的学习,使学生了解集装箱机械的类型、特点与运用场合,集装箱的概念、规格尺寸和适用场合,集装箱专用吊具的类型及其运用场合,吊具的结构组成与动作原理;掌握集装箱装卸的起吊方式及适用场合,以及对吊具的维护。通过项目二(集装箱龙门起重机认识)2个任务的学习,使学生了解轨道式集装箱龙门起重机构造特征;掌握轨道式集装箱龙门起重机的结构组成与主要技术参数。通过项目三(轮胎式集装箱龙门起重机模拟驾驶操作)1个任务的学习,使学生了解轮胎式集装箱龙门起重机仿真模拟器的组成和各部分的功能,掌握门座起重机仿真模拟器的操作。通过项目四(岸边集装箱起重机认识)1个任务的学习,使学生了解岸边集装箱起重机构造特征,岸边集装箱起重机结构的组成与主要技术参数。通过项目五(岸边集装箱起重机模拟驾驶操作)1个任务的学习,使学生了解岸边集装箱起重机仿真模拟器的组成和各部分的功能,掌握岸边集装箱起重机仿真模拟器的操作。通过项目六(集装箱正面吊运机认识)1个任务的学习,使学生了解岸边集装箱正面吊运机的构造、结构组成与动作原理、特点与类型,正面吊运机安全保护装置的作用以及主要技术参数。通过项目七(集装箱牵引机和挂车认识)1个任务的学习,使学生了解集装箱牵引车拖带挂车的方式,掌握集装箱牵引与挂车的结构、特点与类型。

项目一　集装箱机械认识和使用与维护

任务1　集装箱机械的发展与类型、集装箱认识

任务导读

通过任务1的学习,了解集装箱机械的类型、特点与运用场合,了解集装箱的概念、规格尺寸等。

教学目标

知识目标:了解集装箱机械的类型、特点与运用场合;了解集装箱的概念、规格尺寸和适用场合。

能力目标:具备了解集装箱机械的发展与类型、认识集装箱的能力。

工作任务

任务描述:描述集装箱(图2-1-1)的类型及适用场合。

任务具体要求:列出集装箱的类型及适用场合,并填写任务单。

图2-1-1　集装箱码头

知识储备

1. 集装箱起重机械发展概况

集装箱起重机械是供集装箱船舶和车辆的装卸、库存、库场上集装箱的堆码、拆垛和转运以及集装箱运输的专用机械。集装箱起重机械的发展经历了三个阶段。

图2-1-2　岸边集装箱起重机

1957—1966年是集装箱起重机械发展的初级阶段。在集装箱运输的初期,港口是利用船上自备的轨道式龙门起重机或码头上的通用起重机进行装卸的。1958年美国马特松公司的帕色科公司联合研制了世界山第一台岸边集装箱起重机,如图2-1-2所示。经过实践证明,在港口码头前沿装设岸边集装箱起重机更为经济合理。因此,美国帕色科公司从1965年开始大量制造岸边集装箱起重机。在此期间,集装箱货场作业的机械也由通用的装卸机械发展为专用的集装箱机械。

1967—1976年是集装箱起重机的发展阶段。欧洲、日本从仿制美国的集装箱机械逐步发展为独立设计制造。1973年国际标准化组织(ISO)颁发了国际标准ISO 668—1973《货物集装箱外部尺寸和重量》。从此集装箱机械出现了标准化设计。

1977年以后是集装箱起重机械的改造提高阶段。集装箱码头的装卸能力和装卸效率，在很大程度上取决于码头前沿岸边集装箱起重机的生产能力和生产效率。近年来，集装箱专用码头已出现了高速型岸边集装箱起重机，其起升速度和小车运行速度比普通型岸边集装箱起重机分别提高35%和40%左右。

岸边集装箱起重机是集装箱专用码头前沿装卸集装箱船舶的大型起重设备。一台起重量为40.5t的普通型岸边集装箱起重机的自重约650t，在每一支腿8个行走车轮的情况下，最大轮压可达400kN左右，因而码头建设费很高。为了降低码头造价，必须减轻岸边集装箱起重机的自重和轮压。对于现有大量的由件杂货码头改造成的集装箱码头，往往要受到码头前沿承载能力的限制。自20世纪80年代初期以来，世界各国已研制了一些轻型岸边集装箱起重机，其主要是采用合理的结构设计，选用高强度的优质钢材，减轻金属结构件的重量等。如日本日立制作所制造的轻型岸边集装箱起重机，以三角形断面衍架结构取代矩形断面梁结构，减轻了前大梁和主梁的重量，从而使起重机的自重和轮压大为减小。整机自重为500t，32个车轮，最大轮压为270kN。

为了提高整个集装箱专用作业线的生产率，现正在进一步研制操作简便、经久耐用、节约能源、安全可靠的集装箱起重机械。

我国从1975年开始进行集装箱装卸专用机械的研制工作，1979年前后已研制出第一批岸边集装箱起重机、集装箱跨运车、牵引车和集装箱叉车等，并在全国各集装箱专用码头上得以运用。现上海振华重工已能生产高速、轻型的岸边集装箱起重机、轮胎式集装箱龙门起重机、大型起重机械和钢结构等。这些产品不仅能满足国内市场的需要，而且80%以上的产品远销世界66个国家和地区，120多个主要港口码头，连续8年世界销量第一。连续5年世界占有率达50%以上，2006年以来世界市场占有率已超过70%。

2. 集装箱起重机械

集装箱起重机械已经形成了比较完善的体系，并在不断地发展创新。无人驾驶全自动化控制的轨道式集装箱龙门起重机系统已在上海港务集团盛东码头得以运用。

目前，岸边集装箱起重机是主要用于集装箱船舶装卸的专用机械；轮胎式集装箱龙门起重机，如图2-1-3所示；轨道式集装箱龙门起重机，如图2-1-4所示；集装箱跨运车，如图2-1-5所示；集装箱正面吊运机，如图2-1-6所示；集装箱叉车，如图2-1-7所示；集装箱堆高机，图2-1-8所示，主要用于堆场上的集装箱堆码、拆垛和转运的专用机械；集装箱牵引车和挂车，如图2-1-9所示，主要用于集装箱货场及其公路运输集装箱的专用机械。

图2-1-3 轮胎式集装箱龙门起重机

图2-1-4 轨道式集装箱龙门起重机

图 2-1-5 集装箱跨运车

图 2-1-6 集装箱正面吊运机

a)集装箱正面叉车

b)集装箱侧面叉车

图 2-1-7 集装箱叉车

图 2-1-8 集装箱堆高机

图 2-1-9 集装箱牵引车和挂车

3. 集装箱码头装卸工艺案例

某港区的集装箱码头岸线总长 1565m,前沿水深 13.2m,拥有 5 个顺岸泊位,可同时接纳 5 艘大型集装箱船舶停泊作业。陆域面积 165.98 万 m^2,划分有重箱区、空箱区、冷藏箱区(冷藏箱插座 1200 个)、拆箱区、危险品箱区和查验箱区等专项作业区。后方还有生产辅助区,有集装箱调配中心、停车场等。

该码头集装箱装卸工艺为:码头前沿装卸集装箱船舶采用岸边集装箱起重机;堆场作业采用轮胎式集装箱龙门起重机、轨道式集装箱龙门起重机,并配有集装箱正面吊运机、集装箱空箱堆高机、集装箱叉车等进行辅助作业;集装箱货场及公路运输采用集装箱牵引车、挂车。

4. 集装箱的规格

集装箱是能装载货物并便于用机械进行装卸搬运的一种运输工具。

集装箱应具有足够的强度,在有效使用期内可以反复使用,适用于一种或多种运输方式运送货物,途中无需倒装,设有供快速装卸的装置,便于从一种运输方式转到另一种运输方式以及于箱内货物的装满和卸空。

集装箱机械的基本参数和外形尺寸,取决于集装箱装货后的总重和外形尺寸以及运载集装箱的船舶的船型。国际标准化组织颁布了国际标准 ISO 668—1979《第一系列货物集装箱的分级、外部尺寸和重量》,1988 年又对其标准进行了修订,见表 2-1-1。第一系列货物集装箱的宽度均为 8ft;长度分别为 40ft、30ft、20ft 和 10ft 等。由于集装箱宽度尺寸是统一的,而长度尺寸规格繁多,为便于统计计算船舶的载运量、港口码头库场的通过能力、机械设备的装卸效率等,国际上以 20ft 长度的集装箱作为当量箱来进行换算,因而将 20ft 长度的集装箱称为标准箱。

国际标准集装箱的长度关系见图 2-1-10;间距为 3ft。《系列 1 集装箱分类、尺寸和额定质量》(GB/T 1413—2008)集装箱的长度关系,见图 2-1-11。

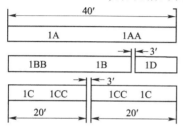

图 2-1-10　国家标准集装箱的长度关系

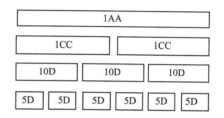

图 2-1-11　《系列 1 集装箱 8 类、尺寸和额定质量》
(GB/T 1413—2008)集装箱的长度关系

我国于 1980 年 3 月成立了全国集装箱标准化技术委员会,有计划地开展了标准化工作。参照采用 ISO 104 国际标准,规定了适用于我国国内和国际联动的集装箱外部尺寸和重要系列,统一了我国集装箱的规格尺寸,为组织集装箱不同运输方式的联动和国际联动以及为实现我国交通运输业的机械化、自动化创造了条件,为研究制定集装箱的其他标准及相应配套设备的标准化打下了良好的基础。我国现行国家标准《系列 1 集装箱分类、尺寸和额定质量》(GB/T 1413—2008)中集装箱各种型号的外部尺寸、极限偏差及额定重量与表 2-1-1 基本相同。此项国家标准适用于我国水路和公路运输的各种集装箱。

目前,20ft 集装箱货物装载量一般为 10~12t,40ft 集装箱货物装载量一般为 16~18t。

近年来,为了充分利用运输工具的运输能力,发挥集装箱机械的潜力和扩大适箱货物的种类,集装箱有向大型化、专业化发展的趋势,出现了便于运输机械和设备的"超重箱";装运轻泡货和百杂货的"超高箱"、"超宽箱"、"超长箱"等。40ft 箱在总箱量中的比重在增加,又出现了 45ft 集装箱。此外,冷藏、罐装、开顶等特种货物的专用箱也有所增多。故我国分别于 1998 年和 2008 年对《系列 1 集装箱分类、尺寸和额定重量》进行了修订。2008 年 8 月颁布了国家标准 GB/T 1413—2008,主要增加了 45ft 集装箱的相关技术参数,见表 2-1-2。

5. 集装箱的类型

运输货物用的集装箱种类繁多,从运输家用物品的小型折叠式集装箱到 40ft 标准集装箱以及航空集装箱等。这里仅介绍在海上运输中常见的国际货运集装箱类型。

1)按用途分类

(1)通用干货集装箱,也称为杂货集装箱。用来运输无需控制温度的件杂货,其使用范围极广,占全部集装箱的 80% 以上。这种集装箱通常为封闭式,在一端或侧面设有箱门,如图 2-1-12 所示。

国际集装箱的外形尺寸、公差和总质量(ISO 668—1988)　　　表 2-1-1

箱型	长度和公差				宽度和公差				高度和公差				最大总质量	
	公制		英制		公制		英制		公制		英制			
	mm	公差 mm	ft/in	公差 in	mm	公差 mm	ft	公差 in	mm	公差 mm	ft/in	公差 in	kg	lb
1AA	12192	0 −10	40	0 −3/8	2438	0 −5	8	0 −3/16	2591	0 −5	8/6	0 −3/16	30480	67200
1A									2438		8			
1AX									<2438		<8			
1BB	9125	0 −10	29/11.25	0 −3/8					2591	0 −5	8/6	0 −3/16	25400	56000
1B									2438		8			
1BX									<2438		<8			
1CC	6058	0 −6	19/10.5	0 −1/4					2591	0 −5	8/6	0 −3/16	20320	44800
1C									2438		8			
1CX									<2438		<8			
1D	2991	0 −5	9/9.75	0 3/16					2438	0 −5	8	0 −3/16	10160	22400
1DX									<2438		<8			

(2)冷藏集装箱。以运输冷冻食品为主,能保持一定温度的保温集装箱。它是专为运输鱼、肉、新鲜水果、蔬菜等食品而特殊设计的。目前国际上采用的冷藏集装箱基本上分两种:一种是集装箱内带有冷冻机的机械式冷藏集装箱,如图 2-1-13 所示;另一种箱内没有冷冻机而只有隔热结构,即在集装箱端壁上设有进气孔和出气孔,箱子在装在舱内,由船舶的冷冻装置供应冷气,叫做位置式冷藏集装箱。

(3)通风集装箱。为装运水果、蔬菜等不需要冷冻而具有呼吸作用的货物,在端壁和侧壁上设有通风孔的集装箱。如将通风口关闭,同样可以作为杂货集装箱使用,如图 2-1-14 所示。

(4)罐式集装箱。专用以装运酒类、油类(如动植物油)、液体食品以及化学品等液体货物的集装箱。它还可以装运其他液体的危险货物。这种集装箱有单罐和多罐数种,罐体四角由支柱、撑杆构成整体框架,如图 2-1-15 所示。

(5)散货集装箱。一种密闭式集装箱,分玻璃钢制和钢制两种。前者由于侧壁强度较大,故一般装载麦芽和化学品等相对密度较大的散货,后者则用于装载相对密度较小的谷物。散货集装箱顶部的装货口应设水密性良好的盖,以防雨水侵入箱内,如图 2-1-16 所示。

系列1集装箱的外形尺寸、允许公差和额定质量（GB/T 1413—2008） 表2-1-2

箱型	长度L和公差 公制 mm	公差 mm	英制 ft/in	公差 in	宽度W和公差 公制 mm	公差 mm	英制 ft	公差 in	高度H和公差 公制 mm	公差 mm	英制 ft/in	公差 in	最大总质量 kg	lb
1EEE	13716	0	45	0					2896	0	9/6	0	30480	67200
1EE		−10		3/8					2591	−5	8/6	−3/16		
1AAA									2896		9/6			
1AA	12192	0	40	0					2591	0	8/6	0	30480	67200
1A		−10		−3/8					2438	−5	8	−3/16		
1AX									<2438		<8			
1BBB									2896		9/6			
1BB	9125	0	29/11.25	0	2438	0	8	0	2591	0	8/6	0	25400	56000
1B		−10		−3/8		−5		−3/16	2438	−5	8	−3/16		
1BX									<2438		<8			
1CC									2591	0	8/6	0		
1C	6058	0	19/10.5	0					2438	−5	8	−3/16	20320	44800
		−6		−1/4										
1CX									<2438		<8			
1D	2991	0	9/9.75	0					2438	0	8	0	10160	22400
		−5		−3/16						−5		−3/16		
1DX									<2438		<8			

图2-1-12　通用集装箱　　　　图2-1-13　机械式冷藏集装箱

图2-1-14　通风集装箱　　　　图2-1-15　罐式集装箱

（6）台架式集装箱。没有箱顶和侧壁，甚至连端壁也去掉，而只有底板和四个角柱的集装箱。这种集装箱可以从前后、左右及上方进行装卸作业，适合装载长大件和重货件。如重型机械、钢材、钢管、木材、钢锭等。台架式的集装箱没有水密性，怕水湿的货物不能装运，或用帆布遮盖装运，如图2-1-17所示。

图 2-1-16　散货集装箱　　　　　　　图 2-1-17　台架集装箱

（7）平台集装箱。这种集装箱是在台架式集装箱上再简化而只保留底板的一种特殊结构集装箱。平台的长度与宽度与国际标准集装箱的箱底尺寸相同,可使用与其他集装箱相同的紧固件和起吊装置。这一集装箱的采用打破了过去一直认为集装箱必须具有一定容积的概念,如图 2-1-18 所示。

（8）敞顶集装箱。这是没有刚性箱顶的集装箱,但有由可折叠式或可折式顶梁支撑的帆布、塑料布或者涂塑布制成的顶棚,其他构件与通用集装箱类似。这种集装箱适于装载大型货物和重货,如钢铁、木材,特别是像玻璃板等易碎的重货,利用吊车从顶部吊入箱内不易损坏,而且也便于在箱内固定,如图 2-1-19 所示。

（9）汽车集装箱。一种运输小型轿车用的专用集装箱,其特点是在简易箱底上装一个钢制框架,通常没有箱壁(包括端壁和侧壁)。这种集装箱分为单层的和双层的两种。因为小轿车的高度为 1.35～1.45m,如装在 8ft 的标准集装箱内,其容积要浪费 2/5 以上,因而出现了双层集装箱。这种双层集装箱的高度有两种:一种为 10.5ft,一种为 8.5ft 高的两倍。因此汽车集装箱一般不是国际标准集装箱,如图 2-1-20 所示。

图 2-1-18　平台集装箱　　　　　　　图 2-1-19　敞顶集装箱

（10）动物集装箱。一种运装鸡、鸭、鹅等活禽和牛、马、羊、猪等活牲畜用的集装箱。为了遮蔽太阳,箱顶采用胶合板覆盖,侧面和端面都有用铝丝网制成的窗,以求有良好的通风。侧壁下方设有清扫口和排水口,并配有上下移动的拉门,可把垃圾清扫出去。还装有喂食口。动物集装箱在船上一般应装在甲板上,因为甲板上空气流通,便于清扫和照顾,如图 2-1-21所示。

（11）服装集装箱。这种集装箱的特点是,在箱内上侧梁上装有许多根横杆。每根横杆上垂下若干条皮带扣、尼龙带扣或绳索,成衣利用衣架上的钩,直接挂在带扣或绳索上。这种服装装载法属于无包装运输,它不仅节约了包装材料和包装费用,而且减少了人工劳动,提高了服装的运输质量,如图 2-1-22 所示。

图 2-1-20　汽车集装箱　　　　图 2-1-21　动物集装箱　　　　图 2-1-22　服装集装箱

2) 按箱体材料分类

集装箱按其主体材料构成可分为四类。

(1) 钢集装箱。钢集装箱的外板用钢板,结构部件也均用钢材。这种集装箱的最大优点是强度大、结构牢、焊接性和水密性好,而且价格低廉。但其重量大,易腐蚀生锈。由于自重大,降低了装货量。而且每年一般需要进行两次除锈涂漆,使用期限较短,一般为 11 ~ 12 年。

(2) 铝集装箱。铝集装箱并不是纯铝制成的,而是各主要部件使用最适量的各种轻铝合金,故又称铝合金集装箱。这种铝合金集装箱一般都采用铝镁合金,其最大优点是重量轻,铝合金的相对密度约为钢的 1/3,20ft 的铝集装箱的自重为 1700kg,比钢集装箱轻 20% ~ 25%,故同一尺寸的铝集装箱可以比钢集装箱能装更多的货物。铝集装箱不生锈,外表美观。铝镁合金在大气中自然形成氧化膜,可以防止腐蚀,但遇海水则易受腐蚀,如采用纯铝包层,就能对海水起很好的防蚀作用,最适合于海上运输。铝合金集装箱的弹性好,加外力后容易变形,外力除去后一般就能复原,因此最适合于在有箱格结构的全集装箱船上使用。此外,铝集装箱加工方便,加工费低,一般外表只需要涂涂料,维修费用低,使用年限长,一般为 15 ~ 16 年。

(3) 玻璃钢集装箱。它是用玻璃纤维和合成树脂混合在一起制成薄薄的加强塑料,用黏合剂贴在胶合板的表面上形成玻璃钢板而制成的集装箱。玻璃集装箱的特点是强度大、刚性好。玻璃钢的隔热性、防腐性、耐化学性都比较好,能防止箱内产生结露现象,有利于保护箱内货物不遭受湿损。玻璃钢板可以整块制造,防水性好,还容易清洗。此外,这种集装箱还有不生锈、容易着色的优点,故外表美观。由于维修简单,故维修费用也低。玻璃钢集装箱的主要缺点是重量较大,与一般钢集装箱相差无几,价格也较高。

(4) 不锈钢集装箱。不锈钢是一种新的集装箱材料,它有如下优点:强度大,不生锈,外表美观;在整个使用期内无需进行维修保养,故使用率高,耐蚀性能好。其缺点是:价格高,初始投资大;材料少,大量制造有困难,目前一般都用作罐式集装箱。

3) 按结构分类

集装箱的结构,根据制造方法的不同有三种形式。

(1) 内柱式和外柱式集装箱。内柱式集装箱,即侧柱和端柱位于侧壁和端壁之间;反之则是外柱式集装箱。一般玻璃钢集装箱和钢集装箱均没有侧柱和端柱,故内柱式和外柱式集装箱均对铝集装箱而言。内柱式集装箱的优点是外表平滑、美观,受斜向外力不易损坏,印刷标记时比较方便。外板和内衬板之间隔有一定空隙,防热效果较好,能减少货物的湿损。外柱式集装箱的优点是受外力作用时,外力由侧柱或端柱承受,起到了保护外板的作用,使外板不易损坏。由于集装箱内壁平整,有时也不需要有内衬板。

图 2-1-23　折叠式集装箱

（2）折叠式和固定式集装箱。折叠式集装箱，如图 2-1-23 所示。它的侧壁、端壁和箱门等主要部件能很方便地折叠起来，反复使用时可再次撑开。反之，各部件永久固定地组合在一起的称固定式集装箱。折叠式集装箱主要用在货源不平衡的航线上，是为了减少回空时的舱容损失而设计的。目前，使用最多的还是固定式集装箱。

（3）预制骨架式集装箱和薄壳式集装箱。集装箱的骨架由许多预制件组合起来，并由它承受主要载荷，外板和骨架用铆接或焊接的方式连为一体，称之为预制骨架式集装箱。通常是铝制和钢质的预制骨架式集装箱，外板采用铆接或焊接的方式与骨架连接在一起，而玻璃钢的预制骨架式集装箱，其外板用螺栓与骨架连接。薄壳式集装箱则把所有构件组合成一个刚体，优点是重量轻，受扭力作用时不会引起永久变形。

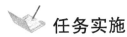

任务实施

填写任务单，见表 2-1-3。

任务单　　　　　　　　　　　　　　　　　　　　　　表 2-1-3

编制专业：港机专业				编号：项目一任务 1	
课程名称	港口起重输送机械		班级/组号	学时	4
任务 1　集装箱机械的发展与类型、集装箱认识					
任务描述			列出集装箱的类型及适用场合		
分　析	序号	集装箱机械名称		适用场合	
	1				
	2				
	3				
	4				
	5				
	6				
评价				成绩评定	

**课后巩固**

1. 集装箱起重机械的发展可分为哪几个阶段？各阶段有何特点？
2. 集装箱码头有哪些类型的集装箱起重机械？它们的适用场合有哪些？
3. 集装箱是按什么来分类？分成哪些类型？各种集装箱的适用场合有哪些？

任务2　集装箱专用吊具、起吊方式认识、使用与维护

任务导读

通过任务2的学习，了解集装箱专用吊具的类型及其运用场合，并能根据实际需求合理选用集装箱吊具。

教学目标

知识目标：了解集装箱专用吊具的类型及其运用场合、吊具的结构组成与动作原理；掌握集装箱装卸的起吊方式及适用场合；掌握对吊具的维护。

能力目标：具备认识、使用与维护集装箱专用吊具及起吊方式的能力。

工作任务

任务描述：描述不同类型的集装箱吊具（图2-1-24）及其运用场合。

任务具体要求：列出不同类型的集装箱吊具及其运用场合，并填写任务单。

图2-1-24　集装箱吊具

知识储备

为了安全迅速地吊运集装箱，大多数集装箱起重机械均采用集装箱吊具作为专用的取物装置。集装箱专用吊具，如20ft吊具和40ft吊具等都与集装箱的规格尺寸配套，它具有与集装箱箱体相适应的结构，通过旋锁与箱体的角配件连接进行起吊作业，由司机操作控制旋锁的开闭。集装箱专用吊具是集装箱起重机械最为重要的部件之一，其质量与可靠性直接影响集装箱起重机的整机性能与装卸效率。

1. 集装箱专用吊具的种类

集装箱专用吊具有固定式、组合式和伸缩式三大类。

1）固定式吊具

固定式吊具也称整体式吊具，如图2-1-25所示。它只能装卸一种规格的集装箱，无专用动力装置，是通过钢丝绳的升降带动棘轮机构驱动旋锁转动，从而以钢丝绳机械运动的方式实现自动开闭旋锁。这种吊具结构简单、重量轻，但使用不便，一般用于多用途门机和一般门机上。

2）组合式吊具

组合式吊具由两种或两种以上不同规格的吊具组合在一起，各吊具间可快速装拆，组合

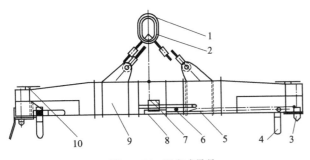

图 2-1-25 固定式吊具
1-吊索;2-吊环;3-旋锁箱总成;4-导板装置;5-联杆总成;6-托辊总成;7-牵引系统;8-驱动机构;9-吊架;10-旋锁指示器

式吊具有主动式吊具和吊梁具两种。

（1）主动式吊具。

如图 2-1-26 所示。主动式吊具,其主吊具用于 20ft 集装箱,装有液压装置,通过旋锁机构转动旋锁。当需要起吊 40ft 集装箱时,则通过旋锁连接把 40ft 吊具挂在主吊具下面。40ft 吊具的旋锁机构由装在主吊具上面的液压装置驱动。这种吊具结构较简单,自重轻,故障少,拆装和维修保养比较方便。

（2）吊梁式吊具。

如图 2-1-27 所示。吊梁式吊具也称换装式吊具。这种吊具在其专用吊梁上装有动力系统,用来驱动下面吊具上的各种机构。在吊梁下可换装 20ft、40ft 等多种规格集装箱固定吊具,与主动式吊具比较,它自重较轻,但更换吊具花费的时间较长。

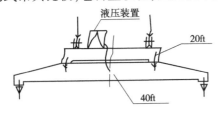

图 2-1-26 主动式吊具

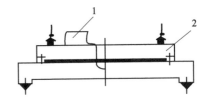

图 2-1-27 吊梁式吊具
1-液压动力装置;2-吊梁

3）伸缩式吊具

伸缩式吊具上装有机械式或液压式伸缩机构,能在 20～45ft 范围内进行伸缩调节,以适应不同规格集装箱的装卸要求。伸缩式吊具质量较大,但其长度调节方便,操作灵活,通用性强,生产效率高。伸缩式吊具有普通型、回转调心型、固定式双 20ft 箱、移动式双 20ft 箱、双箱 40ft 集装箱专用吊具（图 2-1-28）和三箱 40ft 集装箱专用吊具（图 2-1-29）等多种形式。

图 2-1-28 双箱 40ft 集装箱专用吊具

图 2-1-29 三箱 40ft 集装箱专用吊具

2. 伸缩式吊具的构造

1）普通型伸缩式吊具

普通型伸缩式吊具,如图 2-1-30 所示。它由金属结构（上架 1、底架 2、伸缩架 3）、旋锁连接装置 4、导向装置 5 和吊具前后倾动装置 6、吊具伸缩装置 10 和伸缩定位装置等所组成。吊具通过上架的滑轮组和起升绳卷绕系统相连。旋锁连接装置、导向板倾动装置、吊具前后倾动装置和吊具伸缩装置,均采用液压传动,其共用的油泵驱动装置和油箱 8 装设在底架上。底架通过销轴、吊具前后倾斜装置和上架相连。沿着吊具长度方向可伸缩的伸缩架支承在底架中的滑动支座上。旋锁连接装置和导向板驱动装置的液压控制元件装设在伸缩架的端梁上,由油泵经高压软管供油。从运行小车垂下的电缆存放在电缆存储器9中。

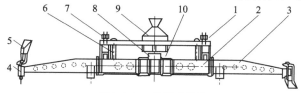

图 2-1-30　伸缩式吊具

1-上架;2-底架;3-伸缩架;4-旋锁连接装置;5-导向装置;6-吊具前后倾动装置;7-吊具滑轮;8-油泵驱动装置和油箱;9-电缆存储器;10-伸缩装置

（1）吊具的金属结构。

吊具的金属结构是承载构件,呈全封闭形式。底架由主框架和伸缩梁架构成,伸缩梁被嵌套在主框架的两根"Ⅲ"形梁中,在伸缩驱动力的作用下,它可以在"Ⅲ"形梁中滑动。伸缩梁与端梁用焊接方式替代传统的螺栓连接方式,可避免因螺栓松动而引起的螺栓断裂现象的发生。在伸缩梁与主框架的滑动面之间装有特制的减磨垫块,以减小伸缩梁动作时的摩擦阻力。用于制作垫块的减磨材料,具有较高的强度,能够承受伸缩梁传递到主框架的挤压力和冲击载荷。

（2）旋锁连接装置。

吊具的旋锁连接装置是使吊具与集装箱在吊运时连成一体的装置。在吊具框架的四角相应于集装箱角件孔位处,装设一个可转动的旋锁,如图 2-1-31 所示。吊具两端的端梁内各装有一套由液压油缸驱动的摇杆机构,每套机构驱动两个旋锁动作。它们被安装在箱形端部的横梁内,不会受到外力的损坏,具有很高的可靠性。开/闭锁限位开关也被安装在里面,通过检测连杆上的感应块的两个位置来检测开/闭锁状态。箱形端梁的内侧开有安装检修孔,用防雨帆布遮盖,防水、防尘。

旋锁连接装置的工作原理,如图 2-1-32 所示。当吊具通过导向装置降落到箱体上时,吊具旋锁即准确地插入集装箱角件的椭圆形孔内（图 2-1-32a）,将旋锁转动 90°（图 2-1-32b）,就可锁住集装箱而吊运（图 2-1-32c）。

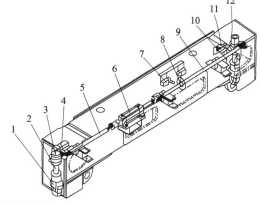

图 2-1-31　旋锁连接装置

1-旋锁衬套;2-旋锁;3-旋锁螺母;4-推力关节轴;5-连杆Ⅰ;6-旋锁油缸;7-开闭锁限位开关;8-限位撞块;9-连杆;10-顶销;11-顶销限位开关;12-转柄

吊具的旋锁采用悬挂支承方式,旋锁通过锁销螺母支承在推力轴承上。推力轴承安装在凹球面上,允许其在较大范围内摆动,从而使吊具旋锁在空间内实现了全方位的"浮动"。因此,又称为浮动式旋锁。浮动式旋锁在起吊集装箱时仅承受拉力,并且使旋锁更容易插入集装箱的角配件中,也能装卸略有变形的集装箱。

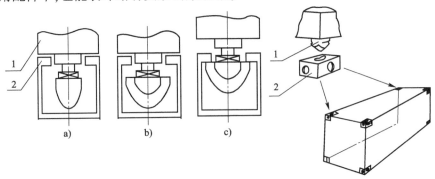

图2-1-32 旋锁连接装置
1-吊具旋锁;2-集装箱角配件

吊具四角的旋锁装在旋锁箱内,如图2-1-33所示。旋锁箱内有一个顶杆4,顶杆在弹簧作用下,突出于旋锁体底部。当旋锁5进入集装箱角件孔后,旋锁箱底面与集装箱角件顶面接触时,突出的顶杆即被压回。顶杆4上端接触开关1,使吊具四角的指示灯和司机室操作台上的指示灯红灯同时发亮,即可转动旋锁,通过液压传动装置使旋锁转动90°,触及限位开关,指示灯绿灯亮,表示旋锁以锁闭,即可开始起吊集装箱。

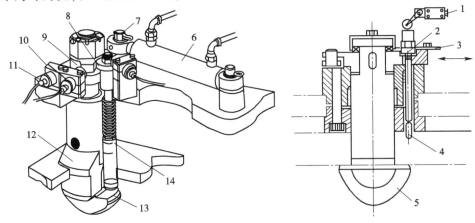

图2-1-33 旋锁箱
1-接触开关;2-调整螺栓;3-固定板;4-顶杆;5-旋锁;6-油缸;7-曲柄;8-限位挡圈;9-凸轮;10-闭锁;11-开锁;12-导套;13-旋锁钩子;14-着箱销

旋锁顶杆用于产生信号,起到一定的连锁作用。当顶杆被压回,顶端触及开关,指示红灯亮时,起升机构下降回路即被切断。而当吊具四个角的旋锁顶杆均被压回箱体,四个角的旋锁全部进去相应的集装箱角件孔后,旋锁液压传动装置的动作回路方被接通。司机掀动"闭锁"按钮,即将旋锁与集装箱角锁紧,旋锁液压传动装置的液压缸推动连杆,触及终点行程开关,指示绿灯亮,同时接通起升机构回路。起升机构上升动作瞬间,旋锁箱底面即脱离集装箱角件顶面,顶杆在弹簧张力的作用下恢复突出旋锁箱体底部,此时吊具四角的指示灯和司机室操作台上的指示灯同时熄灭,旋锁驱动装置动作回路即被切断。在这种电气保护下,即使司机操作失误亦不致于在吊运集装箱时自动开锁。同时只有在旋锁全开或者全锁时,起升机构才能动作。集装箱吊具上设有电气和机械的连锁安全装置,在一个动作没有完成以前,后一个动作不能进行。

(3)吊具伸缩装置。

吊具伸缩装置,如图2-1-34所示。其作用是改变伸缩架的位置,以适应吊运不同规格的集装箱。吊具伸缩动作有采用液压油缸驱动,也有采用电动机驱动链条来实现,还有采用液压缸与链条组合驱动的。

液压油缸驱动的伸缩形式,如图2-1-35所示。左右伸缩梁在水平面内相错安排,可相对固定机架滑移动作。每个伸缩梁都由各自的液压油缸活塞杆推动。

链驱动的伸缩形式,如图2-1-36所示。电动机(或液压马达)及链传动驱动工作链条来达到伸缩效果。上部工作链条与右伸缩梁相连,下部工作链条与左伸缩梁相连。当电动机顺时针方向转动时,右伸缩梁随链条右移外伸,左伸缩梁也随链条左移外伸。当电动机反转时,伸缩梁即内缩。

图2-1-37为液压缸与链条组合伸缩形式。油缸设置在固定机架上,活塞杆1与左伸缩梁相连,链传动AB中的下部链条与左伸缩梁相连,上部链条与右伸缩梁相连。这样活塞杆外伸时,使左伸缩梁左移外伸,同时由左伸缩梁连动链条2,使上部链条向右运动,从而带动右伸缩梁右移外伸。

在伸缩链条的两边各有一套张紧和缓冲装置,如图2-1-38所示。该装置中装有专用碟弹簧,用以吸收一部分来自伸缩方向的冲击能量。除了在液压系统中有过压卸荷保护外,还可采用摩擦式驱动链来保护吊具的伸缩过载。如图2-1-39所示为具有弹簧压紧的锥面摩擦盘式的链轮。驱动轴用花键与摩擦盘1、2连接,通过弹簧3作用,使链轮4与摩擦盘锥面压紧,能随驱动轴一起转动。过载时,通过摩擦锥面打滑来使链轮与驱动轴脱离。

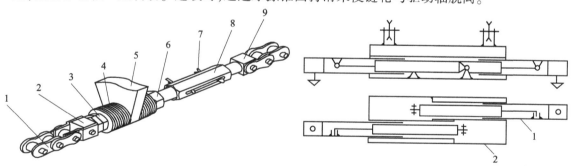

图2-1-34 吊具伸缩装置
1-伸缩链条;2-螺杆;3-螺母;4-蝶形弹簧;5-推杆耳板;6-锁紧螺母;7-开口销;8-调节螺母;9-螺杆Ⅱ

图2-1-35 液压油缸驱动的伸缩形式
1-伸缩架;2-主框架

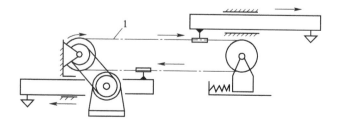

图2-1-36 链驱动的伸缩形式
1-伸缩链条

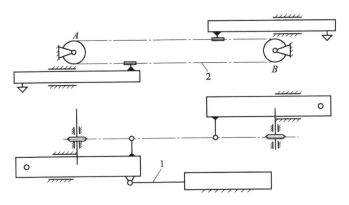

图 2-1-37 液压缸与链条组合伸缩形式
1-活塞杆;2-伸缩链条

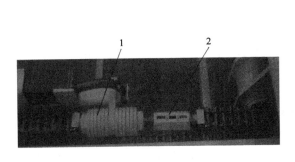

图 2-1-38 张紧和缓冲装置
1-缓冲装置;2-张紧装置

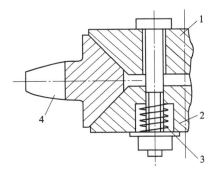

图 2-1-39 锥面摩擦盘式的链轮
1、2-摩擦盘;3-弹簧;4-链轮

(4) 伸缩定位装置。

为使伸缩定位装置准确,在极限位置设有位块(包括插销)及电气行程开关,并且通过电气开关保证只有伸缩到位后才能动作其他机构。在吊运集装箱时,伸缩机构不能动作。

当伸缩梁在伸缩运动过程中接触到限位开关时,即发出信号并切断伸缩电源。吊具定位于设定的 20ft、40ft 或 45ft 位置,并在司机室显示吊具的伸缩长度。

当吊具受到较大外力冲击时,吊具伸缩位置会发生微动而影响正常装卸作业。因此,在吊具底梁主结构上安装了一套伸缩定位装置,如图 2-1-40 所示,该定位装置由液压油缸、定位销、限位开关等组成。其工作原理是:当吊具伸缩至 20ft、40ft、45ft 位置时,定位液压油缸推动定位销插入焊于伸缩推杆相应位置上的定位孔中,并由限位开关提供其动作的信号。伸缩动作开始前,首先将定位销退出并使限位开关作用,发出定位销退出到位信号,然后才开始伸缩动作;伸缩到位后,伸缩位置限位发出到位信号,再延时若干秒,定位销才插入推杆定位孔中,以锁定吊具伸缩梁,从而确保 4 个旋锁吊点处于正确位置。

(5) 导向装置。

它在吊具接近集装箱时起定位作用,如图 2-1-41 所示。当吊具中心线偏离不大于 200mm 的情况下,司机不必重新启动行走小车,可放下吊具导向板,吊具即能迅速对准集装箱,使旋锁插入集装箱的角件孔中。导向装置由导向板、摆动液压马达或液压油缸和液压传动系统组成。导向板分别安装于吊具的 4 个角上。导向板分活动导向板和固定导向板两大类。活动导向板主要用于与岸边集装箱起重机相配的吊具;固定导向板则多用于与集装箱龙门起重机相配的吊具上。

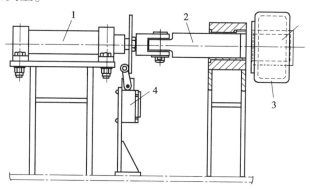

图 2-1-40　伸缩定位装置
1-定位销油缸;2-定位销;3-伸缩推杆;4-限位开关

活动导板有三种驱动形式:图 2-1-41a)是用摆动油缸实现导板的摆动;图 2-1-41b)是往复式油缸推动扇形齿轮;图 2-1-41c)是液压油马达驱动扇形齿轮。导向板的末端是用钢板做成的角锥形包角。在使用时导向板可转动 180°向下,正好套在集装箱 4 个角上。不工作时导向板全部翻转向上,吊具的外廓尺寸和集装箱一致,因而可以畅通地出入集装箱的格栅之间。由于 4 个角的导向板具有独立的驱动装置,因此它们可按司机的操纵指令,随意组合导向板的动作。

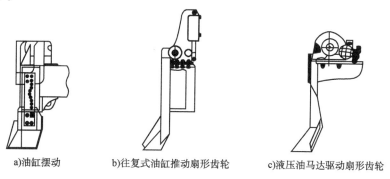

a)油缸摆动　　b)往复式油缸推动扇形齿轮　　c)液压油马达驱动扇形齿轮

图 2-1-41　活动导向板的驱动形式

(6)倾动装置。

由于在装卸过程中,集装箱船出现横倾或纵倾时,要求吊具在前后、左右方向做一定角度的倾斜,所以常设有允许 ±5°的吊具倾动装置,它通过液压油缸伸缩或卷筒钢丝绳的收放来实现吊具倾动,如图 2-1-42 所示。正常状态时,吊具的上架平面与底架平面互相平行,当倾动油缸伸缩时,吊具可前后倾动 ±5°。

2)固定式双 20ft 箱吊具

固定式双 20ft 箱吊具,如图 2-1-43 所示,即一次能同时装卸两个 20ft 集装箱。固定式双 20ft 箱吊具是在普通伸缩式吊具的基础上,在主框架的中部增加 4 套独立的旋锁装置及其相应的机构件,从而在保留标准吊具原有全部功能的基础上,增加了同时装卸两只 20ft 集装箱的功能。与单箱吊具相比,大大提高了装卸效率。

双 20ft 箱吊具中部吊点装置,如图 2-1-44 所示。双 20ft 箱吊具中部吊点装置也称中间旋锁装置。由 4 只旋锁箱、4 套独立的旋锁装置和 2 套垂直提升装置组成。在每套提升装置上装有减磨块,起导向和减磨作用。由于中间 4 只旋锁箱分别由垂直油缸驱动或水平油缸驱动作垂直升降运动,如图 2-1-45 所示。因此,中间旋锁吊点能始终保持准确的位置尺寸。在中间旋锁箱的销轴连接处有一定的垂直浮动间隙,从而在两只 20ft 集装箱的吊点高度落差达 60mm 的情况下,仍能同时起吊。

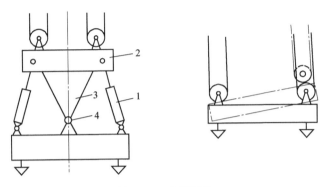

图 2-1-42　倾动装置

1-倾动油缸;2-上架;3-构架;4-销轴

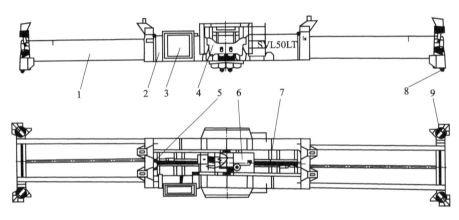

图 2-1-43　固定式双 20ft 箱吊具

1-伸缩梁;2-底架主框架;3-电气系统;4-双箱吊点装置;5-输缆管装置;6-液压系统;7-伸缩装置;8-旋锁装置;9-导向装置

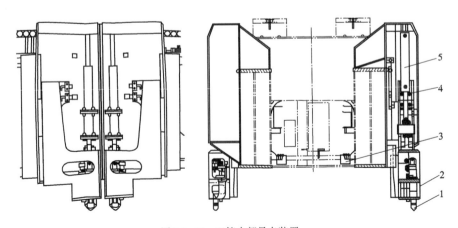

图 2-1-44　双箱中部吊点装置

1-旋锁装置;2-中间旋锁箱;3-误吊感应装置;4-减磨块;5-中间提升机构

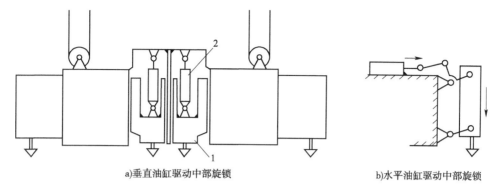

a) 垂直油缸驱动中部旋锁　　　　　　　b) 水平油缸驱动中部旋锁

图 2-1-45　双箱吊点中部旋锁
1-旋锁箱；2-垂直油缸

中间旋锁箱的支点处采用浮动式旋锁装置，从而提供了其自由浮动的条件。即使这两只 20ft 集装箱中间四个角配件相对平面位置有偏差时，也能有效地保证中间 4 只旋锁准确地插入集装箱的角配件孔中，另外，中间旋锁箱的垂直提升高度达 420mm，当提升至最高处时，可以使中间旋锁装置处于底架主框架的上部，保证吊具在吊单只超高箱时避免与中间旋锁装置发生干涉，从而更好地保护中部旋锁机构和集装箱。只有当中间 4 只旋锁箱全部下降到位时，吊具才能同时装卸两只 20ft 的集装箱；只有当中间 4 只旋锁箱全部被提起到位时，才能装卸单只 20ft 或 40ft 集装箱。

为了正确区分吊具下是 2 只 20ft 还是 1 只 40ft 集装箱，吊具上还装有一套由红外线光电感应开关组成的双 20ft 箱检测装置，又称"误吊感应装置"。该装置发出的信号除使驾驶员能正确判断即将起吊的集装箱是双 20ft 箱还是单箱外，还与起重机的控制系统一起组成了一套电气安全连锁保护程序：当吊具下是 40ft 单箱而吊具的中间 4 只旋锁箱全部处于下降位置（吊 2 只 20ft 集装箱状态）时，吊具起升到安全高度时会自动停止下降，以防止损坏集装箱和旋锁；反之，当吊具下是两只 20ft 集装箱而中间的 4 只旋锁未下降到位（吊 1 只 40ft 集装箱状态）时，除了停机外，还发出信号告诉驾驶员发生了误动作，从而能有效地避免事故的发生。还可根据用户的要求，采用机械连锁装置，它与电气连锁一起，确保中间 4 只旋锁的可靠动作。而且装卸双 20ft 箱时，中间 4 只旋锁与两端的 4 只旋锁动作是连锁的，即只有当 8 只旋锁全部插入集装箱的角配件孔后，8 只顶销限位开关发信号，才允许作开闭锁动作。

3）可移动式双 20ft 箱吊具

可移动式双 20ft 箱吊具，如图 2-1-46 所示。它的结构形式与固定式双 20ft 箱吊具基本相同，只是在其基础上增加了一套中间吊点装置的平移机构。该平移机构简称中锁平移机构，在吊箱或不吊箱情况下均可平移中锁间的距离；同时对液压系统作了相应的改进，电气系统增加了中锁平移机构的控制系统等。它既能装卸单个 20ft、40ft、45ft 集装箱，又能装卸两个在一定范围内不同间距的 20ft 集装箱。

在吊具的主框架滑道上装有 4 个中间移动架，且每个中间移动架内装有一套可上下运动的中间旋锁箱，每个中间旋锁箱均与一个液压升降油缸相连。当中间旋锁箱处于上升位置时，可进行单箱作业；当中间旋锁箱处于下降位置时，则可进行双 20ft 箱作业。为了实现中间旋锁箱与一侧边锁的位置保持一定，设计了一对中间旋锁移动的液压油缸，分别与左右两个下推杆相连，两个下推杆通过连接板与左右两对中间移动架分别连接。在中间旋锁移动液压油缸的推动下,中间移动架同中间旋锁箱可作向外和向内的平移运动,如图2-1-47所示,并保证外伸梁进行同步伸缩,这样吊具就能装卸在设计范围内的任意位置的两个20ft集装箱,同时也实现了吊具下两个20ft集装箱的平移运动。

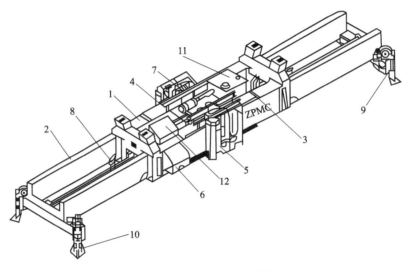

图2-1-46 可移动式双20ft箱吊具

1-底架主框架;2-伸缩梁;3-输缆管装置Ⅰ;4-双箱移动装置;5-中间吊点装置;6-梯子;7-输缆管装置Ⅱ;8-伸缩装置;9-旋锁装置;10-导向装置;11-液压系统;12-电气系统

a)中间吊点装置

b)中间吊点平移动作

图2-1-47 双箱平移系统

可移动式双20ft箱吊具与固定式双20ft箱吊具的主要区别在于其特殊的伸缩机构,该吊具的伸缩驱动系统由常规伸缩驱动和双中锁移动两套机构组成:常规伸缩驱动机构与普通式吊具基本相同;双中锁移动机构由中锁移动油缸、下推杆、连接板、减磨板、40ft零位置及标准限位开关、45ft极限位置开关等组成。

当吊具在作正常的伸缩运动时,上下推杆处于脱钩状态。液压马达驱动减速器及链轮链条,与上推杆相连接的链条推动伸缩梁作伸缩运动。这时的伸缩运动相当于普通吊具的伸缩运动。

4)回转调心型吊具

回转调心型吊具是可实现平面回转运动的吊具,如图2-1-48所示。有些岸边集装箱起重机、轨道式集装箱龙门起重机和多用途门座起重机需用回转吊具,其回转角度为±200°。

回转调心型吊具的下部为一个伸缩式吊具,在其上部配置了调心装置和回转装置。

(1)回转装置。

回转装置由回转支承和驱动机构组成。在回转装置上装有均力平衡梁,以保证起重机4根钢丝绳均衡受力。吊具的回转部分与非回转部分通过一个回转支承相连。电动机或液压马达驱动减速器和主动小齿轮,带动吊具作回转运动,如图2-1-49所示。用起重机上的PLC控制吊具的回转角度,则能够使吊具的回转角度严格跟随起重机的回转角度,从而保证集装箱始终作平行移动,以提高装卸效率。4个限位开关可发出左右零位、左右终点位置信号,以提示司机吊具的回转方向和位置。

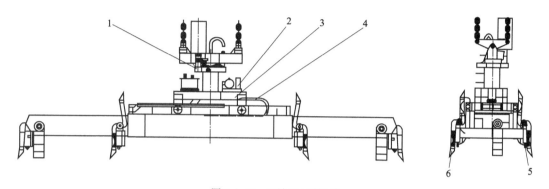

图2-1-48 回转调心型吊具
1-回转装置;2-液压系统;3-调心装置;4-输缆管装置;5-旋锁装置;6-导向装置

(2)调心装置。

当吊具由于回转运动而发生重心偏移时,调心装置能够自动或按司机操纵指令进行行程±800mm的调心运动,以保持吊具的水平状态。这个运动由一个螺杆或液压油缸驱动调心小车的移动来实现,如图2-1-50所示。调心小车上的4个车轮(也可用4块抗磨板)支承住吊具底架,承受来自吊具的拉力。4个限位开关发出左右零位和左右终点位置信号,以提示司机吊具的移动方向和位置。回转部分的电缆和液压软管通过输缆装置与吊具相连。

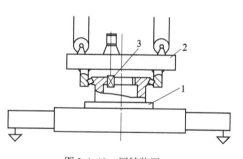

图2-1-49 回转装置
1-大轴承圈;2-上架;3-小齿轮

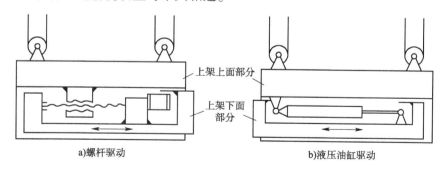

图2-1-50 调心装置

5)双箱40ft集装箱吊具

双箱40ft集装箱吊具是由两个双20ft箱吊具采用新型的上架结构组合而成。吊具上架上有2根油缸将两个吊具连接在一起。2根油缸可通过伸缩、分离、前后移动、上下摆动来适应高度不同的箱型呈八字形、船舶纵倾、船舶横倾、箱距过大和不平行于大车轨道时的装卸要求。双箱40ft集装箱吊具可一次吊运2个40ft集装箱或4个20ft集装箱,也可单独进行装卸,即一次吊运1个40ft集装箱或2个20ft集装箱。

近来,集装箱吊具的驱动形式已采用电力驱动。即吊具的旋锁连接装置、导向板驱动装置、吊具伸缩装置,均采用电力驱动。无液压系统的电动吊具,没有油液泄漏和电磁阀失效等问题。而且,电动吊具结构简单、重量轻、工作可靠、维修保养方便。

3. 集装箱专用吊具的使用与维护

伸缩式集装箱吊具具有电力驱动、液压传动的各个动作机构,也具有金属架、滑轮钢绳等。

1)驱动电动机

维持主轴的润滑,维持底脚螺栓不松,注意散热限制升温。

2)液压系统

经常检查液压油箱油量、油温及系统的油压、噪声,要求维持正常数值。也应保持油液的清洁,防止安全溢流阀有杂物卡隙,导致发热不正常以及油缸伸缩不正常。油箱中的滤油器应经常清洗或更换,并且在一定使用期后,更换油液。注意油管的完好程度,保持管接头及有关元件螺栓的拧紧。油缸活塞杆及阀件中的密封环应定期拆卸更换,以免渗油。

3)机构传动系统

对滚动轴承以及摆转构件衬套与心轴间必须经常充注润滑脂,保持良好的润滑,也要观察相对运动件间的间隙,需要时更换滚动轴承与衬套。对心轴的固定闩板螺栓要注意是否有松动,若有应及时拧紧。适时检查轴件是否有裂纹。适时检查伸缩机构传动链条的正常程度,检查伸缩梁垫块或滚轮的磨损程度。

4)钢绳及连接件

经常在钢绳上涂润滑脂,注意磨损情况及表层钢丝的断裂情况,需要时进行更换。注意钢绳的卡夹、卸克、楔套楔块等的损坏征兆,并注意连接螺栓的拧紧程度。

5)金属梁架

注意变形情况,观察焊缝状态变化、油漆损坏及锈蚀情况,视具体情况加以修补、校正、加强及除锈补漆等。

6)电气及连锁安全系统

经常注意各零件动作的协调、先后、可靠性。注意检查电源插头插座、电缆、电路接线、熔断丝、接触器、继电器、手动操作电气开关按钮等,需要时加以更换。

4. 集装箱专用吊具的调整

1)吊具伸缩位置的调整

吊具的伸缩运动是依靠油马达减速器驱动链条推动两根矩形推杆来实现的。当吊具伸/缩到45ft/40ft/20ft位置时,45ft/40ft/20ft位置的限位开关闭合,发出45ft/40ft/20ft位置信号,并切断伸缩电磁阀电路,使阀芯回到中位隔断油马达的进出油路,伸缩油路的溢流阀卸荷起保护作用。如果吊具受外力作用,如在40ft时外伸梁受撞击,使伸缩尺寸变化,那么限位开关就断开,又重新接通伸缩电磁阀电路,恢复伸/缩动作,直到伸/缩到规定位置。因此,伸缩位置的调整关键在于45ft/40ft/20ft限位开关的调整。

2）限位开关的调整方法

（1）将吊具伸/缩到 45ft/40ft/20ft 位置。

（2）松开限位开关支座。

（3）接通限位开关电源，沿吊具伸缩方向移动开关座，并观察限位开关，若有信号，即表示限位开关已接通。

（4）在此位置上坚固限位开关支座，确认限位开关仍处于接通状态后，切断试验电源。

3）伸缩传动链的调整

（1）拆下调整螺母的螺钉。

（2）顺时针方向旋动螺母，使链条收紧；反之，则使链条松驰，链条下垂 25mm。

（3）将调整螺母上的长槽对准左右旋螺栓上的销孔，装上螺钉。

（4）将链条与推杆耳板连接处的碟形缓冲弹簧的预紧力矩调为 100N·m。

5. 集装箱装卸作业方式

集装箱船舶在港口码头的装卸作业方式可分为吊上吊下方式和滚上滚下方式。

吊上吊下方式是指码头前沿采用起重机械进行装卸。用码头或船上的起重机械往船舱或甲板上装、卸集装箱。该方式也称为垂直作业方式，是当前使用最为广泛的一种方式。

滚上滚下方式是采用滚装船运输集装箱。它是将集装箱放置在半挂车（底盘车）上，船舶到港后，牵引车通过与船首门、尾门或舷门铰接的跳板，进入船舱，将半挂车（底盘车）拖带到码头货场；或者是将集装箱直接堆放在船舱内，用叉车把集装箱放到底盘车上，由牵引车拖带到码头货场；或者仅用叉车通过跳板搬运集装箱。这种方式称为滚上滚下方式，也称为水平作业方式。

将滚上滚下方式与吊上吊下方式装卸集装箱比较可知，前者装卸速度要快 30% 左右，勿需动用价格昂贵的港口大型专用机械设备，装卸费用低；有利于组织集装箱"门到门"运输，减少集装箱在港口的装卸环节，降低集装箱破损率。但滚装集装箱船的造价比吊上吊下集装箱船高 10% 左右，其载重利用系数仅为吊上吊下集装箱船的 50%，载重每一吨的单位运费比吊上吊下集装箱船要高，滚装集装箱码头所需要的货场面积比一般吊上吊下集装箱码头要大。因此，大多数集装箱码头装卸集装箱多采用吊上吊下方式。

6. 集装箱的起吊方式

集装箱的起吊方式通常有如下几种：

1）上部四点起吊

上部四点起吊，如图 2-1-51 所示。该起吊方式需采用专用的集装箱吊具起吊集装箱。吊具的旋锁通过机械液压装置，与集装箱的四个顶角件自动结合。这是一种最理想的起吊方式。集装箱采用四点起吊，钢丝绳垂直受力均衡，起吊平稳。当吊具旋锁与集装箱上部四个顶角件全部锁紧，并通过装设在司机室里的显示装置确认无误后，方可起吊。这种起吊方式广泛用于集装箱装卸的专用机械，如岸边集装箱起重机、集装箱跨运车、集装箱龙门起重机等。

2）上部单点起吊

上部单点起吊，如图 2-1-52 所示，通常采用简易吊具起吊集装箱。这种吊具的四角钢丝绳集中于一处，采用单点起吊。起吊集装箱时将吊具对准集装箱上部四个顶角件孔，工人站在地面上,牵动拉索,带动旋锁机构,使旋转锁在顶角件孔中转动90°,并确认四个顶角件的旋锁锁紧。

确实锁紧后,再通知起重机司机开始起吊。这种吊具结构简单、重量轻,但需要辅助工人操作,且一点起吊,集装箱容易打转。一般用于臂架型起重机,如门座起重机、轮胎起重机、汽车起重机等。

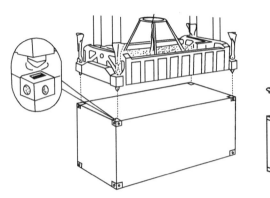

图 2-1-51　上部四点起吊　　　　　　　图 2-1-52　上部单点起吊

3)上部单点起吊,用于挂钩

采用单点起吊,在吊架四角下面的钢丝绳上装有普通吊钩(图 2-1-53a)或安全吊钩(图 2-1-53b)、U 形钩(图 2-1-53c)、旋锁(图 2-1-53d)。起吊集装箱时,将吊架对准集装箱上方,由工人将吊钩(或安全吊钩、U 形钩、旋锁)挂入四个顶角件孔中,在确认四个顶角都已挂牢后,再以手势告知司机起吊。这种起吊方式需要辅助工人挂钩或摘钩,效率低,且单点起吊集装箱容易打转。因此,仅适用于集装箱吞吐量较小的综合码头。

4)用钢丝绳直接挂钩自上部起吊

用钢丝绳直接挂钩自上部起吊是将四根钢丝绳一端装上吊钩,另一端集中到一起,用吊环直接挂到起重机的吊钩上起吊集装箱,如图 2-1-54 所示。采用这种方法起吊集装箱,需要注意四根钢丝绳与水平面的夹角应大于 60°。这种起吊方式不能用于起吊 20ft 和 20ft 以上的集装箱。

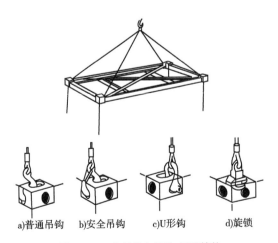

a)普通吊钩　b)安全吊钩　c)U形钩　d)旋锁

图 2-1-53　上部单点起吊,用于挂钩

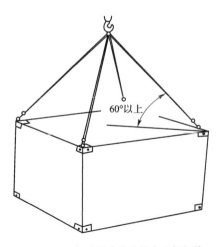

图 2-1-54　钢丝绳直接挂钩自上部起吊

5）采用横梁从下部起吊

采用一根横梁,横梁的两端各系两根钢丝绳,钢丝绳的末端装有手动旋锁,横梁用吊环挂到起重机的吊钩上起吊集装箱,如图 2-1-55 所示。采用这种方式起吊集装箱,是将钢丝绳末端的手动旋锁插进集装箱下部四个底角件孔中,转动 90°,在确认四个底角件都已锁紧后,方可起吊。用这种方式起吊集装箱,工人可在地面操作旋锁。

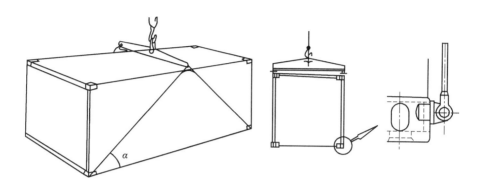

图 2-1-55　采用横梁从下部起吊

7. 集装箱的固定方式

集装箱在运输及搬运过程中,为了防止位移和倾翻,需将集装箱固定在运输搬运工具上。在货场上堆放时,为了防止在大风情况下倾翻,亦需将集装箱进行固定。

图 2-1-56 是将集装箱安置在铁路、公路运输车辆上,集装箱与运输车辆之间用车辆上锁销固定。图 2-1-57 是将集装箱安置在运输船舶上。图中 A 为集装箱在船舱内,箱与箱之间不需要固定;图中 B 为集装箱在甲板上,箱与箱之间用专用双头锁销固定;图中 C 为集装箱在甲板上,集装箱与舱盖板之间用锁销固定。

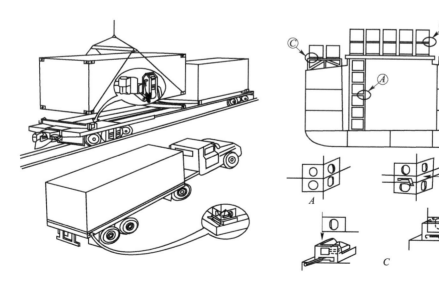

图 2-1-56　集装箱固定在铁路和公路运输车辆　　图 2-1-57　集装箱固定在运输船舶甲板

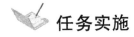 **任务实施**

填写任务单,见表2-1-4。

任 务 单　　　　　　　　　　　　　　　　表2-1-4

编制专业:港机专业			编号:项目一任务2	
课程名称	港口起重输送机械	班级/组号	学时	2
任务2　集装箱专用吊具、起吊方式认识和使用与维护				
任务描述	描述不同类型的集装箱吊具及其运用场合			
分　析	序号	集装箱吊具	适用场合	
	1			
	2			
	3			
	4			
	5			
	6			
评价			成绩评定	

 **课后巩固**

1. 集装箱吊具的伸缩装置有哪几种驱动传动形式?
2. 在伸缩装置上要安装哪些装置及原因?
3. 集装箱为什么要进行固定?如何固定?

项目二　集装箱龙门起重机认识

任务1　轨道式集装箱龙门起重机认识

任务导读

通过任务1的学习,了解轨道式集装箱龙门起重机的构造特征,了解轨道式集装箱龙门起重机的结构组成与主要技术参数。

教学目标

知识目标:了解轨道式集装箱龙门起重机构造特征;掌握轨道式集装箱龙门起重机的结构组成与主要技术参数。

能力目标:具备认识轨道式集装箱龙门起重机的能力。

工作任务

任务描述:描述轨道式集装箱龙门起重机(图2-2-1)各机构的名称、结构特点、组成、动作原理。

任务具体要求:列出轨道式集装箱龙门起重机各机构的名称、结构特点、组成、动作原理,并填写任务单。

知识储备

图2-2-1　轨道式集装箱龙门起重机

1.轨道式集装箱龙门起重机的构造

轨道式集装箱龙门起重机,如图2-2-1所示。主要由金属结构、起升机构、小车运行机构、大车运行机构、平面回转装置、电气控制系统等组成。

它有两片双悬臂的门架,两侧门腿用下横梁连接,两侧悬臂用上横梁连接,门架通过大车运行机构在地面铺设的轨道上行走。在港口多采用双梁箱形焊接结构的轨道式集装龙门起重机,个别采用L形单梁箱形焊接结构。在集装箱专用码头上,岸边集装箱起重机将集装箱从船上卸到码头前沿的挂车上,拖到堆场,用轨道式集装箱龙门起重机进行装卸、堆码作业,或者相反。在集装箱码头,还有的采用轨道式集装箱龙门起重机装卸汽车和铁路车辆。

轨道式集装箱龙门起重机较轮胎式集装箱龙门起重机跨度大、堆码层数多,一般可堆放

6~7层。可以充分利用堆场的堆存能力。轨道式集装箱龙门起重机结构较为简单,操作容易,有利于实现自动化控制。

2. 主要技术参数

轨道式集装箱龙门起重机的主要技术参数有:起重量、跨度、悬臂伸距、起升高度、基距和工作速度等。

1) 起重量

起重量也是根据额定起重量和吊具的重量来确定的,一般额定起重量为30.5t。

2) 跨度

轨道式集装箱龙门起重机的跨度是指起重机运行轨道中心线之间的距离。

集装箱码头使用的轨道式集装箱龙门起重机,其跨度为30~60m,门架下可跨越10~20列集装箱。

3) 悬臂伸距

轨道式集装箱龙门起重机的悬臂伸距是指两侧轨道中心线分别至悬臂端吊具中心线之间的距离。

在轨道式集装箱龙门起重机的悬臂伸距范围内,通常可通过两条底盘车作业线或者堆放3列集装箱,一般轨道式集装箱龙门起重机的悬臂伸距为8~10m。

4) 起升高度

轨道式集装箱龙门起重机的起升高度是指吊具底部平面至轨面的垂直距离。

起升高度与堆码集装箱的层数有关,通常按堆5层,并能吊起集装箱在第5层上通过来考虑,其起升高度为16m。

5) 基距

轨道式集装箱龙门起重机的基距是指同一轨道上两个主支承中心线之间的距离。

轨道式集装箱龙门起重机的门框内应能通过45ft的集装箱,并考虑在装卸过程中可能产生的摆动,两边需要留有一定的安全间隙,则门框内有效通过宽度为14~15m。基距除满足门框内有效通过宽度外,还应满足起重机稳定性的要求。

6) 工作速度

集装箱专用码头货场上的轨道式集装箱龙门起重机的工作速度应与码头前沿岸边集装箱起重机的生产率相适应,以保证码头前沿不停顿地进行船舶装卸作业。对于标准集装箱码头,在1个泊位配备2台岸边集装箱起重机的情况下,货场一般配备3台跨度为30~60m的轨道式龙门起重机,其中2台供前方船舶装卸作业,1台供后方进箱和提箱用。起升和小车运行速度与岸边集装箱起重机大体相同或略高些。例如:当码头前沿采用普通型岸边集装箱起重机时,则轨道式集装箱龙门起重机的满载起升(下降)速度一般为35~45m/min,空载起升(下降)速度一般为70~100m/min,小车运行速度为110~150m/min,因轨道式集装箱龙门起重机的大车运行距离约比岸边集装箱起重机长一倍,故其大车运行速度比岸边集装箱起重机高一倍左右,为45~100m/min。

我国大连起重机器厂制造的用于集装箱码头和中转站的DQ型轨道式集装箱龙门起重机,额定起重量为30.5t,适用于装卸20ft、30ft和40ft集装箱,其跨度为30m。双悬臂伸距各为12.25m,起升高度12m,起升速度约为12.98m/min,大车运行速度约为71m/min,小车运行速度约为57m/min,小车可回转±210°,回转速度约为1.23r/min。吊具为伸缩式,并设有减摇装置。

3. 工作机构

1）起升机构

轨道式集装箱龙门起重机的起升机构有两种形式：钢丝绳卷筒式和刚性伸缩式。

钢丝绳卷筒式起升机构，如图 2-2-2 所示。由电动机、减速器、制动器、联轴器、卷筒和起升钢丝与集装箱吊具所组成。

刚性伸缩式起升机构中有一套伸缩导向钢结构架，可分钢丝绳卷筒提升和液压缸提升。其中钢丝绳卷筒提升式构造简单，基本组成与其他起升机构相似。液压缸提升式工作平稳、构造简单，但维护保养要求较高。

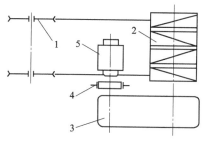

图 2-2-2 钢丝绳卷筒式起升机构
1-滑轮；2-卷筒；3-减速器；4-制动器；5-电动机

2）小车运行机构

小车运行机构，由电动机、减速器、制动器、联轴器、车轮及车轮支承所组成。其驱动机构的布置方式可分为：沿小车轨道方向布置和垂直小车轨道方向布置两种，如图 2-2-3 所示。

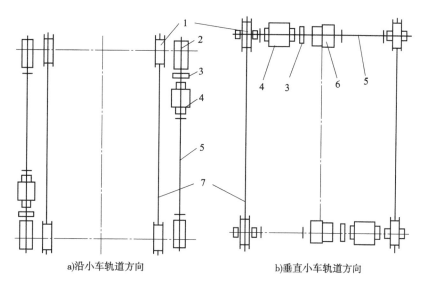

a) 沿小车轨道方向　　　　b) 垂直小车轨道方向

图 2-2-3 小车运行机构布置方案
1-车轮；2-减速器；3-制动器；4-电动机；5-传动轴；6-行星减速器；7-轨道

3）大车运行机构

大车运行机构的构造和形式与其他各类起重机相似，如采用开式齿轮驱动台车时，则由电动机、减速器、制动器、联轴器、车轮及车轮支承所组成；如采用封闭式传动，则将减速器输出轴直接与车轮轴连接，直接传动，但减速器传动比将稍大。通常采用三轮或四轮台车，车轮数根据轮压大小来确定。

4）平面回转装置

堆场、储运场的铁路集装箱车辆和集装箱卡车装载集装箱的顶面相对比较平。因而一般不要求吊具有纵向和横向倾动，但集装箱卡车在运行停车时有可能偏斜，故轨道式集装箱龙门起重机需要装设平面回转装置。对于钢丝绳卷筒式起升机构，平面回转装置由钢丝绳、滑轮组、钢丝绳连接接头、铰点、摇臂、支座及推杆等组成。常用的吊具平面回转绕绳方法有两种:单边连接和对角连接,如图 2-2-4 所示。

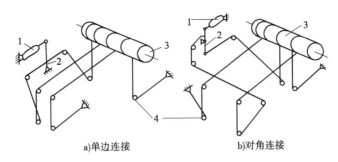

a)单边连接　　　　b)对角连接

图 2-2-4　吊具平面回转卷绕系统
1-推杆;2-摇杆;3-起升卷筒;4-吊具滑轮

轨道式集装箱龙门起重机的载重小车上还装有回转机构。在转盘下面有 4 个滚轮,其中 2 个为主动滚轮,由 2 台对称布置的驱动装置驱动,在固定的小车环形轨道上行走。另一种形式的回转小车采用大直径滚柱轴承,结构紧凑,回转平稳,只需一套回转驱动装置。

4. 新型集装箱自动化堆场

振华重工为上港集团外高桥集装箱码头设计建造的集装箱自动化堆场作业区占地面积 64700m²,平面箱位为 1920TEU,该堆场采用无人堆放系统。主要由集卡装卸区、转接平台、堆箱区三部分组成。在集卡装卸区运用矮型轨道吊,负责将集卡上集装箱装卸到中转平台上;在堆箱区运用双小车式的高型轨道吊,负责从中转平台上取箱后将集装箱在堆场上堆垛。该自动化堆场吸取了世界现有各集装箱自动化堆场的优点,采用了最新技术成果,实现了高效率、高技术、高可靠、低成本。

自动化堆场的主要特点是:

(1)集卡不进入堆箱区,在堆箱区两端的固定点装卸。堆箱区的集装箱排列方向与集卡方向一致。

(2)装卸集卡与堆存箱分别由高型轨道吊和矮型轨道吊。通过地面固定台座进行中转接力完成。

(3)双小车式的高型轨道吊配有 2 个独立吊具,可以最多一次起吊 2 只 40ft/45ft 或 4 只 20ft 箱,使高型轨道吊效率发挥到最佳。若一台小车出现故障,另一台小车仍可保证该堆箱区照常作业。

(4)地面固定式集装箱平台,其导板结构不但能够保证集装箱快速落位。而且能够保证多箱排放整齐规范,从而保证高型轨道吊在堆场内的全自动化作业。

自动化堆场的几项新技术:

(1)在矮型轨道吊上吊具采用了八绳悬挂防摇系统和吊具自动纠偏装置,能执行吊具自动准确对箱和吊具带箱自动对车的任务。

(2)采用了长导板装置的特殊吊具,可保证吊具带箱着箱时既快又准。

(3)采用了图像和激光测量相结合的集卡定位系统。司机通过高清晰度的户外大屏幕,可一目了然地知道集卡的位置,从而进行定位。

(4)轨道吊上除了采用普通的电控定位技术以外,还采用了具有两个自由度的大车减速器的大车行走微动装置。通过伺服电动机可对大车运行误差进行补偿,使车轮达到毫米级的准确定位。

(5)配有安全保护、故障检测和显示装置等一系列高可靠性的保护和监测系统,确保集装箱在无人堆场高可靠性地工作。

(6)道口和轨道吊对集卡和集装箱能自动识别,堆场进出装卸集装箱全部实现全自动化的智能控制。

任务实施

填写任务单,见表2-2-1。

任 务 单　　　　　　　　　　　　　表2-2-1

编制专业:港机专业					编号:项目二任务1	
课程名称	港口起重输送机械		班级/组号		学时	2
任务1　轨道式集装箱龙门起重机认识						
任务描述	列出轨道式集装箱龙门起重机各机构的名称、结构特点、组成、动作原理					
分　析	项目	工作机构				
	结构特点					
	结构组成					
	动作原因					
评价					成绩评定	

**课后巩固**

1. 轨道式集装箱龙门起重机由哪些机构组成?各机构的结构组成与特点有哪些?
2. 轨道式集装箱龙门起重机有哪些主要技术参数?
3. 自动化堆场是如何进行集装箱的装卸作业的?

任务2 轮胎式集装箱龙门起重机认识

任务导读
通过任务2的学习,了解轮胎式集装箱龙门起重机的构造特征,了解轮胎式集装箱龙门起重机结构的组成与主要技术参数。

教学目标
知识目标:了解轮胎式集装箱龙门起重机的构造特征;掌握轮胎式集装箱龙门起重机的结构组成与主要技术参数。

能力目标:具备认识轮胎式集装箱龙门起重机的能力。

工作任务
任务描述:描述轮胎式集装箱龙门起重机(图2-2-5)各机构的名称、结构特点、组成、动作原理。

任务具体要求:列出轮胎式集装箱龙门起重机各机构的名称、结构特点、组成、动作原理,并填写任务单。

图2-2-5 轮胎式集装箱龙门起重机

知识储备

1.轮胎式集装箱龙门起重机的构造

轮胎式集装箱龙门起重机,如图2-2-5所示。也是集装箱货场进行装卸、堆码集装箱的专用机械。它由前后两片门框和底梁组成的门架,支承在橡胶充气轮胎上,以便在货场上行走,并可转向换场。装有集装箱吊具的行走小车沿着门框横梁上的轨道行走,用以装卸底盘车和进行堆码作业。

轮胎式集装箱龙门起重机的驱动形式有:内燃机直流电动机驱动形式。该系统一般采用三台发电机,一台供起升和大车运行,一台供小车运行,另一台交流发电机供照明辅助等用。由于该系统比较复杂,目前随着变频调速技术的发展,交流电动机在轮胎式集装箱龙门起重机中得到应用。主要采用由一台交流发电机供电,晶闸管整流后再由直流电动机驱动的方式。

随着环保要求的不断提高,各港口正在采用普通交流电作为动力的驱动方式。通过增加滑线供电装置或电缆卷盘、电缆换向装置、快速拔接插头等设施,即可采用电力驱动。这样不仅能降低成本,而且能减少噪声、废气的污染。还采用了交流或直流调速系统,具有很好的调速和恒功率控制能力,能根据集装箱内重量的不同自动调节升降速度。

轮胎式集装箱龙门起重机的机构部分,主要有起升、小车运行和大车运行机构,并设有吊具减摇装置和回转装置。回转装置使吊具能在水平面内小范围回转(通常为±5°),以便吊具对准集装箱锁孔。轮胎式集装箱龙门起重机采用了机械液压装置或无线电感应装置,在货场上保持直线行走,并可做90°直角转向,从一个货场转移到另一个货场,一般不载重行走。

轮胎式集装箱龙门起重机除了设有超负荷保护、柴油机超速保护、水温过高和机油压力过低等信号装置,风速指示仪、防台风锚锭装置、紧急停止按钮以及各机构限位开关和信号指示等安全设施外,还安装有卫星自动定位系统、故障显示和与中控室联系系统、方便大车转向和减少轮胎磨损的大车顶升装置以及配置登机电梯等设备。

2. 主要技术参数

轮胎式集装箱龙门起重机的主要技术参数有:起重量、跨距、起升高度、基距、工作速度和轮压等。

1) 起重量

轮胎式集装箱龙门起重机的起重量也是根据集装箱的最大总重量和吊具的重量来决定的,一般为40.5t。

2) 跨距

轮胎式集装箱龙门起重机的跨距是指两侧行走中心线之间的距离。

跨距的大小,取决于起重机下面所需跨越的集装箱的列数和底盘车的通道宽度。通常按跨越6列集装箱和一条底盘车通道或3列集装箱和1条底盘车通道考虑。对于集装箱专用码头货场,一般取其跨越6列集装箱和1条底盘车通道宽度,其跨距为23.5m。

3) 起升高度

轮胎式集装箱龙门起重机的起升高度是指吊具底部平面至地面的垂直距离。

起升高度取决于起重机门架下所堆放的集装箱的层数和高度。通常按堆放4层、通过3层最高的集装箱(9ft 6in)及作业时留有一定的安全距离来考虑。目前,轮胎式集装箱龙门起重机的起升高度不超过7个9ft 6in 的集装箱高度。

4) 基距

轮胎式集装箱龙门起重机的基距是指两片门框主柱中心线之间的距离。

基距的大小,取决于两片门框之间底梁上的起重机的发动机、发电机、电动机(或液压泵)、液压装置设备的尺寸;行走电动机如安放在底梁下前后轮胎之间,则应考虑其布置位置,并留有一定的安全间隙;并考虑跨距和基距之间的合理比例关系及其整机的稳定性。

5) 工作速度

轮胎式集装箱龙门起重机的工作速度应与码头前沿岸边集装箱起重机的生产率相适应,为此各厂家将轮胎式集装箱龙门起重机分别设计为普通型和高速型。普通型工作速度为:满载起升9m/min,空载起升18m/min,小车运行35m/min,大车空载运行90m/min。高速型工作速度为:满载起升13.5m/min,空载起升27m/min,小车运行70m/min,大车空载运行130m/min。

6) 轮压

轮胎式集装箱龙门起重机的轮压分为最大工作轮压和最大非工作轮压。

(1) 最大工作轮压。

起重机在工作风速16m/s的情况下起吊额定负荷量,并按下列方式确定装卸操作时各支腿下每个车轮的最大压力:

①行走小车位于装设机电设备的底梁一侧末端,风向垂直于大梁方向,取其中较大的数值。

②行走小车位于另一侧末端,风向垂直于大梁方向,取其中较大的数值。

(2)最大非工作轮压。

起重机在最大非风速的情况下仅带吊具,不起吊集装箱,风向垂直于大梁方向,取其中较大的数值。

轮胎式集装箱龙门起重机的最大轮压,是选用轮胎和设计起重机行走通道路面承载能力的依据。

3.工作机构

1)起升机构

起升机构,如图2-2-6所示。是由电动机通过减速器驱动起升卷筒从而实现吊具的升降。其布置方案有电动机轴与卷筒轴平行布置方案(图2-2-6a)和电动机轴与卷筒轴垂直布置方案(图2-2-6b)。在卷筒的一端装有限位开关,以控制其起升最高位置和下降的最低位置。

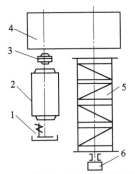 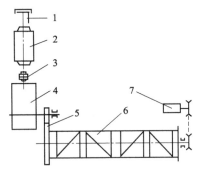

a)电动机轴与起升卷筒轴平行布置
1-抽动器;2-电动机;3-联轴器;4-减速器;5-卷筒;6-行程限位器

b)电动机轴与起升卷筒轴垂直布置
1-制动器;2-电动机;3-联轴器;4-减速器;5-开式齿轮;6-卷筒;7-行程限位器

图2-2-6 起升机构布置方案

2)小车运行机构

轮胎式集装箱龙门起重机小车运行机构有车轮驱动式和齿轮驱动式两种。

车轮驱动式,是依靠车轮与轨道之间的摩擦力驱使左右车轮沿轨道运行。其传动平稳,但在起制动过猛或雨天时会出现打滑现象。若采用四角全驱动小车,则可基本上消除打滑现象。

齿轮驱动式,如图2-2-7所示。小车运行机构由一台电动机9通过联轴器8、减速器7、联轴器1驱动两根半轴6。在半轴6的末端装有驱动齿轮5,齿轮5在运行轨道内侧铺设的两根齿条2上运行,从而使小车行走。这种驱动方式的优点是齿条传动可靠,小车行走定位准确,在风雪气候条件下行走,不致出现打滑现象。但起制动有些冲击,且齿条安装要求较高,必须保证全行程啮合良好。

小车运行机构在轨道两端装有减速限速开关,终点设有限位停止开关。小车在轨道中间段可以全速行驶,而距轨道两端2m处,通过减速限速开关即自动减速,行至停止限位开关处,即自行停止行走。

3)大车运行机构

轮胎式集装箱龙门起重机的大车运行机构,如图2-2-8所示。它由立式电动机分别通过减速器、链传动驱动起重机两侧的一个车轮行走。大链轮固定在车轮上,车轮随大链轮一起转动。采用螺栓调整减速器的位置以张紧链条。

轮胎式集装箱龙门起重机在货场上只能直线行走,当需要从一个堆场转移到另一个堆场时,必须转向行驶。但由于其跨距大,如按照一般车辆进行任意转向,转弯半径则很大,需占用相当大的堆场面积,因而在集装箱专用码头,均采用90°直角转向方式。

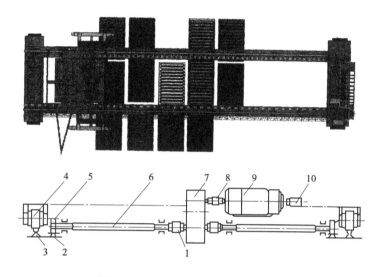

图 2-2-7 齿轮齿条驱动的小车运行机构

1-联轴器;2-齿条;3-小车运行轨道;4-小车行走轮;5-驱动齿轮;6-驱动半轴;7-减速器;8-联轴器;9-电动机;10-制动器

图 2-2-8 大车运行机构

1-轮胎;2-支腿;3-拉杆;4-电动机;5-铰轴;6-减速箱;7-小链轮;8-链条;9-调整螺杆;10-大链轮

轮胎式集装箱龙门起重机装有四套90°直角转向装置,如图2-2-9所示。即每一条支腿平衡梁的底部装有一套90°转向装置,每一套转向装置由液压缸1、转向销2、拉杆4、锁销液压缸5、锁销6、转向板7和限位开关8等组成。车轮3处于实线位置表示起重机直线行走状态,在这种情况下,锁销6在转向板7的锁口位置A上,当需要作90°转向时,先扳动操纵杆,通过锁销液压缸将锁销6退出,液压缸1推动转向板7回转,并借助于拉杆4使车轮绕转向销2回转90°。此时,车轮处于虚线位置,销口B转到原来锁口A的位置,再用锁销液压缸5将锁销锁在锁口B中,起重机即可横向运行。整个操作在司机室内进行。当起重机开到堆场一头需要转向时,按上述操作过程将车轮转动90°,然后横行到另一堆场一头,再转向90°,即可在另一堆场进行装卸作业。在堆场两头转向处,应铺设转向垫板,以防止转向时车轮变形和磨损。

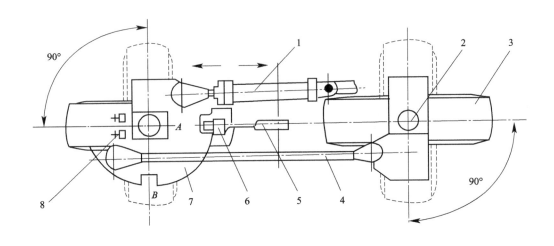

图2-2-9 90°直角转向装置
1-转向液压缸;2-转向销;3-车轮;4-拉杆;5-销锁液压缸;6-锁销;7-转向板;8-限位开关

仅在货场相当宽敞的内陆集装箱中转站采用定轴转向方式。对于跨距小于10m的轮胎式集装箱龙门起重机,在货场条件允许的情况下,宜采用自由转向方式。

轮胎式集装箱龙门起重机由于行走路面状况、轮胎充气压力、行走小车位置和整机所受风力等因素的影响,使轮胎上分布的载荷不均匀,因而两侧的轮胎变形量也不一样,可能使大车走偏或蛇行,容易发生碰撞事故。为此,必须采取行走微调措施,以保证起重机直线行走。

保持大车直线行走的措施有多种。一种措施是在起重机侧面设走偏指示杆和行走限位警报器。如司机通过走偏指示杆发现起重机走偏,可及时调整两行走电机的转速。行走限位警报器是当起重机走偏后,起重机的警报接触器碰到堆场上的集装箱时,即发出警报,提醒司机调整行走方向。

第二种措施是采用无线电感应轨迹自动控制装置。该装置由一条铺设在行走通道地下的低频振荡电流的感应电缆和装设在起重机车轮组之间的天线及控制装置组成。当天线位置与感应电缆的位置出现偏移时,天线的两个线圈中即产生电势差,经放大后输出一个控制信号,使起重机大车运行电机磁场发生相应变化,从而达到自行控制起重机运行轨迹的目的。采用这种轨道自动控制装置,可将运行偏移控制在10cm以内。

还可在地面涂特种油漆,机上摄像机摄取信号,进行自动纠偏。此外还有红外线等纠偏措施。

在大车运行机构上还安装有保护车轮的护罩、防止大车被大风吹动的轮胎斜锲块、大车跑偏防碰撞开关等安全保护装置。

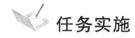 任务实施

填写任务单,见表2-2-2。

任 务 单　　　　　　　　　　　　　　表2-2-2

编制专业:港机专业					编号:项目二任务2	
课程名称	港口起重输送机械		班级/组号		学时	2
任务2　轮胎式集装箱龙门起重机认识						
任务描述	列出轮胎式集装箱龙门起重机各机构的名称、结构特点、组成、动作原理					
分　析	项目	工作机构				
	结构特点					
	结构组成					
	动作原理					
评价					成绩评定	

 课后巩固

1. 轮胎式集装箱龙门起重机采用何种驱动形式?
2. 轮胎式集装箱龙门起重机由哪些机构组成?
3. 轮胎式集装箱龙门起重机有哪些主要技术参数?

项目三　轮胎式集装箱龙门起重机模拟驾驶操作

任务　轮胎式集装箱龙门起重机模拟驾驶操作实例

任务导读
通过该任务的学习,了解轮胎式集装箱龙门起重机仿真模拟器的组成和各部分的功能,掌握门座起重机仿真模拟器的操作。

教学目标
知识目标:了解轮胎式集装箱龙门起重机仿真模拟器的组成和各部分的功能,了解轮胎式集装箱龙门起重机驾驶室的布置,熟悉驾驶室内操作联动台上各开关、旋钮的作用。

能力目标:具备操作轮胎式集装箱龙门起重机模拟器的能力。

工作任务
任务描述:谈谈你对轮胎式集装箱龙门起重机模拟操作(图2-3-1)的体会。

图2-3-1　轮胎式集装箱龙门起重机操作

任务具体要求:写出轮胎式集装箱龙门起重机模拟操作的体会(300～500字),并填写任务单。

任务实施
填写任务单,见表2-3-1。

任 务 单

表 2-3-1

编制专业:港机专业 编号:项目三任务

课程名称	港口起重输送机械	班级/组号		学时	4
任务	轮胎式集装箱龙门起重机模拟驾驶操作					
任务描述	写出轮胎式集装箱龙门起重机模拟操作的体会(300~500字)				
体会						
评价				成绩评定	

项目四 岸边集装箱龙门起重机认识

任务 岸边集装箱起重机的构造特征、工作机构的认识

任务导读
通过该任务的学习,了解岸边集装箱起重机构造特征以及结构组成与主要技术参数。

教学目标
知识目标:了解岸边集装箱起重机构造特征;掌握岸边集装箱起重机的结构组成与主要技术参数。
能力目标:具备认识岸边集装箱起重机的能力。

工作任务
任务描述:描述岸边集装箱起重机(图2-4-1)各机构的名称、结构特点、组成、动作原理。
任务具体要求:列出岸边集装箱起重机各机构的名称、结构特点、组成、动作原理,并填写任务单。

图2-4-1 岸边集装箱起重机

知识储备
岸边集装箱起重机是集装箱码头前沿进行集装箱船舶装卸作业的专用机械,如图2-4-2所示。它是由前后两片门框和拉杆组成的门架,沿着与岸边平行的轨道行走,桥架支承在门架上,行走小车沿着桥架上的轨道往返于水陆两侧吊运集装箱,进行装船和卸船作业。为了便于船舶靠离码头,桥架伸出码头前沿的伸臂部分可俯仰。岸边集装箱起重机具有起升机构、小车运行机构、前大梁俯仰机构和大车运行机构以及集装箱专用吊具和其他辅助设备。对于高速型岸边集装箱起重机,还有吊具减摇装置等。

1. 结构类型

岸边集装箱起重机的结构类型,按其门架结构形式、前大梁结构形式和小车牵引方式进行分类。

1)按门架结构形式分类

岸边集装箱起重机早期门架结构形式为A形,如图

图2-4-2 岸边集装箱起重机

— 212 —

2-4-3a)所示。海侧门架向陆侧倾斜,使前后大梁的铰点可缩到码头岸线以内,可防止与船舶上层建筑相碰。A 形门架的外侧、内侧多采用图 2-4-3d)所示的结构形式。A 形门架造型美观,整机重量较轻。适用于起重量不大的小轨距的岸边集装箱起重机。

H 形门架结构受轨距大小变化影响不大,其特点是海侧门框垂直。H 形门架高度较低,焊接工艺性好,制造拼装容易。H 形门架的门框多采用图 2-4-3e)所示的结构形式。H 形门架多用于海侧轨道与码头前沿的距离足够大的码头。

AH 形门架是在 H 形门架的基础上,吸取了 A 形门架可防止大梁铰点与船舶上层建筑相碰的优点。虽然它与 H 形门架相比,制造工艺相对复杂,但由于目前国际航运中起重机与船舶日益大型化,要求船与起重机有更大的相对净空,而起重机又不能过大地加大海侧轨道与码头前沿的距离,因此,目前较多采用 AH 形门架。AH 形门框多采用图 2-4-3f)所示的结构形式。

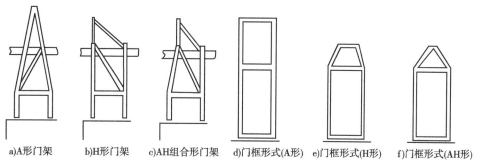

图 2-4-3 门架结构形式

2)按前大梁结构形式分类

岸边集装箱起重机前大梁有俯仰式、折叠式和伸缩式三种。

(1)俯仰式,如图 2-4-4 所示。整个前大梁可以仰起或放下。这种形式较为简单,但仰起后高度较大。

(2)折叠式,如图 2-4-5 所示。前大梁分为两段,仰起时从中间折叠。这种形式适用于飞机场附近等有高度限制的码头。

(3)伸缩式,如图 2-4-6 所示。前大梁可通过一套驱动装置进行伸缩。工作时,前大梁向海侧方向伸出;非工作时,可将前大梁滑移收缩到框架内。其前大梁是悬臂梁,受到的弯矩很大,通常采用桁架结构,以减轻重量。这种形式外形高度更小,但结构复杂,较少使用。

图 2-4-4 俯仰式前大梁

图 2-4-5 折叠式前大梁

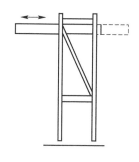

图 2-4-6 伸缩式前大梁

3)按行走小车牵引方式分类

岸边集装箱起重机按其行走小车牵引方式有三种形式:自行小车式、全绳索牵引小车式和半绳索牵引小车式。

自行小车式是将起升机构和小车运行机构都装设在小车架上,小车可以自行。这种结构形式较为简单,钢丝绳磨损小,司机视线好。前大梁仰起后,小车在码头上仍能继续作业,但小车自重较大。

全绳索牵引小车式是将起升驱动装置和小车行走驱动装置都装设在机器房内,小车行走靠钢丝绳牵引。这种形式小车自重大大减轻、小车牵引性能好,起动和加速时不致产生打滑现象;但钢丝绳卷绕系统复杂,维修不便。

半绳索牵引小车式又称自行式小车,它是将起升驱动装置装设在机器房内,而小车行走驱动装置装设在小车架上。它取消了小车牵引钢丝绳系统,起升绳的卷绕与全绳索牵引小车式有所不同,即起升钢丝绳从机器房中引出,经过大梁后部滑轮,再经过小车的滑轮,最后至前大梁固定。起升钢丝绳的卷绕是一个封闭的系统,起升钢丝绳在小车行走过程中不致发生升降现象,因而这种小车及其卷绕系统不需要平衡小车和其他补偿措施。起升钢丝绳的卷绕系统还可兼作吊具的横倾和纵倾动作。半绳索牵引小车式兼有自行式小车和全绳索牵引小车式的优点,但仍然存在着钢丝绳容易磨损的问题。

2.主要技术参数

岸边集装箱起重机的主要技术参数是起重机的特征、能力和技术性能的指标。主要包括起重量、尺寸参数、工作速度和轮压等。

1)起重量

岸边集装箱起重机的起重量是所吊集装箱的最大总重量与吊具的重量之和。通常以 Q 表示,单位为 t。

各种型号集装箱的最大总重量参见表2-1-1。对于国际标准40ft 的集装箱,其最大总重量取30.5t。目前,世界各国岸边集装箱起重机普遍采用伸缩式吊具,其重量一般为10t 左右。随着结构的不断改进,有的伸缩式吊具的重量已减轻到 8~8.5t。

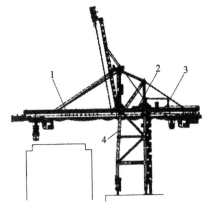

图2-4-7 岸边集装箱起重机示意图
1-前大梁;2-主梁;3-后大梁;4-门架

2)尺寸参数

岸边集装箱起重机尺寸参数表示起重机的作业范围、外形尺寸和限制空间的技术参数。主要包括起升高度、外伸距、内伸距、轨距、基距、门架净空高度、门框净空高度和岸边集装箱起重机总宽等。如图2-4-7 所示。

岸边集装箱起重机尺寸参数的选定,与所装卸的集装箱船船型、集装箱箱型、码头作业条件及装卸工艺等有关。

(1)起升高度。

起升高度应根据船舶型深、吃水、潮差和船上集装箱的装载情况来定。一般要求在轻载高水位时,能装卸甲板上最高一层的集装箱,甲板上堆箱层数视不同船型为4~7层;在重载低水位时,能吊到舱底最下一层集装箱。起升高度还要考虑船舶横倾到其最大允许值的影响,并留有安全过箱高度。

(2)外伸距。

外伸距是指岸边集装箱起重机海侧轨道中心线向外至吊具铅垂中心线之间的最大水平

距离。

外伸距是表示岸边集装箱起重机可以装卸船舶大小的参数。它受到船宽(甲板上集装箱排数)甲板上箱子的层数、箱高、船的横倾角、船舶吃水、码头前沿至海侧轨道中心的距离、码头防碰靠垫的厚度及预留小车制动的安全距离等因素的影响。

(3) 内伸距。

内伸距是指岸边集装箱起重机陆侧轨道中心线向内至吊具铅垂中心线之间的最大水平距离。

为了保证装卸船舶的装卸效率,在码头前沿水平搬运机械来不及搬运的情况下,内伸距就可起到某些缓冲作用。此外,考虑到起重机要把舱盖板吊放到内伸距范围下的要求,内伸距一般取 7～12m。

(4) 轨距。

轨距是指岸边集装箱起重机两行走轨道中心线之间的水平距离。

轨距的确定,应使岸边集装箱起重机具有足够的稳定性和考虑到由于轨距变化给起重机轮压带来的影响。同时,要考虑码头前沿的装卸工艺方式。通常,要求岸边集装箱起重机轨距范围内能临时堆码三列集装箱,并允许跨运车能自由进出搬运这些集装箱。

在岸边集装箱起重机门架下铺设铁路线,进行车船直取的方式是不经济的。由于需要经常移动铁路车辆和对箱作业,将会影响船舶装卸效率。同时在码头前沿铺设过多的轨道线,还会影响流动搬运机械的运行。故岸边集装箱起重机的轨距不考虑铺设铁路线的尺寸要求。一般轨距取 16m 是比较合理的,也符合我国起重机轨距标准的规定。

(5) 基距。

基距是指同一轨道上两个主支承中心线之间的距离。基距越小,岸边集装箱起重机在侧向风力或对角风力作用下轮压越大,侧向稳定性就差。因此,只要岸边集装箱起重机总宽度允许,基距应尽量布置得大一些,行走支点越靠近门框中心越好。

(6) 门架净空高度。

门架净空高度是指海陆侧门框联系下平面与码头平面的距离。它取决于门架下通过的流动搬运机械的外形高度,主要考虑通过跨运车,并留出一定的安全间隙 0.8～1m。堆码三层集装箱通过两层集装箱的跨运车的外形高度约为 9m,则门架的净空高度可取 10m。

(7) 门框净空宽度。

门框净空宽度是指进入司机室平台以下的海(陆)侧门框左右门框内侧之间的水平距离,又称为门腿之间的净宽。门框净宽主要是为保证船舶的舱盖板和超长集装箱能够通过门腿之间。大型舱盖板尺寸为 $14m \times 14m$,再考虑到在装卸过程中可能产生的摆动,两边须留有一定的安全空间。普通的岸边集装箱起重机的门框净空宽度为 16m。但 48ft、53ft 等超长箱也投入使用(53ft 集装箱长度为 16.154m),因而新一代岸边集装箱起重机的门框净空宽度为 18m。

(8) 岸边集装箱起重机的总宽。

岸边集装箱起重机的总宽是指岸边集装箱起重机同一侧行走轨道上的左右两组行走台车外侧缓冲器端部之间在自由状态下的距离。为了便于多台岸边集装箱起重机同时作业,岸边集装箱起重机总宽应尽可能小,一般取为 26～27m。

3) 工作速度

工作速度的选定应满足装卸生产率的要求,并对各机构的工作速度进行合理分配。提高升降和小车运行速度对缩短装卸工作循环时间意义较大,但在速度分配时还要尽量使之与电动机的容量规定相配合,并尽可能使机电设备配件通用化,以便于维修更换。此外,起重机工作速度的提高会增加吊具的摇摆,集装箱对位更加困难,对位时间相应增加。因此,必须采用效果良好的减摇装置。

(1)起升(下降)速度。

起升速度通常设有两种速度,即起吊额定负荷量时的起升速度和空载起升速度。空载起升速度通常是满载起升速度两倍以上。普通型岸边集装箱起重机的起升速度为:满载31.5m/min、空载72m/min,相应的设计生产率为20箱/h左右。高速型岸边集装箱起重机的起升速度提高到:满载60m/min,空载150m/min,相应的设计生产率为40~45箱/h。

(2)小车运行速度。

岸边集装箱起重机的小车行走距离一般都在40m左右,小车运行时间占整个工作循环时间的25%左右。因此,提高小车运行速度对缩短工作循环时间,提高生产率是有意义的。但是,小车运行速度的提高,将会增加吊具的摇摆和司机的疲劳,因此必须具有效果良好的减摇装置,并对小车和司机室采取减震措施,为司机创造舒适的操作条件。

普通型的岸边集装箱起重机的小车运行速度一般为150~180m/min,高速型已提高到240~250m/min。

(3)大车运行速度。

移动大车的目的是调整作业位置。因此,对大车运行速度并不要求很快,一般在25~45m/min即可。

(4)前大梁俯仰时间。

前大梁俯仰时间是指将前大梁从水平位置运动到仰起的挂钩位置的时间,或者从仰起的挂钩位置运动到水平位置所需的时间。由于臂架俯仰机构属于非工作性机构,在集装箱船舶靠离码头或移泊时,岸边集装箱起重机需将臂架仰起来,以便让船通过,故速度较低。

4)轮压

岸边集装箱起重机的轮压分为最大工作轮压和最大非工作轮压。

(1)最大工作轮压。

起重机在工作风速16m/s的情况下起吊额定负荷量,并按下列方式确定装卸操作时各支腿下每个车轮的最大压力:

①前大梁处于水平状态,行走小车位于前大梁前端,风向平行或垂直于轨道方向,取其中较大的数值。

②前大梁升起,行走小车位于近外侧支腿上,风向平行或垂直于轨道方向,取其中较大的数值。

③前大梁升起,行走小车位于近内侧支腿上,风向平行或垂直于轨道方向,取其中较大的数值。

(2)最大非工作轮压。

仅带吊具,不起吊集装箱,前大梁升起,风向平行或垂直于轨道方向,取其中较大的数值。

岸边集装箱起重机的工作机构有起升机构、小车运行机构、前大梁俯仰机构和大车运行机构四个机构。对于高速型岸边集装箱起重机,还有吊具减摇装置等。

3.起升机构

起升机构是岸边集装箱起重机最主要的工作机构,其作用是实现集装箱的升降运动。

起升机构采用专用的集装箱吊具来装卸集装箱。

在全绳索牵引小车式和半绳索牵引小车式的岸边集装箱起重机中,其起升机构均装设在机器房内,如图2-4-8所示,起升机构由电动机、制动器、减速器、联轴器、卷筒、钢丝绳组成。通常由对称布置的两组驱动装置来实现吊具的升降。两套电动机轴之间采用刚性连接,如图2-4-9所示,以保持两个卷筒转速同步。卷筒轴经过链传动带动起升高度限制器,在起升高度的上限和下限时自动切断起升和下降回路。起升机构还装设有超制器、超速保护和挂舱保护架等安全保护装置。

图2-4-8 双40ft箱岸边集装箱起重机房布置图

起升钢丝绳卷绕系统,如图2-4-10所示。左右两侧双联卷筒的四根钢丝绳,分为两组绕经大梁后端滑轮、小车滑轮、吊具起升滑轮,再经小车滑轮至大梁前端固定。

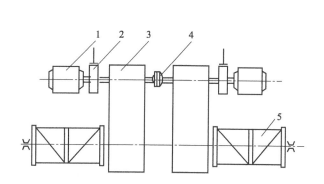

图2-4-9 起升机构传动简图
1-电动机;2-制动器;3-减速器;4-联轴器;5-卷筒

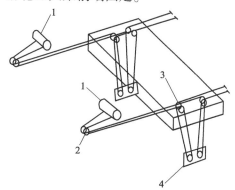

图2-4-10 起升钢丝绳卷绕系统
1-起升卷筒;2-后大梁端部滑轮;3-小车滑轮;
4-吊具起升滑轮

自行小车式的岸边集装箱起重机,其起升机构、小车行走驱动装置安装在行走小车车架上。起升钢丝绳由卷筒直接绕经吊具滑轮,没有复杂的卷绕系统。自行式小车的定位和微动操作较为简便,易于准确地确定位置。但小车自重较大,使整机自重增加,轮压加大。

为了适应集装箱的倾斜,以保证吊具能与不处于水平状态的箱体锁扣,就必须使吊具倾动。

吊具的倾动可以由吊具本身设置倾动油缸来实现,也可以由吊具卷绕系统中增设吊具倾斜装置来实现。

图2-4-11是一种能使吊具实现纵向倾斜的起升机构卷绕系统图。倾斜装置7安装在陆侧伸臂端部,由电动机、减速器和摩擦卷筒组成。两根起升钢丝绳从两个起升卷筒通过吊具和纵向同侧滑轮,一直伸到陆侧端固定滑轮,并卷绕到倾斜装置的卷筒上,吊具升降时,开动两个起升卷筒。若吊具需要纵向倾斜时,只需开动倾斜卷筒(此时起升卷筒不动作),就可以使吊具本身纵向与水平位置产生倾斜角。这种吊具的横向倾斜,可由吊具本身装设的横向倾斜油缸来完成。

图2-4-12是一种使吊具既能进行纵向又能进行横向倾斜的卷绕系统。这种卷绕系统是

每根钢丝绳由一个起升卷筒驱动,钢丝绳通过海侧伸臂端部滑轮绕过吊具横向同侧滑轮一直伸到陆侧伸臂端部固定滑轮,并卷绕到倾斜装置的卷筒上形成闭合回路。这种绕法如果要纵向倾斜,倾斜装置是不动的,只需开动两个起升卷筒中的一个就可达到目的。若要横向倾斜则要开动倾斜装置来实现。因此,它既可横向倾斜,又可纵向倾斜。但其电气控制方面较为复杂,即在起升(或下降)时,两个起升卷筒须同时动作,而在需要吊具纵向倾斜时,两个卷筒则须分别动作。

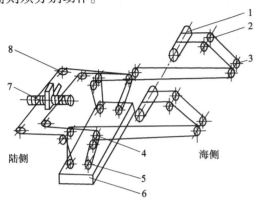
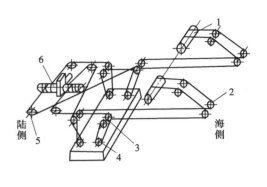

图 2-4-11 能使吊具实现纵向倾斜的起升机构卷绕系统图
1-起升卷筒;2-导向滑轮;3-海侧伸臂端固定滑轮;4-小车上的滑轮;5-吊具上的滑轮;6-吊具框架;7-倾斜装置;8-陆侧伸臂端固定滑轮

图 2-4-12 能纵向、横向倾斜的起升机构卷绕系统
1-起升卷筒;2-海侧伸臂端固定滑轮;3-小车上的滑轮;4-吊具上的滑轮;5-陆侧伸臂端固定滑轮;6-横向倾斜装置

4.小车运行机构

由于岸边集装箱起重机的伸臂前伸距离较大,减轻小车重量对金属结构部分有着重要影响,故多采用全绳索牵引式小车。它是将起升驱动装置和小车运行驱动装置都设置在机房内,通过钢丝绳牵引来实现小车运行。其钢丝绳卷绕系统,如图 2-4-13 所示。钢丝绳由一台电动机通过减速装置带动两个卷筒驱动,卷筒卷绕两组,共四根钢丝绳,其中两根钢丝绳绕经后大梁端部滑轮,末端与小车车架后端连接,另两根钢丝绳绕经前大梁端部滑轮,末端与小车车架前端连接。其特点是:小车的起动和加速性能较好,不致产生打滑现象;小车自重大大减轻,起重机前伸臂的载荷减小,整机重量减轻,码头建造费用相应降低。但更换钢丝绳较为费事。

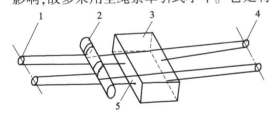

图 2-4-13 运行小车钢丝绳卷绕系统
1-后大梁端部滑轮;2-卷筒;3-小车车架;4-前大梁端部滑轮;5-钢丝绳末端

自行小车式和半绳索牵引小车式的小车运行机构,由两套或四套独立的设备(包括直流电动机、减速器、制动器及车轮等)组成,运行机构装设在小车上,驱动小车运行。

5.大车运行机构

岸边集装箱起重机在装卸作业过程中,需要经常移动大车对准船上的箱位,并不致碰撞邻近的集装箱和船舶的上层建筑,因而要求大车运行机构具有较好的调速、微动和制动性能,所以通常采用直流电动机驱动。

大车运行支承装置采用双轮缘钢制车轮,每条支腿下采用均衡车架,以保证每个轮压均衡,如图 2-4-14 所示。

大车运行机构还装设各种安全保护装置。如缓冲器,安装在均衡车架外侧,以便当邻近两台岸边集装箱起重机发生碰撞时,起到缓冲作用;防爬楔、夹轨器、锚锭装置等。非工作状态时,将防爬楔楔入车轮踏面与轨道顶面之间,以防止在阵风情况下起重机沿轨道滑移。当风速大时,应使用夹轨器和锚锭装置。

图 2-4-14 大车运行机构

6. 前大梁俯仰机构

岸边集装箱起重机的前大梁俯仰机构是调整性机构。当船舶停靠或离开码头以及起重机移动舱位时,运行小车行至起重机跨内,通过俯仰机构使前大梁仰起。作业时,通过俯仰机构放下前大梁,供小车运行,俯仰机构即停止工作。

俯仰机构的驱动装置设置在机房内。它由直流电动机、减速器、卷筒、制动器和限位开关等组成。通过钢丝绳卷绕使前大梁伸臂俯仰,俯仰钢丝绳卷绕如图 2-4-15 所示。两根俯仰钢丝绳分支由双联卷筒引出,经过双联滑轮组后,连接在平衡滑轮上,双联滑轮组的定滑轮和动滑轮分别装于人字架的上横梁和前大梁的俯仰滑轮架上。平衡滑轮安装在人字架上横梁后侧,用以补偿两侧俯仰钢丝绳的伸长不均。在前大梁俯仰的终点位置,装有自动减速装置和限位开关。当前大梁起升到终点位置时,司机室内有信号灯指示,并通过装于人字架上的安全钩栓锁,以使钢丝绳处于松弛状态。当前大梁放下时,先将前大梁微微仰起,并立即停止后,由液压推杆将安全钩抬起,即可放下前伸臂。

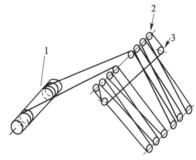

图 2-4-15 前大梁伸臂俯仰钢丝绳卷绕系统
1-俯仰卷筒;2-平衡滑轮;3-定滑轮

7. 减摇装置

岸边集装箱起重机的小车运行距离较长,运行速度也较高。当小车起动和制动时,吊具及所吊的集装箱会在小车运行方向上发生摇摆。小车运行速度越高,所产生的摇摆越严重。据试验,当小车运行速度达到 180m/min 以上,在小车制动停车后,吊具及其集装箱的摆幅可达 2m,要经过 30s 左右摆动才能停止,从而影响安全作业。由于吊具需要与集装箱对位,尽管吊具上装有导向装置,但它只能在吊具与集装箱连接位置相距 150～200mm 范围内才能有效地工作,而且摇摆使对位时间延长,对装卸效率影响极大。因此,对于小车运行速度较高的岸边集装箱起重机,必须装设减摇装置。目前,世界各国对吊具减摇装置的性能要求是:在起吊离开地面 10m,小车以额定速度运行,制动停车后 10s 内,应将吊具的摇摆量控制在 ±10cm 以内。吊具与所起吊的集装箱的摇摆量与司机的操作有很大的关系,实践表明,小车行走速度在 130m/min 以下可不必装设减摇装置。目前,减摇装置的形式很多,也有利用钢丝绳水平拉力起减摇作用的,也有利用能量转换起减摇作用的。

1)应用减摇绳的减摇装置

应用减摇绳的减摇装置是利用减摇绳的水平拉力起减摇作用的,如图 2-4-16 所示。在吊具上除起升绳外,四根减摇绳 2 斜拉在吊具 1 的四角上,通过能在小车架上移动的托架 3 上的滑轮 4,绕到用液压马达 6 带动的卷筒 5 上。液压马达与起升电机连锁,使减摇绳和起升绳同时收放升降,并始终保持张紧状态。当吊具的悬挂长度增大时,行走托架在动力带动下,可沿小车梁下部轨道移动,拉开托架间距离,以保证减摇绳的斜拉角具有足够的数值,即始终保持四根减摇绳具有足够的水平拉力拉住吊具,从而达到减摇的目的。

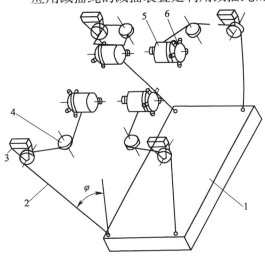

图 2-4-16 减摇绳的减摇装置

1-吊具;2-减摇钢丝绳;3-托架;4-滑轮;5-卷筒;6-液压马达

2)摩擦离合器式减摇装置

摩擦离合器式减摇装置是利用其摩擦在吊具摇摆时消耗摆动的部分能量来减少摇摆的。图 2-4-17 为摩擦离合器式减摇装置的工作原理图。在吊具滑轮 1 的轴上装有锥形齿轮 2,锥形齿轮 2 与吊具滑轮 1 一起转动,并与同摩擦离合器 6 连接的锥形齿轮 7 相啮合。当吊具发生摇摆时,吊具滑轮在起升绳张力差的作用下转动,起均衡滑轮的作用。左、右吊具滑轮分别带动其锥形齿轮 2 同方向转动(若吊具向 A 方向摆动,左、右吊具滑轮同时逆时针转动;若吊具向 B 方向摆动,左、右吊具滑轮则同时顺时针转动)。作为与摩擦离合器的固定摩擦片分别连接的左、右锥形齿轮 7,在与相啮合的锥形齿轮 2 的带动下向相反方向转动,使摩擦离合器起作用,以摩擦消耗摆动能量,从而使摇摆迅速衰减,起到减摇作用。

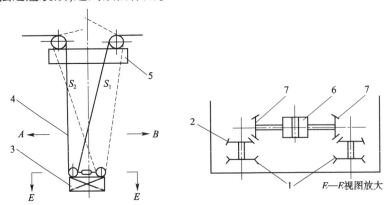

图 2-4-17 摩擦离合器式减摇装置

1-左右吊具滑轮;2-锥形齿轮;3-吊具;4-起升绳;5-小车梁;6-摩擦离合器;7-左、右锥形齿轮

3)撑杆式减摇装置

撑杆式减摇装置,如图 2-4-18 所示。它是在小车梁 5 下面每侧各铰接两根减摇撑杆 3,撑杆端部装有导向滑轮,起升绳从小车固定滑轮绕过撑杆端部滑轮到吊具滑轮上。当集装箱出现摇摆时,油缸 4 带动撑杆向外撑开,把起升绳之间的角度撑大,即增大水平拉力拉住

集装箱,从而起到减摇效果。

4) 分离小车式减摇装置

分离小车式减摇装置,如图 2-4-19 所示。海侧与陆侧分离小车上的滑轮分别悬吊着吊具上的滑轮组。需要减摇时,分离小车可自动分离到最大间距,使吊具上的钢丝绳呈"V"字状,钢丝绳产生水平分力,从而阻止吊具的摇摆。

分离小车式减摇装置根据分离传动形式不同,又可分为液压缸分离式、机械螺杆分离式、机械链条分离式。

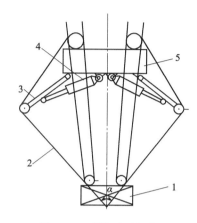
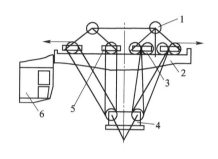

图 2-4-18　撑杆式减摇装置
1-吊具;2-起升绳;3-减摇撑杆;4-液压油缸;5-小车梁

图 2-4-19　分离小车式减摇装置
1-主小车车轮;2-小车架;3-海侧分离小车;4-吊具上架;
5-陆侧分离小车;6-司机室

5) 跷板梁式减摇装置

跷板梁式减摇装置,如图 2-4-20 所示。它是由跷板梁和装在行走小车上的液压缓冲油缸所组成的。它是将集装箱吊具的摇摆动能转化为跷板梁的转动能量,迅速地被缓冲油缸吸收并缓冲,以此达到减摇的目的。跷板梁式减摇装置的工作原理,见图 2-4-21。当行走小车以额定速度运行时,集装箱将大致位于行走小车的中心线上,如图 2-4-21a)所示。当行走小车减速时,由于惯性的作用,集装箱摆向前进方向,如图 2-4-21b)所示。此时,左边钢丝绳 5 的张力大于右边钢丝绳 4,从而跷板梁也跟着倾斜。在这种情况下,跷板梁的倾斜能量将由液力缓冲缸吸收,因而集装箱的摇摆量为 S_1(如没有液力缓冲缸,摇摆量则为 S_0)。由于集装箱的摇动受到阻力,于是集装箱将往相反的方向回摆,如图 2-4-21c)所示。此时,跷板梁也跟着往相反的方向倾斜,并迅速吸收集装箱的摆动能量。因此,集装箱摇摆量 S_2 将远远小于 S_1。如此往复数次,便将集装箱的摇摆能量转化为跷板梁的转动能量,并被缓冲油缸迅速吸收而使其缓冲,从而达到减摇的目的。

这种减摇装置在正常运行条件下,无论是满载或是空载,都可以在 5s 以内使集装箱的摇摆衰减至 ±5cm 的范围内。该减摇装置的结构简单,操作容易,工作平稳,不使用复杂的电气、机械控制系统,仅由机械式上下摇动的跷板梁和液力缓冲油缸进行减摇,无需精确的转速调整措施,也没有其他另加的减摇钢丝绳和滑轮等。

6) 分离小车与跷板梁组合式减摇装置

分离小车与跷板梁组合式减摇装置,如图 2-4-22 所示。是在分离小车式减摇装置的基础上增加带阻尼的跷板梁结构。

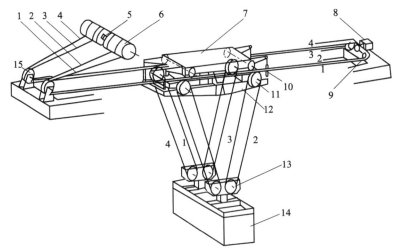

图 2-4-20 跷板梁式减摇装置

1、2、3、4-起升钢丝绳；5-纵倾控制离合器；6-起升卷筒；7-行走小车；8-横倾控制离合器；9-前伸臂端部滑轮；10-液力缓冲缸；11-小车滑轮；12-跷板梁；13-吊具滑轮；14-集装箱；15-后伸臂端部滑轮

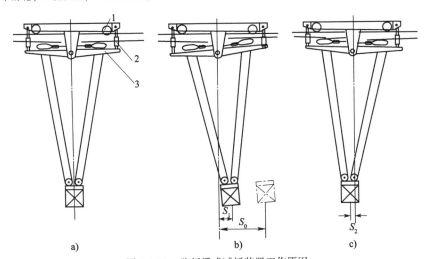

图 2-4-21 跷板梁式减摇装置工作原因

1-陆侧钢丝绳滑轮组；2-主小车车轮；3-减摇卷筒

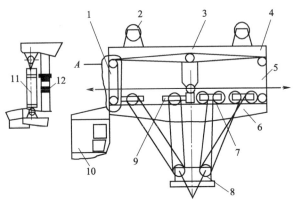

图 2-4-22 分离小车与跷板梁组合式减摇装置

1-陆侧钢丝绳滑轮组；2-主小车车轮；3-减摇卷筒；4-小车架；5-海侧钢丝绳滑轮组；6-跷板梁；7-海侧分离小车；8-吊具上架；9-陆侧分离小车；10-司机室；11-阻尼液压缸；12-橡胶缓冲垫

当小车起动或制动时,吊具产生摇摆,则分离小车与吊具架上的海、陆侧滑轮组之间的起升钢丝绳张力发生变化,并且起升钢丝绳与铅垂线之间的夹角也发生变化;吊具向海侧摆动时,陆侧起升绳的张力比海侧大,钢丝绳与铅垂线之间的夹角也比海侧大,使跷板梁的陆侧向下摆而海侧向上摆。当吊具向陆侧摆动时,情况则相反。跷板梁每摆动一次,其上的阻尼装置就吸收了吊具摆动的能量。

8. 新型岸边集装箱起重机

1) 双 40ft 岸边集装箱起重机

双 40ft 岸边集装箱起重机,如图 2-4-23 所示。是在普通的岸边集装箱起重机的基础上将两套起升机构和 2 只可移动的双箱吊具组合在一起,因而具有高可靠性和部件的通用性。所不同的是 2 只吊具有新型的上架和差动减速器。双 40ft 岸桥平均生产率可达 90~130 箱/h,在集装箱运输的超巴拿马时代,发挥了极大作用。

双 40ft 箱岸桥吊具的创新在于:吊具上架的 2 根油缸,可伸缩、分离、前后移动、上下摆动来适应不同的装卸要求。例如,高度不同的箱型、呈八字形、箱距过大、船舶纵倾、船舶横倾、不平行于大车轨道时的装卸要求。

2) 双小车岸边集装箱起重机

在集装箱运输船舶的大型化和高速化发展的带动下,世界集装箱装卸机械也向着大型、高速、高效的方向发展。超巴拿马型船舶又高又大,以装载 9600 标准箱船舶为例。舱盖板上一般要堆放 7~8 层,有的甚至 9 层。满载空箱高潮时,水面以上的高度达 41~45m。因此,对它进行装卸作业的起重机要有足够的起升高度。起升高度 41m 以上、外伸距 60m、起重量 65t 或更大。接应它的水平运输工具也要有足够的数量和输箱能力。由于自动化码头的 AGV 系统或常规码头的集卡,其集装箱的承载高度只有 1.2~1.5m。因而起重机的小车只有一台时,它要兼顾两个不同的高度:装卸船舶时起升高度在 40m 以上,而水平运输工具只有 1m 多高。不宜解决吊具的防摇和对箱问题,司机作业困难、易疲劳,无法实现高效。而双小车岸边集装箱起重就是针对解决这一难题。

双小车岸边集装箱起重机,如图 2-4-24 所示。该机是在普通的岸边集装箱起重机的基础上增加了中转平台和后小车。其主要特点是:该起重机上配置了两台自行式起重小车,前小车沿铺设在大梁上的轨道运行,起升高度在 40m 以上,便于装卸大型船舶。后小车沿铺设在门框联系梁上的轨道运行,起升高度低于 15m,主要用于从中转平台取箱,再装(或卸)于高度只有 1m 多的集卡上。两台起重小车在各自独立的轨道上运行,作业互不干扰,可进行各自操作。

图 2-4-23 双 40ft 岸边集装箱起重机

图 2-4-24 双小车岸边集装箱起重机

在靠陆侧门腿一侧的下横梁上设置有中转平台。该平台主要用于安放来自前小车或后小车起吊运来的集装箱。前、后小车吊运的集装箱在中转平台进行"接力"转运。卸船时,前小车将船上的集装箱吊运至中转平台箱位上,后小车将中转平台上的集装箱运到地面的运输车上,装船时则过程相反。

为了满足集装箱码头快速装卸的要求,装卸速度最快、自动化程度最高的双小车岸边集装箱起重机,可提高装卸效率50%以上。双小车岸边集装箱起重机有用于自动化码头和常规码头两种类型。

用于自动化码头双小车岸边集装箱起重机,具有以下特点:

(1) 双部小车运行在各自的轨道上,互不干扰。

(2) 岸桥上的两部小车均可自动操作。前小车有一个司机室,但它仅负责堆箱;而后小车上根本没有司机室司机,完全是自动操作。

(3) 在岸桥上利用现代电子技术和集装箱最新科技成果,成功地实现了两部小车的防摇、防碰、自动对位和自动识别功能。

(4) 后小车采用八绳防摇系统。吊具具有很好的悬挂刚性。小车停,吊具停,根本不摇。

(5) 双小车岸桥装卸生产率高,理论上可实现50~60箱/h。

3) 司机室可分离的双小车岸边集装箱起重机

司机室可分离的双小车岸边集装箱起重机,是在双小车岸边集装箱起重机基础上作的改进。即前小车与司机室可连在一起,又可分离,司机室独立于小车自行驱动;前小车的司机室位于海侧端部,与前小车共用大梁上的轨道;它有自己的独立行走驱动和悬挂结构。其布置形式有如下特点:

(1) 前小车司机室面对陆侧操作,运行区间主要在集装箱船的装卸箱位上方。停机位置由司机根据船上的装卸位置确定。一个司机的停车位可控制船上几个装卸区,司机位不需要随小车来回高速运行。

(2) 司机的视野有极大改进,司机作业时,注视前方下侧,而不是低头注视下方。可减轻司机驾驶的疲劳。

(3) 前小车在船上对位和装卸由人工完成,其余动作可选择自动操作。即卸船时,司机操作将集装箱吊到一定高度后,就可选择自动操作,前小车起升和运行驱动可自动配合运行至中转平台上方,并自动定位、自动着箱,并自动返回到下一个装卸目标。装船时则相反。

(4) 前小车司机室也可随小车运行到陆侧,直接操作前小车对集卡的装卸。

(5) 前小车与司机室之间有一定的安全距离。正常工作时,当前小车运行与司机室小于安全距离时,司机室会后退,与前小车保持一定的安全距离。两者间有多种安全保护,在前小车失控时,不会影响司机室的安全。

4) 可吊双40ft双小车岸边集装箱起重机

可吊双40ft双小车岸桥是在双小车岸桥和双40ft岸桥的基础上开发的一种新型机型。其构造、装卸过程与双小车岸桥相同,由前小车、后小车和中转平台组成。所不同的是前小车有两个双40ft箱吊具,可一次性将2个40ft箱从船上吊至中转平台或从中转平台将2个40ft箱吊至船上。由于船上和中转平台2个并排箱有规则地摆放,因此前小车的2个吊具可方便对位装卸。前小车不必等待取下旋锁。装卸生产率可达90~140箱/h。中转平台不仅可保证并排2个箱有规则地快速就位,同时可保证工人方便安全地装上或取下旋锁。后小车配有一个标准双箱可移动式吊具,该吊具仅对一个集卡或AGV进行装卸。由于后小车起升高度和运行距离很短,装卸对箱也很容易,作业循环时间短。因此,作业效率与前小车相匹配。

5)升降式岸边集装箱起重机

升降式岸边集装箱起重机有一套可升降整个桥架的机构,可根据靠泊集装箱船舶的类型,调整桥架的高度,以适应各种集装箱船舶的装卸作业。桥架总升降高度为20m,每5m为一停层位置。总共有5个大梁停层可供不同大小的集装箱船舶进行装卸作业。

桥架的升降,一方面可避免不必要的过大起升,有利于减小集装箱的摇摆,缩短装卸作业循环时间和节约能耗;另一方面也可改善司机的视距,减轻疲劳,提高工作效率。但整机重量大,制造成本高。

 任务实施

填写任务单,见表2-4-1。

任 务 单　　　　　　　　　　　　　表2-4-1

编制专业:港机专业						编号:项目四任务
课程名称	港口起重输送机械		班级/组号		学时	2
任务	岸边集装箱起重机的构造特征、工作机构的认识					
任务描述	列出岸边集装箱起重机各机构的名称、结构特点、组成、动作原理					
分　析		工作机构				
	结构特点					
	结构组成					
	动作原理					
评价					成绩评定	

 **课后巩固**

1. 岸边集装箱起重机为何要采用全绳索牵引小车式?
2. 钢丝绳卷绕系统是如何实现吊具的倾动?其结构特征与动作原理有哪些?
3. 岸边集装箱起重机还有哪些机型?各种机型有何特点?

项目五　岸边集装箱起重机模拟驾驶操作

任务　岸边集装箱起重机模拟驾驶操作实例

任务导读

通过该任务的学习,了解岸边集装箱起重机仿真模拟器的组成和各部分的功能,掌握岸边集装箱起重机仿真模拟器的操作。

教学目标

知识目标:了解岸边集装箱起重机仿真模拟器的组成和各部分的功能,了解岸边集装箱起重机驾驶室的布置,熟悉驾驶室内操作联动台上各开关、旋钮的作用。

能力目标:具备操作岸边集装箱起重机模拟器的能力。

工作任务

任务描述:谈谈你对岸边集装箱起重机模拟操作(图2-5-1)的体会。

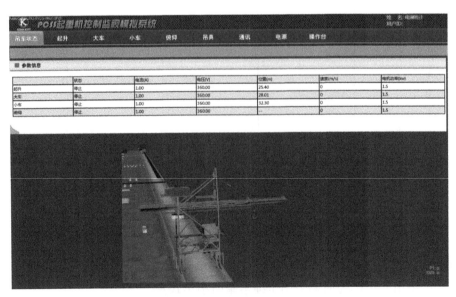

图 2-5-1　岸边集装箱起重机操作

任务具体要求:写出岸边集装箱起重机模拟操作的体会(300~500字),并填写任务单。

任务实施

填写任务单,见表 2-5-1。

任 务 单　　　　　　　　　　　　　　表 2-5-1

编制专业:港机专业				编号:项目五任务	
课程名称	港口起重输送机械	班级/组号		学时	4
任务	岸边集装箱起重机模拟驾驶操作实例				
任务描述	写出岸边集装箱起重机模拟操作的体会(300~500 字)				
体会					
评价				成绩评定	

项目六　集装箱正面吊运机认识

任务　集装箱正面吊运机的构造、特征及工作机构的认识

 任务导读

通过该任务的学习,了解岸边集装箱正面吊运机的构造、结构组成与动作原理,特点与类型,了解正面吊运机安全保护装置的作用以及主要技术参数。

 教学目标

知识目标:了解集装箱正面吊运机的构造、特点与类型;了解正面吊运机安全保护装置的作用;掌握集装箱正面吊运机的主要技术参数。

能力目标:具备认识集装箱正面吊运机的构造、特征及工作机构的能力。

 工作任务

任务描述:描述集装箱正面吊运机(图2-6-1)各机构的名称、结构特点、组成、动作原理。

任务具体要求:列出集装箱正面吊运机各机构的名称、结构特点、组成、动作原理,并填写任务单。

 知识储备

集装箱正面吊运机是一种集装箱装卸搬运机械。它是在20世纪70年代中期,随着集装箱运输业的迅速发展,除了码头的前沿机械外,

图2-6-1　集装箱下面吊运机

为满足集装箱货场、中转站和铁路场站的性能好、效率高、多用途的流动式集装箱装卸搬运机械的要求而开发的一种新机型。它与集装箱叉车比较,具有机动性能好、稳定性好、轮压较小、堆码层数高和堆场利用率高等优点,是比较理想的货场装卸搬运机械。

集装箱正面吊运机,如图2-6-2所示。主要由运行机构、臂架伸缩机构、俯仰机构和可以回转、伸缩、横移的吊具等组成。集装箱正面吊运机除运行部分外,臂架俯仰、伸缩、吊具的转向等动作均采用液压驱动传动。

1. 集装箱正面吊运机的结构特征

集装箱正面吊运机的结构具有以下特点：

(1) 有可伸缩和左右回转120°的吊具，如图2-6-3所示。因此，特别适合在货场作业。由于吊具可伸缩，能用于不同尺寸的集装箱装卸作业。吊具又可左右回转，在吊装集装箱时，吊运机不一定要与集装箱垂直，即可以与箱子呈夹角吊装。在吊起集装箱后，又可转动吊具，使箱与吊运机处在同一轴线上，以便通过比较狭窄的通道。同时，吊具可以左右各移动800mm，便于在吊装时对箱，从而提高生产效率。

吊具悬挂在伸缩臂架上，可绕其轴线转动。当吊运的集装箱不处于水平位置时（如集装箱在半挂车上，而半挂车板面与地面不平），也可以正常操作。因此，集装箱正面吊运机几乎可以在任何条件下在集装箱堆场进行作业。

图2-6-2　集装箱正面吊运机

图2-6-3　吊具的回转、横移

(2) 有能带载变幅的伸缩式臂架。集装箱正面吊运机一般采用套筒式方型伸缩臂架，臂架的伸缩用液压油缸推动。集装箱的起升、下降运动由臂架伸缩和变幅来完成，它没有专门的起升机构。因为臂架的伸缩和变幅同时进行，所以可获得较大的升降速度，从而具有较高的效率。

(3) 能堆码多层集装箱及跨箱作业。由于集装箱正面吊运机在设计时吸取了集装箱叉式装卸车、集装箱跨运车等机械的优点，并考虑到了这些机械的不足。因此，它能够完成其他机械所不能完成的作业。集装箱正面吊运机一般可吊装4个箱高，有的可达到5个箱高，而且可跨箱作业，这样就可以提高堆场的利用率，如图2-6-4所示。

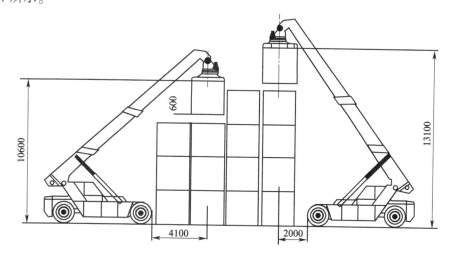

图2-6-4　集装箱正面吊运机作业情况

(4) 集装箱正面吊运机具有多种保护装置，能保证安全作业。由于集装箱正面吊运机是流动机械，而且臂架可带载伸缩和带载变幅。因此，必须具有足够的保护装置来确保安全操作。一般有六种保护装置：

①防倾覆保护。当起吊重量超过各种工作幅度下的允许值时，该保护装置即开始动作，此时臂架不能伸缩、俯仰，吊具不能回转，并且有红色灯光信号警告。

②旋锁动作保护。其一是旋锁完全进入集装箱角件孔内，旋锁才能动作，否则旋锁不能转动；其二是旋锁不在全开或全闭的状态下，臂架伸缩、俯仰和吊具回转都不能动作，同时也有信号灯指示。

③起吊集装箱后，整机不能用高速挡行驶，否则发动机自行停止运转。

④变速杆入挡后，发动机不能起动。

⑤臂架最大仰角有限位保护。

⑥入挡后再换入驻车制动挡位，发动机即熄火。

(5) 在吊具上安装吊爪后，可以连集装箱半挂车一起起吊，吊重可达38t。将集装箱吊具换装为吊钩后又可作一般起重机使用。

(6) 采用集装箱正面吊运机，可提高装卸效率，与叉车相比，堆场利用率也可提高80%。但是，集装箱正面吊运机带箱运行时，一般是将臂架升至最大仰角，这时货物重心移至前轴线内，因后桥负荷比空载时大，将造成后轮胎磨损加剧。

2. 结构类型

集装箱正面吊运机按其结构形式可以分为单臂架和双臂架两大类。

1) 单臂架集装箱正面吊运机

单臂架集装箱正面吊运机，如图2-6-2所示。其起重臂为单箱式结构，用两根变幅油缸支撑，制造工艺简单。在吊运倾斜的集装箱时，利用吊具与臂架间的自由摆动进行对位。但是，由于吊具与臂架是单支点连接，故吊运装载重心偏移的集装箱时所产生的倾斜，要通过横移吊具保持其平衡。而且吊运机行走时，由于路面不平，易导致摇摆。此外，臂架变幅是由双油缸驱动，由于各种原因，可能出现油缸工作不同步，使臂架受扭。

2) 双臂架集装箱正面吊运机

双臂架集装箱正面吊运机为双起重臂，起重臂为箱形结构。它与单臂架正面吊运机的不同之处是用两个小断面的臂架代替了一个大断面臂架。两个臂架都可以伸缩，并由两个变幅油缸分别支撑，两个臂架可以分别动作，也可同步动作，因此其结构和液压控制系统比较复杂。由于是双臂架，与吊具是双支承连接，所以吊具稳定性较好，即使遇到集装箱装载偏心或路面不平的情况，也不会引起吊具摆动。同时，在吊运倾斜的集装箱时，可对两臂架采用不同的高度而使吊具就位，如图2-6-5a)所示。并可让两臂架伸出不同的长度而使集装箱转动一定的角度，如图2-6-5b)所示。此角度最大不超过12°。双臂架集装箱正面吊运机受力比较简单，变幅油缸不存在同步问题。同时，两臂架中间距离较大，驾驶室可放在中间，并可以适当提高其高度，使司机视野较好。

对于双臂架，为了使吊具能旋转较大的角度，必须在平衡架下再安装吊具回转机构，因而整个吊具高度较大，从而降低了有效起升高度。

3. 主要技术参数

1) 起重量

集装箱正面吊运机的起重量，是根据额定起重量和吊具的重量来确定。额定起重量一般按所吊运的集装箱最大总重量确定，对于国际标准40ft集装箱的最大重量取30.5t。目前，各厂家生产的起吊40ft集装箱的正面吊运机，其吊具重量约为10t。

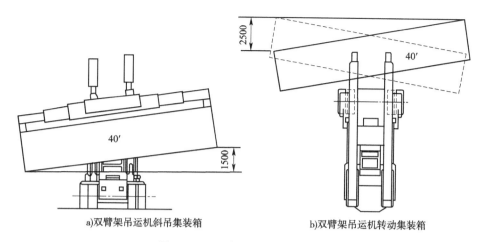

a)双臂架吊运机斜吊集装箱　　b)双臂架吊运机转动集装箱

图 2-6-5　双臂架集装箱正面吊运机

2)起升高度

起升高度即堆码高度,一般为 4 层箱高,如按 8ft 6in 箱高考虑,还加上一定的安全间隙,故起升高度一般为 11m 左右。如要求堆五层箱高时,起升高度应不小于 12.955m,一般为 13.1m 左右,见图 2-6-4。

3)工作幅度

集装箱正面吊运机通常能跨一排箱作业。一般要求在对第一排箱作业时,前轮外沿离集装箱的距离为 700mm 左右,工作幅度最小应距前轮外沿 2m。在对第二排箱作业时,前轮外沿离第一排集装箱的距离为 500mm 左右,工作幅度最小应距离前轮外沿 4.1m(图 2-6-4)。

4)车身外形尺寸

集装箱正面吊运机主要用在货场作业,要求能适应狭小的场地条件,因此对通过性能要求较高,需要控制车身宽度和长度。另外,还要考虑整机的稳定性和车架受力情况。一般要求正面吊运机能在 7.5m 左右的直角通道上转弯,在 9.5m 左右的通道内能 90°转向。因此,要求其最小转弯半径在 8.5m,最大轴距为 5.5m,车体带臂架时长度为 7.5~8.0m,车身宽度一般为 3.5~4.0m。

5)工作速度

集装箱正面吊运机的工作速度包括:行走速度、臂架伸缩和俯仰速度及吊具的工作速度。

(1)行走速度。

集装箱正面吊运机的运行距离一般在 40~50m 之间较为合理。如距离太远,则应在前沿机械与堆场间用拖挂车来做水平运输。集装箱正面吊运机在满载时只允许低速行驶,因集装箱正面吊运机自重较大,在吊运 40t 时,整机总重达 110t,如行驶速度过快,则对制动、爬坡、整机稳定性以及发动机功率都有较大影响,故满载时最高时速度一般不超过 10km/h。空载时可高速行驶,一般为 25km/h 左右。

(2)臂架伸缩和俯仰速度。

由于集装箱正面吊运机没有专门的起升机构,集装箱的起升和下降是通过臂架伸缩和俯仰来实现的。

臂架的伸缩速度一般为 12m/min 左右。由于最大伸缩距离只有 6m,全伸或全缩时间约为 30s。

臂架由最小角度上仰到最大角度约为1min。由于是液压俯仰,所以臂架下俯有两种速度:空载时较慢;满载时的臂架下俯速度比空载时快一倍。

(3)吊具的工作速度。

吊具的工作速度有伸缩、左右平移和回转速度。

①吊具伸缩速度。在吊运集装箱时,多数连续吊运同规格集装箱,20ft和40ft(或45ft)集装箱交叉作业情况较少,因此吊具的伸缩速度一般为12m/min左右。

②吊具左右平移速度。吊具左右平移主要用于对位。左右平移距离各800mm,故吊具左右平移速度一般为6m/min左右。

③吊具回转速度。吊具回转也主要用于对位。而且所转动的角度一般不大于15°,因此转动速度不宜过大,一般为540°/min左右。

6)点动性能

集装箱正面吊运机多数有点动性能,以保证微动对位,提高工作效率。集装箱正面吊运机的臂架伸出、缩回、仰起、俯下;吊具左移、右移、左回转、右回转等8个动作都有点动机构。目前JD40型集装箱正面吊运机的点动距离,见表2-6-1。

JD40型集装箱正面吊运机的点动距离(单位:mm)　　表2-6-1

点动性能	臂架伸出	14
	臂架缩回	10
	臂架仰起	8.3
	臂架俯下	4.3
	吊具向左平移	5.8
	吊具向右平移	5.4
	吊具向左回转	2.8
	吊具向右回转	3.8

集装箱正面吊运机是依靠臂架的伸缩和俯仰来实现集装箱的吊运和堆码作业。因此,其工作机构主要由臂架伸缩机构、俯仰机构、运行机构和吊具等组成。除运行机构采用内燃机驱动外,臂架伸缩、俯仰、吊具的转向等动作均采用液压驱动传动,使整机操作灵活、轻便、平稳。

4. 臂架伸缩机构

为了提高装卸效率,集装箱正面吊运机采用伸缩式箱形臂架,其臂架伸缩和俯仰机构能在满载工况下工作,如图2-6-6所示。

集装箱正面吊运机臂架的伸缩用液压油缸推动。伸缩段4与基本段3之间的相对运动是由伸缩油缸1驱动的。臂架轴向力由伸缩油缸1来承受,力矩则由支承装置2、5组成的反力矩来平衡。对于重载伸缩的集装箱正面吊运机的内外臂架间,采用托辊式支承装置,其伸缩阻力较小。托辊组支承装置由4个托辊及托辊轴、3组楔

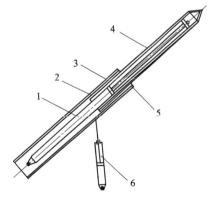

图2-6-6　臂架伸缩和俯仰原理图
1-伸缩油缸;2、5-支承装置;3-基本段;4-伸缩段;6-变幅油缸

形滑块和托盘等组成。楔形滑块的作用是当4个托辊受力不均时,在水平分力差的作用下,滑块作横向移动,使受力较小的托辊上升,从而达到各托辊受力均匀的作用。

5. 臂架俯仰机构

臂架俯仰机构采用两个油缸直接推动臂架基本段,使臂架绕三角支承上的轴转动,从而实现俯仰。

左右两侧俯仰油缸采用并联方式。由于臂架基本段的刚性较强,俯仰油缸采用三通接头直接通油。如由于多种原因造成两侧油缸外载不同时,液压系统中油压自然平衡。这样,油缸伸缩即使不同步,臂架及俯仰机构仍能正常工作。

6. 集装箱专用吊具

为了吊运和堆码集装箱的要求,集装箱正面吊运机的吊具应能回转120°(左转90°,右转30°);横移1600mm(左、右各800mm);收缩能吊运20ft箱,伸出能吊运40ft箱,具有旋锁回转机构(90°转角);绕吊运机前行轴线摆动(无动力)。另外,吊具还必须装设安全保护装置,以保证吊具未与集装箱连接妥当时,不致吊起集装箱。集装箱正面吊运机的吊具结构,见图2-6-7。

1) 吊具的回转机构

吊具的回转机构一般有三种形式:第一种是用油缸推动。即油缸固定在某一位置时,回转机构即可固定不动。这样便于对位和操纵,机构也稳定。这种机构结构简单,有自锁装置。第二种是用液压马达带动齿轮箱的回转机构,或用大扭矩低转速的液压马达直接带动吊具回

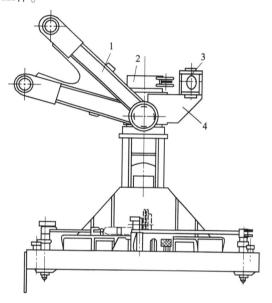

图 2-6-7 集装箱正面吊运机吊具
1-人字架;2-转轴;3-回转驱动装置;4-回转支承

转。这种机构由于没有制动装置,所以在停止转动后有不稳定的现象,特别在重载时这种现象更为严重。第三种是用摆动油缸来使吊具回转。由于摆动油缸采用叶片密封,故在低压时采用较好,在高压时采用则不易解决密封问题。目前,JD40型集装箱正面吊运机采用的就是油缸驱动,通过吊具人字架与臂架伸缩段连接。当回转油缸通油后,推动转轴上的连杆,使转轴转动,转轴通过横轴带着吊具上架一起转动。

2) 吊具横移机构

吊具横移机构一般用油缸驱动。横移油缸一端固定在吊具上架上,另一端与吊具底架固定。在吊具上架上安装有4个滚轮,吊具底架的支承梁就悬挂在这4个滚轮上。当横移油缸伸缩时,吊具底架在吊具上架的4个滚轮上左右移动,带动集装箱左右横移。一般可左右横移800mm。

3) 吊具伸缩机构

吊具伸缩机构采用两套油缸驱动,在液压系统中采用并联形式,使两套油缸同时动作。吊具的回转、横移和伸缩油缸,全部采用同一规格,以便更换和维修。伸缩机构的驱动油缸,一端与吊具底架连接,另一端与伸缩架连接。伸缩架在吊运集装箱时,变形较大,因此油缸与伸缩架不是固定连接而采用自由连接长形孔。

**任务实施**

填写任务单,见表 2-6-2。

表 2-6-2

任　务　单　　　编号:项目六任务

编制专业:港机专业					
课程名称	港口起重输送机械	班级/组号		学时	2
任务	集装箱正面吊运机的构造、特征及工作机构的认识				
任务描述	列出集装箱正面吊运机各机构的名称、结构特点、组成、动作原理				
分　析	项目	工作机构			
	结构特点				
	结构组成				
	动作原理				
评价				成绩评定	

**课后巩固**

1. 集装箱正面吊运机由哪几个机构组成?
2. 集装箱的升降由哪些机构动作来实现?
3. 集装箱正面吊运机与岸边集装箱起重机采用的吊具有何区别?

项目七　集装箱牵引车和挂车认识

任务　集装箱牵引车和挂车的构造认识

任务导读

通过该任务的学习,了解集装箱牵引车拖带挂车的方式,掌握集装箱牵引车与挂车的结构、特点与类型。

教学目标

知识目标:掌握集装箱牵引车与挂车的结构、特点与类型;了解集装箱牵引车拖带挂车的方式。

能力目标:具备认识集装箱牵引车和挂车的构造的能力。

工作任务

任务描述:描述集装箱牵引车和挂车(图 2-7-1)的运用场合。

任务具体要求:列出集装箱牵引车和挂车的运用场合,并填写任务单。

图 2-7-1　集装箱牵引机和挂车

知识储备

集装箱牵引车专门用于拖带集装箱挂车或半挂车,两者结合组成车组,长距离运输集装箱,主要用于集装箱货场及公路运输集装箱的水平运输机械,如图 2-7-1 所示。

集装箱牵引车和半挂车,简称集卡。可装两个 20ft 或一个 40ft 集装箱。它由车架、支腿、行走装置、制动装置和集装箱锁定装置等组成。车架四角装有旋锁连接装置,可与集装箱的角配件锁定。车架下部前方装有支腿,有单脚或双脚之分。当半挂车与牵引车分离后,必须使用支腿才能稳定地停住。车架后方有一个或两个车桥,装有若干组轮胎。车架与车桥之间采用钢板弹簧悬架。车轮制动器采用气制动,以便与牵引车的制动系统连接或分离。对于 20ft 和 40ft 集装箱兼用的半挂车,除了在车架四角装有旋锁件之外,还在车架中部装有 4 个起伏式旋锁件,当运输 40ft 集装箱时可将中部旋锁件降下不用。

1. 集装箱牵引车

集装箱牵引车,如图 2-7-2 所示。其内燃机和底盘的布置与普通牵引车大体相同。但是集装箱牵引车前后车轮均装有行走制动器,车架后部装有连接挂车的牵引鞍座。

集装箱牵引车可按驾驶室的形式分为长头式和平头式;按车轴的数量可分为双轴式和三轴式;按用途可分为公路运输用牵引车和货场运输用牵引车。

1) 长头式集装箱牵引车

这种牵引车的发动机布置在司机座的前方。司机受发动机振动的影响较小,比较舒适,发生碰撞时也较安全。此外,打开发动机舱盖检修也比较方便。但这种车头较长,因而整个车身长度和转弯半径较大,如图 2-7-3a) 所示。

2) 平头式集装箱牵引车

这种牵引车的发动机在司机座位下面,司机的舒适感较差。但牵引车的驾驶室较短,视线较好,轴距和车身全长比较短,转弯半径小。在司机座位后面可以加一小床,以便长途行车时司机换班休息,如图 2-7-3b) 所示。

3) 双轴式集装箱牵引车

这种牵引车一般用于牵引装运 20ft 集装箱的半挂车。双轴式牵引车一般为 4×2 型,即后轴为驱动轴,前轴为转向轴。其车身较短,轴距较小,转弯半径小,机动性能好。但由于后轴为单轴,因此承受负荷较小,牵引力也较小,如图 2-7-4a) 所示。

4) 三轴式集装箱牵引车

这种牵引车后轴为双轴,承载能力大,牵引力大,一般用于牵引装运 40ft 集装箱的半挂车。三轴式牵引车一般为 6×4 型,个别要求牵引力和越野性能好的为 6×6 型,即后轴为驱动轴,前轴为转向轴或转向驱动轴,如图 2-7-4b) 所示。

图 2-7-2 集装箱牵引力

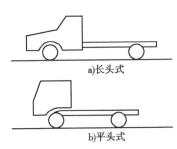

图 2-7-3 集装箱牵引车

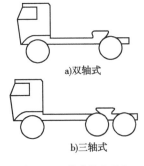

图 2-7-4 集装箱牵引车

5) 公路运输用集装箱牵引车

这种牵引车采用大功率发动机,速度高(一般可达 100km/h),具有多挡高速,其制动性能及加速性能较好。因此,主要用于高速和长距离运输,如图 2-7-1 所示。

6) 货场运输用集装箱牵引车

这种牵引车用于港口集装箱货场作短距离运输,行驶速度低(一般不超过 40km/h),牵引力大,牵引鞍座为低台式,如图 2-7-5 所示。

2. 集装箱挂车

集装箱挂车有底盘车和平板车两种。底盘车的车架仅由底盘骨架构成,车架的前后四角装有集装箱固定锁件装置,车架下部前方有单腿或双腿支架,后方有一个或两个车桥装有轮胎车轮,如图 2-7-6 所示。它的结构简单,自重轻,维修方便,在集装箱运输中用得较多。平板车在底盘上全部铺有钢板,并在四角按集装箱尺寸要求装设集装箱下部固定锁件。平板车自重较大,宜用在兼顾装卸长大件和集装箱的码头。

集装箱挂车按拖挂方式不同,又分为半挂车或全挂车两种,其中以半挂车最为常用。

半挂车,如图2-7-7a)所示。其挂车和货物的重量一部分由牵引车直接承受,不仅使牵引力得到有效发挥,而且拖挂车身较短,便于倒车和转向,安全可靠。半挂车装有支腿,以便与牵引车脱开后,能稳定地支承在地面上。

全挂车,如图2-7-7b)所示。是通过牵引杆架,使牵引车与挂车连接,牵引车身亦可作为普通货车单独使用,但操作比半挂车要稍难些。

图2-7-5 货场运输用集装箱牵引车

图2-7-6 骨架式集装箱挂车

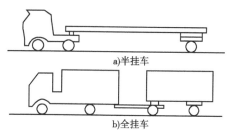
图2-7-7 集装箱车形

任务实施

填写任务单,见表2-7-1。

任 务 单　　　　　　　　　表2-7-1

编制专业:港机专业				编号:项目七任务
课程名称	港口起重输送机械	班级/组号		学时	2
任务	集装箱牵引车和挂车的构造认识				
任务描述	列出集装箱牵引车和挂车的运用场合				
分 析					
评价				成绩评定	

课后巩固

1. 集装箱牵引车和挂车的运用场合有哪些?
2. 集装箱牵引车有哪些类型?
3. 集装箱挂车有哪些类型?

模块三

输送机械

　　输送机械式港口散粒物料装卸作业中的主要机械,通过项目一(输送机械认识)2个任务的学习,使学生了解输送机械的工作特点和类型,了解各种类型输送机械的构造特征与应用场合;了解物料的物理、机械性能对于选择输送机械的影响,了解各种输送机械对散粒物料的要求,使学生掌握散粒物料主要性能的概念。通过项目二(带式输送机认识和使用与维护)2个任务的学习,使学生了解轨道式集装箱龙门起重机构造特征;掌握轨道式集装箱龙门起重机的结构组成与主要技术参数。通过项目三(埋刮板输送机、斗式提升机认识和使用与维护)2个任务的学习,使学生了解埋刮板输送机、斗式提升机的构造特征,掌握埋刮板输送机、斗式提升机的结构组成、动作原理和适用场合,掌握埋刮板输送机、斗式提升机的主要装置;了解埋刮板输送机、斗式提升机的常见故障、产生原因与排除方法。通过项目四(螺旋输送机、气力输送机认识和使用与维护)2个任务的学习,使学生了解螺旋输送机、气力输送机的构造特征,掌握螺旋输送机、气力输送机的结构组成、动作原理和适用场合,掌握螺旋输送机、气力输送机的主要装置;了解螺旋输送机、气力输送机的常见故障、产生原因与排除方法。

项目一　输送机械认识

任务1　输送机械类型认识

 任务导读

通过任务1的学习,了解输送机械的工作特点和类型,了解各种类型输送机械的构造特征与应用场合。

 教学目标

知识目标:了解输送机械的工作特点和类型;了解各种类型输送机械的构造特征与应用场合。

能力目标:具备认识输送机械类型的能力。

 工作任务

任务描述:描述输送机械(图3-1-1)的类型和运用场合。

任务具体要求:列出描述输送机械的类型和运用场合,并填写任务单。

 知识储备

图3-1-1　输送机械

输送机械是以形成连续物流方式沿一定线路输送货物的机械,是港口散粒物料装卸作业的主要机械。

输送机械除了在港口装卸作业中得到广泛应用,也已遍及其他各行各业。在重工业及交通运输部门主要用于输送大宗散粒物料;在现代化生产企业中,输送机械是生产过程中组成有节奏的流水作业线所不可缺少的设备。通过输送机械的应用实现车间运输和加工安装过程的机械化,并实现程序化和自动化;在食品、化工、轻纺等许多部门,输送机械往往不单纯进行物料输送,还在输送的同时进行某些工艺处理;在大型工程项目的施工工地,输送机械可用来搬运大量土方和建材物料;在机场还可用来输送旅客和行李。

1. 输送机械的分类

输送机械在港口码头被广泛应用,种类也非常多。输送机械可分为机械式和流体式两大类,如表3-1-1所示。

连续输送机械的分类 表 3-1-1

连续输送机械	机械式	有挠性牵引构件输送机械	带式输送机
			斗式输送机
			链板输送机
			刮板输送机
			埋刮输送机
			悬挂输送机
			架空索道
			自动扶梯
		无挠性牵引构件输送机械	螺旋输送机
			振动输送机
			辊子输送机
	流体式	气力输送机	
		液力输送机	

（1）机械式输送机械,是依靠工作构件的机械运动进行输送物料。

机械式按其结构形式不同又可分为有挠性牵引构件和无挠性牵引构件两大类。

①有挠性牵引构件输送机械的特点是:物料放在牵引构件上或与牵引构件连接的承载构件上,利用牵引构件的连续运动来输送物料。这类输送机械除具有牵引构件、承载构件、驱动装置、张紧装置以外,一般还具有装载、卸载、改向等装置。它包括带式输送机、斗式提升机、板式输送机、刮板输送机、埋刮板输送机、悬挂输送机、自动扶梯等,它们分别采用输送带或链条作为牵引构件。

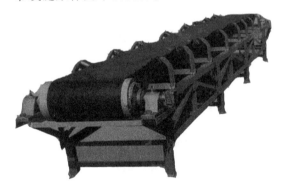

图 3-1-2 带式输送机

a. 带式输送机。带式输送机,如图 3-1-2 所示。是以带条作为牵引构件和承载构件的连续输送机械。它可输送各式各样的散货和件杂货物,输送长度可达数公里(国外最长的钢丝绳牵引胶带输送机输送长度达 14.6km),也有不超过数米长的小型带式输送机。带式输送机是散货码头最主要的也是比较理想的输送机械,应用最为广泛。

b. 斗式提升机。斗式提升机,是以带条(或链条)作为牵引构件,以装载料斗作为承载构件,用于垂直方向或接近垂直、大倾角方向连续输送粉状、颗粒状及小块物料的输送机械。不仅广泛用于堆场、仓库和矿井,还可用它来卸船和卸车。

斗式提升机,如图 3-1-3 所示。在牵引构件(胶带或链条)1 上,每隔一定间距安装一装载料斗 2。头部滚筒(或链轮)由电动机带动的驱动装置 6 驱使转动。尾部滚筒(或链轮)又起张紧作用。为了防止突然停车而产生的反转运动,在传动装置中装有停止器 11。整个提升机在全高度上安装了铁皮罩壳。物料从下部的供料口 12 进入料斗内,经提升至头部滚筒卸料,斗内的物料经卸料口 13 被卸出。

斗式提升机的提升速度一般为 0.8~1.0m/s,个别也有高达 4m/s 的。提升高度可达

40～50m，生产率为300t/h。近年来，由于钢丝绳芯输送带的应用，使牵引构件的强度提高，其生产率可高达2000t/h，提升高度可达350m。

斗式提升机根据其牵引构件的不同可分为：带斗式提升机和链斗式提升机等。带斗式提升机和链斗式提升机比较，其优点是运动平稳而噪音小；可采用较高的提升速度；重量轻、尺寸小、造价低。但带条强度较低，对于提升块状、潮湿等难以挖取、阻力大的物料，必须采用链斗式提升机。对于高度较大的倾斜式提升机，往往也采用链斗式提升机。

我国目前生产的斗式提升机中，D型为带斗式，PL型、HL型、ZL型系列均为链斗式提升机。主要参数以斗宽表示，斗宽有160mm、250mm、350mm、450mm、900mm等几种规格。

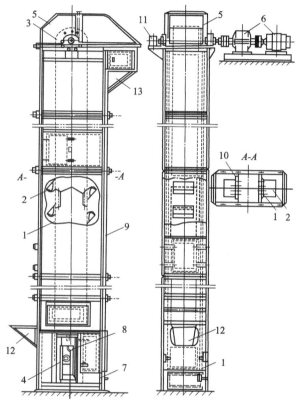

图3-1-3 斗式提升机

1-牵引构件；2-料斗；3-驱动装置；4-张紧装置；5-上部罩壳；6-驱动装置；7-下部罩壳；8-导轨；9-中部罩壳；10-导向装置；11-停止器；12-供料口；13-卸料口

c. 链板输送机。链板输送机，如图3-1-4所示。其结构和工作原理与带式输送机相似。其主要区别在于链板输送机用链条作为牵引构件，用对接的或搭接的平形板或槽形等构件作为承载构件的输送机械。适用于输送散粒物料或成件货物，并在输送中可完成各种工艺流程或工艺操作。

d. 埋刮板输送机。埋刮板输送机，如图3-1-5所示。是一种在封闭的矩形断面的壳体内，借助于运动着的刮板链条连续输送散状物料的输送机械。因为在输送过程中刮板链条埋于输送的物料中，故称"埋刮板输送机"。在无端的链条上相隔一定距离固定一块刮板，链条和刮板在封闭的矩形断面的管道内运动，由加料口导入管内的物料被刮板带动。工作时，刮板和链条完全埋在物料之中，用来水平或垂直输送散粒物料。埋刮板输送机结构较简单，尺寸、重量也较小，输送路线布置灵活。但对所输送的物料有一定要求，不宜输送大块的、容

图 3-1-4　链板输送机

重较大的、黏结性和磨损性大而不允许破碎的物料。

②无挠性牵引构件输送机械的特点是:利用工作构件的旋转运动或往复运动使物料沿封闭的管道或料槽移动。它们输送货料的工作原理各自不同,且共性的零部件也很少。如螺旋输送机、振动输送机、辊子输送机等。

a. 螺旋输送机。螺旋输送机,如图 3-1-6 所示,是借助于带有螺旋片的转动轴在一封闭的料槽内旋转,将物料推移而进行输送的机械。由于装入料槽的物料本身的重力及其对料槽的摩擦力的作用,而不和螺旋一起旋转,只沿料槽向前运移。其情况就好像不能旋转的螺母沿螺杆作直线运动一样。在垂直的螺旋输送机中,物料是靠离心力和对槽壁所产生的摩擦力而向上运移的。螺旋输送机结构简单,横截面尺寸小,密封性能好,便于中间装料和卸料,操作安全方便,制造成本低。但输送过程中物料易破碎、零件磨损和消耗功率较大。螺旋输送机可用于短距离(一般小于 40m)输送各种粉状、粒状、小块状物料,也可作为其他输送机的供料辅助机械,或作为螺旋卸车机的主要组成部分。

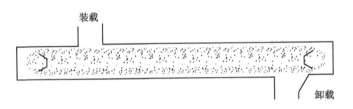

图 3-1-5　埋刮板输送机

b. 辊子输送机。辊子输送机,如图 3-1-7 所示。是在机架上装有辊子组,并由动力带动部分或全部辊子转动,货物依靠转动辊子与货物接触表面之间的摩擦力来输送。这种输送机多用于袋装货物或软包装的件货。

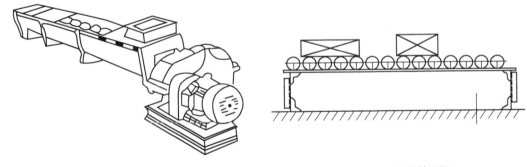

图 3-1-6　螺旋输送机　　　　　　　图 3-1-7　辊子输送机

(2)流体式输送机械则是利用空气或水等流体的动力,通过管道进行输送。如气力输送机和液力输送装置等。

气力输送机是利用空气流动的能量来输送物料的机械。它主要输送块度不大于 20 ~

30mm 的粉状、粒状的小块物料。它的输送原理是将物料处于具有一定速度的空气中,空气和物料形成悬浮的混合物(双相流),通过管道输送到卸料地点,然后将物料从双相流中分离出来卸出。

物料和空气的混合物能在管路中运动而被输送的必要条件是:在管路两端形成一定的压力差。按压力差的不同,气力输送机可分为吸送式、压送式和混合式三种。

图 3-1-8 为吸送式气力输送机简图。其工作原理是:利用风机 12 对整个管路系统进行抽气,使管道内的气体压力低于外界大气压,形成一定的真空度。吸嘴 1 处在压力差的作用下,外界的空气透过料层间隙和物料形成混合物进入吸嘴,并沿管道输送。当空气和物料的混合物经过分离器 7 时,带有物料的气流速度急剧降低并改变方向,使物料与空气分离,物料经分离器底部的卸料器 15 卸出,含尘空气经第一级除尘器 9 和第二级除尘器 10 净化后,由风机通过消声器 11 排入大气中。

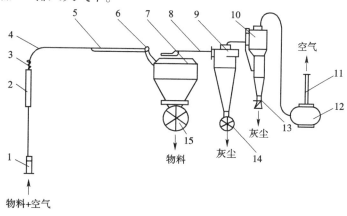

图 3-1-8 吸送式气力输送机
1-吸嘴;2-垂直伸缩管;3-软管;4-弯管;5-水平伸缩管;6-铰接弯管;7-分离器;8-风管;9、10-除尘器;11-消声器;12-风机;13-阀式卸灰器;14-旋转式卸灰器;15-旋转式卸料器

吸送式气力输送机在港口主要用于卸船。它可以装几根吸料管同时从几处吸取物料,但输送距离不能过长。因为随着输送距离的增加,阻力也不断加大,这就要求提高管道内的真空度,而吸送系统的真空度不能超过 0.5~0.6 个大气压;否则,空气会变得稀薄,使携带能力降低,引起管道阻塞以致影响正常工作。由于真空的吸力作用,供料装置简单方便,吸料点不会有粉尘飞扬,对环境污染小。但对管路系统密封性要求较高。此外,为了保证风机可靠工作和减少零件的磨损,进入风机的空气必须严格除尘。

2. 输送机械的特点

输送机械的特点是:连续运动。

输送机械与具有间歇动作的起重机械比较有以下不同:

(1)输送能力大。可不间断地连续输送货物,其装载卸载都是在输送过程不停顿的情况下进行。同时由于不经常起动和制动,故可采用较高的工作速度。

(2)结构比较简单。输送机械沿固定线路全长范围内设置并输送货物,动作单一,结构紧凑简单,操作简便,易于实现自动控制。自身质量较轻,造价较低。因受载均匀、速度稳定,工作过程中所消耗的功率变化不大。在相同输送能力的条件下,输送机械所需功率一般较小。

(3)输送距离长。不仅单机长度日益增加,且可由多台单机组成长距离的输送线路,特别是原材料的长距离的输送。

(4) 环境保护好。输送机械可实现密闭输送,避免环境污染,减少货损货差,提高货运质量。

(5) 通用性较差。每种机型一般只适用于输送一定种类的货物。不宜输送质量大的单件物品或集装容器。

(6) 机动性较差。输送线路一般固定不变。在输送线路变化时,往往要按新的线路重新布置。在需要经常改变装载点及卸载点的场合,须将输送机安装在专门机架或臂架上,借助它们的移动来适应作业要求。

(7) 独立性较差。大多数输送机械不能自动取料。除少数输送机能自行从料堆中取料外,大多要靠辅助设备供料。输送机械工作的可靠性和安全性不仅取决于输送机械的性能,也依赖于各种辅助装置、自控装置和安全保护装置的密切配合,其中任一环节出现故障都会使整个系统停顿。

3. 输送机械的应用

在港口码头,除了采用各种通用输送机械和特种输送机以外,往往还根据生产作业的需要,将各种输送机安装在不同结构形式并具有多种工作机构的机架或门架上构成某种专用机械。各个散货出口专业码头均装备了以带式输送机为主体的散货装船机械;而在散货进口专业码头上则有以各种输送机为主体的散货卸船机械。如用于散粮码头的卸船作业的双带式卸船机(图3-1-9)、埋刮板卸船机、气力吸粮机(图3-1-10)等,用于化肥卸船作业的螺旋卸船机;用于煤炭卸船作业的链斗卸船机(图3-1-11);用于卸驳船作业的悬链式链斗卸船机。用于货场进行堆料、取料及转运的连续装卸机械,如堆料机、取料机(图3-1-12)和堆取料机等。这些散货连续装卸机械的迅速发展开拓了输送机械新的发展领域。

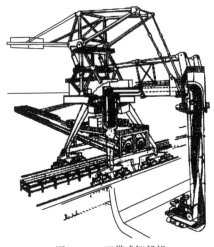

图3-1-9 双带式卸船机

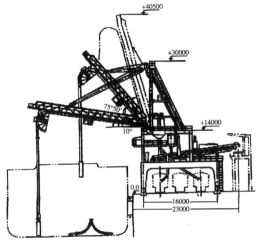

图3-1-10 气力吸粮机

图3-1-11 链斗卸船机

图3-1-12 门式取料机

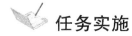 任务实施

填写任务单,见表3-1-2。

任 务 单　　　　　　　　　　　　　表3-1-2

编制专业:港机专业				编号:项目一任务1	
课程名称	港口起重输送机械		班级/组号	学时	2
			任务1　输送机械类型认识		
任务描述	列出输送机械的类型和运用场合				
分　析	类型		输送机械	运用场合	
	机械式	有挠性牵引构件			
		无挠性牵引构件			
	流体式				
评价				成绩评定	

 课后巩固

1. 输送机械的特点有哪些?与起重机械比较具有哪些优、缺点?
2. 输送机械有哪些类型?简述各类输送机械的构造特征。
3. 输送机械适用场合有哪些?

任务2　物料的基本性能认识

 任务导读

通过任务2的学习,了解物料的物理、机械性能对于选择输送机械的影响,了解各种输送机械对散粒物料的要求,掌握散粒物料主要性能的概念。

— 245 —

教学目标

知识目标：掌握散粒物料主要性能的概念；了解各种输送机械对散粒物料的要求。
能力目标：具备认识物料的基本性能的能力。

 工作任务

任务描述：描述散粒物料（图3-1-13）的性能与选用输送机械有何关系？请举例说明。

任务具体要求：列出散粒物料的性能与选用输送机械有何关系？请举例说明，并填写任务单。

 知识储备

输送机械输送货物种类和物料的物理、机械性能对于机械的选型有重要的影响，在学习各种输送机械之前，必须了解货物的物理、机械特性。

图 3-1-13　物料

输送机械输送的货物有成件货和散货两大类。

1. 成件货物的基本性能

成件货物是指有固定外形的单件物品。如机械零部件、袋装、箱装、桶装等货物。成件物品的主要特征有：单件质量、外形尺寸（长、宽、高）和形状以及包装形式等。对一些较特殊的成件物品还应考虑其他特性，如物品的温度、物品放置或悬吊的方便性、易燃性、爆炸危险性等。

在港口除了袋装货物可采用带式输送机输送外，输送机械主要输送的是散货。

2. 散粒物料的基本性能

散粒物料是指不进行包装而成批堆积在一起的由块状、颗粒状、粉末状组成的成堆物料，如矿石、煤炭、砂子和粮食等。其物理机械特性有：粒度（或块度）和颗粒组成、堆积密度、填实密度、湿度（含水率）、流动性、内摩擦系数、外摩擦系数、温度和其他特殊性能等。

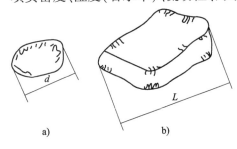

a)　　　　b)

图 3-1-14　物料颗粒的粒度

1）粒度（或块度）和颗粒组成

粒度又称块度，是指单一散粒体的尺寸大小（图3-1-14），用 d 表示，单位：mm。对于粒状物料，粒度为组成颗粒的最大直径 d（图3-1-14a）；对于块状物料，块度为组成料块的最大对角线长度 L（即 $L=d$）（图3-1-14b）。

由于散粒物料是由大小不同的颗粒组成的，物料中所含的不同粒度颗粒的质量分布状况称为物料的颗粒组成。它反映了散粒物料颗粒尺寸大小的均匀程度。经过筛分的物料颗粒大小比较均匀，称为分选物料，未经筛分的物料颗粒大小相差很大，称为原装物料。

散粒物料按粒度（或块度）分为8级，见表3-1-3。

在对输送机械选型及决定其工作构件尺寸时，都必须考虑散粒物料的粒度（或块度）。例如：用气力输送机输送的物料粒度（或块度）一般要求不大于50mm。因为过大的物料粒度(或块度)将堵塞于供料装置或其他部件中,从而破坏了物料的正常输送。

散粒物料按粒度(或块度)分类 表 3-1-3

级 别	粒度(或块度)d(mm)	粒度类别	类别代号
1	>100	特大块	T
2	50～100	大块	D
3	25～50	中块	Z
4	13～25	小块	X
5	6～13	颗粒状	K
6	3～6	小颗粒状	XK
7	0.5～3	粒状	L
8	0～0.5	粉尘状	C

2)密度

散粒物料的密度用堆积密度和填实密度表示。

(1)堆积密度。

堆积密度是指散料物料在自然松散堆积状态下占据单位体积的干燥松散物料的质量。用 p 表示,单位:t/m³ 或 kg/m³。

物料的堆积密度与该物料的粒度(或块度)大小有关,对于块状和颗粒状的物料,随着粒度(或块度)的减小,其堆积密度也相应有所减小,这是因为颗粒间的空隙增加了的缘故。散粒物料按其堆积密度分类,见表 3-1-4。

散粒物料按堆积密度分类 表 3-1-4

类 别	轻物料	一般物料	重物料	特重物料
堆积密度(t/m³)	≤0.4	0.4～1.2	1.2～1.8	>1.8

(2)填实密度。

在自然松散堆积状态下的干燥松散物料,经一定振动和加载压实后占据单位体积的物料的质量。用 ρ_y 表示,单位:t/m³ 或 kg/m³。

同一散粒物料的填实密度显然大于堆积密度,两者之比用压实系数 K 表示,显然 $K>1$。对于砂,$K=1.12$;煤 $K=1.4$;矿石 $K=1.6$。对于其他各种不同物料的压实系数 K 大致在 1.05～1.52 之间。

3)湿度(含水率)

散粒物料所含的水分有以下三种:与物料以形成化合物的方式联系在一起的结构水;物料颗粒从周围空气中吸附而来的湿存水;在物料颗粒表面形成薄膜水和填充物料颗粒间孔隙的重力水的表面水。

物料试样所含的湿存水和表面水的质量占该试样在 105℃±5℃ 温度下,干燥至恒重的干燥物料的质量的百分比,叫作物料的湿度(或称含水率),用 $w(\%)$ 表示。

对不允许在 105℃±5℃ 温度范围内干燥的物料的湿度(含水率),应用物料在规定允许干燥温度下干燥至恒重时,以干燥过程去除的水分的质量占干燥后物料质量的百分比表示,并在标定时予以说明。

散料物料按湿度分以下三种类型:干燥物料,指仅含结构水的物料;风干物料,指含结构水和湿存水的物料;潮湿物料,指含结构水、湿存水和表面水的物料。

4) 流动性

在四周无容器侧壁限制的条件下,散粒物料具有的向四周自由流动的性质,叫做物料的流动性。反映了物料的流动性有:物料的堆积角和逆止角。

(1) 堆积角。

堆积角,又称自然坡度角。它是指散粒物料从一个规定的高度自由均匀地落下时,所形成能稳定保持的锥形料堆的最大坡角。即自然堆放的料堆表面与水平面之间的最大夹角,用 ϕ 表示。它反映了物料的流动性,流动性好的物料,堆积角小;反之则大。堆积角有静态和动态之分,在静止平面上自然形成的叫静堆积角 α,在运动的平面上测得堆积角称为运动堆积角 θ。物料的静堆积角 α 和不同带速下的运动堆积角 θ 等特性的参考值,列于表 3-1-4。

(2) 逆止角。

逆止角是指物料通过料仓卸料口连续卸料后形成的最大坡角,用 β 表示。

散粒物料按其流动性分为以下六种:

① 能悬浮在空气中并能像液体那样自由流动的物料。

② 自由流动的物料,$\beta \leqslant 30°$。

③ 正常流动的物料,$30° < \beta \leqslant 45°$。

④ 流动性差的物料,$45° < \beta \leqslant 60°$。

⑤ 压实性物料,$\beta > 60°$。

⑥ 不易破碎、易缠绕、易起拱、不易分离的物料。

5) 内摩擦系数

物料由于物料颗粒间的相互嵌入作用及其表面接触而引起的阻碍料层间发生相对滑移的摩擦力,该摩擦力与物料所受的法向压力之比叫做物料的内摩擦系数 μ_i。

物料的内摩擦系数有静态内摩擦系数和动态内摩擦系数。

(1) 静态内摩擦系数。

在相对静止状态下两料层间的最大摩擦力与法向压力之比,叫做物料的静态内摩擦系数 μ_{is}。

(2) 动态内摩擦系数。

两料层以一定的速度相对滑移时,料层间的摩擦力与法向压力之比,叫做物料的动态内摩擦系数 μ_{id}。

6) 外摩擦系数

物料对与之接触的某种固体材料表面之间的摩擦力与接触面上的法向压力之比,叫做物料对该固体材料表面的外摩擦系数,用 μ_0 表示。外摩擦系数不仅与固体表面的材料有关,而且与表面的形状和粗糙度有关。外摩擦系数也有静态和动态之分。试验表明:动态外摩擦系数值为静态外摩擦系数的 70% ~ 90%。

7) 温度

物料在连续输送机械中输送时,料流的最高温度(低温物料为最低温度)叫做物料的温度,用 $T(℃)$ 表示。物料按其温度分成四类:低温物料,$T < 4℃$;常温物料,T 为 4 ~ 50℃;中温物料,T 为 50 ~ 450℃;高温物料,$T > 450℃$。

8) 其他特殊性能

以上所列举的散粒物料的基本物理性能,它们直接影响到港口输送机械的尺寸及构造。除此之外,散粒物料还有其他方面的特性,如散粒物料的磨琢性、爆炸危险性、腐蚀性、有毒性、黏附性、脆性等。在选择连续输送机械时不应忽视。表3-1-5列出常见物料的堆积密度、静堆积角、运行堆积角及输送机允许最大倾角，供参考之用。

散粒物料的堆积密度、静堆积角及不同带速下的运行堆积角　　　　　　　表3-1-5

物料名称	堆积密度 ρ(t/m³)	输送机允许最大倾角(°)	静堆积角 α(°)	运行堆积角 θ 带速(m/s)							
				1.0	1.25	1.6	2.0	2.5	3.15	4.0	5.0
烟煤(原煤)	0.85~1.0	20	45	35	35	30	25	25	20	18	15
烟煤(粉煤)	0.8~0.85	20~22	45	35	35	30	30	25	25	20	20
炼焦煤(中精尾)	0.85	20~22	45	35	35	30	25	20	20	15	15
无烟煤(块)	0.9~1.0	15~16	27	25	25	20	15	10			
无烟煤(屑)	1.0	18	27	25	25	20	15	10			
焦炭	0.45~0.5	17~18	40	35	30	25	20				
碎焦、焦丁	0.4~0.45	20	40	35	30	25	20				
铁矿石	1.9~2.7	16~18	37	35	30	25	22	20	18	15	10
铁矿粉	1.8~2.2	18	40	35	35	30	30	25	20	20	15
铁精矿	2.0~2.4	20	40	35	35	30	30	25	20	20	15
球团矿(铁)	2.0~2.2	12	30	25	20	20	15	10			
烧结矿(铁)	1.7~2.0	16~18	40	35	30	25	20				
烧结矿粉(铁)	1.5~1.6	18~20	40	35	30	25	20				
石灰石、白云石	1.6~1.8	16~18	40	35	30	25	25	20	20	15	10
石灰石、白云	1.4~1.5	18~20	40	35	30	25	25	20	18	15	10
活性石灰	0.8~1.0	16~18	40	35	30	25	20				
轻烧白云石	1.5~1.7	14~16	35	30	25	20	15				
干砂	1.3~1.4	16	30	27	25	20	15	10	8	5	
湿砂	1.4~1.8	20~24	45	40	35	30	25	20	15	10	10
废旧型砂	1.2~1.3	20	40	35	30	25	20	15			
干松黏土	1.2~1.4	20	35	32	30	27	25	25	20	15	10
湿黏土	1.7~2.0	20~23	45	40	35	32	30	25	25	20	15
油母页岩	1.4	18~20	40	35	30	25	20	15	10	5	
高炉渣(块)	1.3	18	35	30	25	20	15	10			
高炉渣(水渣)	1	20~22	35	30	25	25	20	15	10		
钢渣(块)	1.3	18	35	30	25	20	15	10	10	5	
原盐	0.8~1.3	18~20	25	22	20	15	10	5			
谷物	0.7~0.85	16	24	20	20	15	10	10	10	5	
化肥	0.9~1.2	12~15	18	15	15	10	10	5			

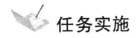**任务实施**

填写任务单,见表 3-1-6。

任 务 单　　　　　　　　　　　　　表 3-1-6

编制专业:港机专业				编号:项目一任务 2	
课程名称	港口起重输送机械	班级/组号		学时	2
任务 2　物料的基本性能认识					
任务描述	列出散粒物料的性能与选用输送机械有何关系?请举例说明				
分　析					
评价				成绩评定	

课后巩固

1. 货物的种类有哪些?成件货物有哪些基本性能?
2. 散粒物料的基本性能有哪些?其含义是什么?
3. 散粒物料的性能与选用输送机械有何关系?请举例说明。

项目二　带式输送机认识和使用与维护

任务1　带式输送机的构造特征、主要装置认识

任务导读

通过任务1的学习,了解普通型带式输送机的构造特征,掌握带式输送机的结构组成、动作原理和适用场合,掌握带式输送机的主要装置。

教学目标

知识目标:了解带式输送机的结构组成、动作原理和适用场合;掌握带式输送机的主要装置的作用。

能力目标:具备认识带式输送机的构造特征、主要装置的能力。

工作任务

任务描述:描述带式输送机(图3-2-1)主要装置的名称、作用、类型和各主要装置的安装位置。

任务具体要求:列出带式输送机主要装置的名称、作用、类型和各主要装置的安装位置,并填写任务单。

知识储备

图3-2-1　带式输送机

带式输送机是一种靠摩擦驱动、以连续方式运输物料的机械。它是用输送带传送物料的输送机械,可以使物料在一定的输送线上,从最初的供料点到最终的卸料点间形成一种物料的输送流程。它既可以进行碎散物料的输送,也可以进行成件物品的输送。除进行纯粹的物料输送外,它还可以与各工业企业生产流程中的工艺过程的要求相配合,形成有节奏的流水作业运输线。所以,带式输送机广泛地应用在冶金、矿山、煤炭、港口、交通、水电、化工等部门,进行装车、装船、转载或堆积各种散状物料或成件物品。

带式输送机与其他类型的输送机相比,具有优良的性能。在连续装载的情况下它能连续运输,生产率高,运行平稳可靠,输送连续均匀,工作过程中噪声小,结构简单,能量消耗小,运行维护费用低,维修方便,易于实现自动控制及远程操作等。

带式输送机的发展趋势是:输送量、运输距离和驱动装置的功率迅猛地增加。例如:国外露天煤矿已采用输送量达3600t/h以上、带宽3m以上、带速6~8m/s的带式输送机;出现

了连接煤矿与火电厂、矿山与港口(火车站)之间的长距离带式输送机线,单机长度达 8～10km,总长超过 100km。

1. 带式输送机的类型

常见的带式输送机有下列几种类型:

(1)通用固定式(TD75 系列、DT1I 系列)普通型带式输送机。此种输送机用在物料的一般输送上。如矿井地面选煤厂及井下主要运输巷道中,绝大多数采用这种类型。

(2)花纹带式输送机。此种输送机的输送带工作面上有凸出的花纹,运送物料的倾角可以增加至 35°。

(3)钢绳带式输送机。输送机的输送带只作装载物料用,输送带由钢绳牵引运动,因此运送距离长。

根据安装的特点,带式输送机又可分为固定式、移动式和机架可伸缩式三种类型。固定式带式输送机一般应用在输送量大和使用期限长的情况下,它的机架和部件不能任意拆移。移动式带式输送机应用在距离短、运输量不大且施工地点经常变动的场合,其结构轻便,并安装有车轮或轮胎可以随意移动。伸缩式带式输送机的机架由若干节短机架拼装而成,各机架之间用螺栓或挂钩连接。这种带式输送机通常在运输长度常常改变又经常移动的情况下采用。

2. 带式输送机的组成和工作原理

图 3-2-2 为带式输送机的结构简图。它由输送带、驱动装置、托辊、机架、清扫器、张紧装置和制动装置等组成。输送带绕经传动滚筒和尾部改向滚筒形成环形封闭带。上、下两股输送带分别支承在上托辊和下托辊上。张紧装置保证输送带正常运转所需的张紧力。工作时,传动滚筒通过摩擦力驱动输送带运行。装载装置将物料装在输送带上与输送带一同运动。通常利用上股输送带运送物料,并在输送带绕过机头滚筒改变方向时卸载。必要时,可利用专门的卸载装置在输送机中部任意点进行卸载。

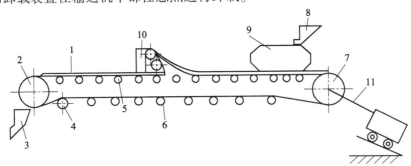

图 3-2-2 带式输送机的结构简图

1-输送带;2-尾部滚筒;3-卸料溜槽;4-张紧托辊;5-上托辊;6-下托辊;7-传动滚筒;8-加料漏斗;9-给料机;10-卸料器;11-张紧装置

3. 通用带式输送机的主要参数

通用带式输送机产品的主要参数有带宽、带速和运输量等。表 3-2-1 为 TD75 型带式输送机技术参数,表 3-2-2 为 DTⅡ型带式输送机技术参数。

4. 主要零部件的结构与原理

1)输送带

输送带是用来承载物料并传递牵引力的部件,一般要求输送带具有强度高、伸长率小、挠性好、耐磨和抗腐蚀性强等特点。输送带的主要参数是宽度。

TD75型带式输送机技术参数　　　　表3-2-1

托　辊	平形托辊						槽形托辊						
带速(m/s)	0.8	1.0	1.25	1.6	2.0	2.5	0.8	1.0	1.25	1.6	2.0	2.5	3.15	4.0
带宽(mm)	输送量(t/h)												
500	41	52	66	84	103	125	78	97	122	156	191	232		
650	67	88	110	142	174	211	131	164	206	264	323	391		
800	118	147	184	236	289	350		278	348	445	546	661	824	
1000		230	288	368	451	546			435	544	696	853	1033	1233
1200	345	432	553	677	821			655	819	1048	1284	1556	1858	2202
1400	496	588	753	922	1117	891			1115	1427	1748	2118	2528	2996

注:表中输送量是按水平运输、物料松散密度为1t/m³、动堆积角为30°时的数值。

DTⅡ型带式输送机技术参数　　　　表3-2-2

带宽(mm)	带速(m/s)									
	0.8	1.0	1.25	1.6	2.0	2.5	3.15	4.0	(4.5)	5.0
	运输量(t/h)									
500	69	87	108	139	174	217				
650	127	159	198	254	318	397				
800	198	248	310	397	496	620	781			
1000	324	405	507	649	811	1041	1278	1622		
1200		593	742	951	1188	1486	1872	2377	2674	2971
1400		825	1032	1321	1652	2065	2602	3304	3718	4130

注:1.表中运输量是按水平运输、物料松散密度为1t/m³、动堆积角为20°、托辊槽角为35°时的数值。

2.表中带速4.5m/s为非标值,一般不推荐选用。

(1)输送带的类型。

使用广泛的输送带有橡胶输送带、钢丝绳芯输送带和塑料输送带,其中以橡胶输送带应用最为普遍。

①橡胶输送带。图3-2-3所示为橡胶输送带的结构。它是用棉织物或化纤织物挂胶后叠成的多层带芯材料,四周用橡胶作为覆盖材料。带芯层承受载荷并传递牵引力,而覆盖层主要起防止外力对带芯层损伤及有害物质对带芯腐蚀的作用。

带芯结构有两种形式。一种是夹层带芯(图3-2-3a),带芯为数层帆布组成,层与层之间靠橡胶黏结。帆布材料的选用对输送带的强度影响很大。普通帆布带芯采用棉织物,不仅要消耗大量的优质棉,而且强度低。现在广泛采用高强度的尼龙帆布芯,其强度大大超过普通棉织物帆布带芯。

另一种是整编带芯(图3-2-3b)。它用高韧性的合成纤维做经纬线编织成整编带芯,其优点是强度高、厚度小、弹性大、耐冲击性能较好、柔性也好,而且由于不分层,受到较大弯曲时不会产生层间开裂现象。

②钢丝绳芯输送带。钢丝绳芯输送带的断面结构如图3-2-4所示。沿输送带长度方向平行布置一定数量的细钢丝绳做带芯。钢丝绳材料用高碳钢,为了增强与橡胶之间的黏着力,钢丝绳通常要进行镀锌或镀铜处理。钢丝绳分左、右捻两种,在输送带中间隔分布。

钢丝绳芯输送带用橡胶做覆盖物。它基本上可以分为无布层型(图3-2-4a)和有布层型(图3-2-4b)两种。国产钢丝绳输送带为无布层。钢丝绳芯输送带的主要优点是:抗拉强度高,弹性伸长小,成槽性好,抗疲劳与抗冲击性能好,接头寿命长,与同样强度的普通输送带比较,可用较小直径的滚筒(最小直径不得小于400mm)。

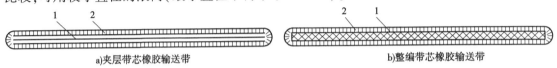

a)夹层带芯橡胶输送带　　　　b)整编带芯橡胶输送带

图3-2-3　橡胶输送带的结构
1-带芯;2-橡胶覆盖层

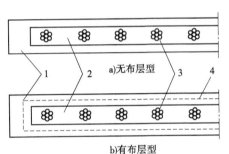

图3-2-4　钢丝绳芯输送带断面图
1-层面胶;2-中间胶;3-钢丝绳;4-帆布

(2)输送带的接头方法。

为了方便制造和搬运,输送带的长度一般制成100~200m,因此使用时必须根据需要进行连接。输送带的接头质量对带式输送机的使用有很大影响。对织物芯输送带来说,接头方法有机械法、硫化法和冷黏法等。

机械法用专用钩卡或钉扣将带两端连接,此法简单易行、拆卸方便,但接头处强度降低较多(其强度一般相当于输送带本身强度的35%~40%),带芯外露易受腐蚀。机械法适用于带式输送机长度不大、运输无腐蚀性物料、要求检修时间较短的场合。

硫化法是将输送带的接头部位的胶布层和覆盖胶切成对称的阶梯,涂以胶浆,在0.5~0.8MPa的压力、140~145℃温度下保温一定时间,即能成无接缝的硫化接头。这种接头的强度能达到输送带强度的85%~90%,且能防止带芯腐蚀,输送带的使用寿命较长,但操作费时且需要专用的硫化设备。

钢丝绳芯带的接头一般用硫化法,硫化前先将带两端的橡胶剥去,将钢丝绳交叉搭接,然后再敷上生胶硫化。

冷黏法的操作类似硫化法,只是改用特殊黏合剂将带两端黏结而不进行硫化。这种方法的优点是接头处强度降低较少,操作简便、省时,不需要专用设备。

2)传动滚筒

传动滚筒是驱动装置的主要部件,它是依靠与输送带之间的摩擦力带动输送带运行的部件。传动滚筒根据承载能力分为轻型、中型和重型三种。同一种滚筒又有几种不同的轴径和中心跨距供选用。

(1)轻型:轴承孔径50~100mm,轴与轮毂为单键连接的单幅板焊接筒体结构,单向出轴。

(2)中型:轴承孔径120~180mm,轴与轮毂为胀套连接。

(3)重型:轴承孔径200~220mm,轴与轮毂为胀套连接,筒体为铸焊结构,有单向出轴和双向出轴两种。

输送机的传动滚筒结构(图3-2-5)有钢板焊接结构及铸钢或铸铁结构,新设计产品全部采用滚动轴承。

传动滚筒的表面形式有钢制光面滚筒、铸(包)胶滚筒等。钢制光面滚筒的主要缺点是表面摩擦系数小,所以一般用在周围环境湿度小的短距离输送机上。铸(包)胶滚筒的主要优点是表面摩擦系数大,适用于环境湿度大、运距长的输送机。铸(包)胶滚筒按其表面形状又可分为光面铸(包)胶滚筒、人字形沟槽铸(包)胶滚筒和菱形铸(包)胶滚筒。

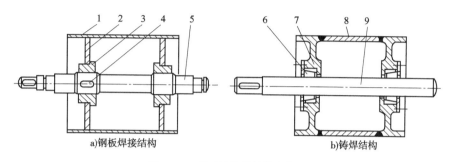

图3-2-5 传动滚筒的结构示意图
1、8-筒体;2、7-辐板;3-轮毂;4-键;5、9-轴;6-胀套

3)改向装置

带式输送机采用改向滚筒或改向托辊组来改变输送带的运动方向。

改向滚筒可用于输送带180°、90°或小于45°的方向改变。一般布置在尾部的改向滚筒可使输送带改向180°,布置在垂直重锤张紧装置上方的改向滚筒可改向90°。改向45°以下一般用于增加输送带与传动滚筒间的围包角。改向滚筒直径有250mm、315mm、400mm、500mm、630mm、800mm、1000mm等规格,选用时可与传动滚筒直径匹配。改向180°时改向滚筒的直径可比传动滚筒直径小一档,改向90°或45°时可随改向角减小而适当取小1~2档。

改向托辊组是若干沿所需半径弧线布置的支承托辊,它用在输送带弯曲的曲率半径较大处,或用在槽形托辊区段,使输送带在改向处仍能保持槽形横断面。输送带通过凸弧段时,由于托辊槽角的影响,输送带两边伸长率大于中心,为降低输送带应力应使凸弧段曲率半径尽可能大。

4)托辊

托辊的作用是支承输送带及带上的物料,减小带条的垂度,保证输送带平稳运行,在有载分支形成槽形断面,可以增大运输量和防止物料的两侧撒漏。一台输送机的托辊数量很多,托辊质量的好坏,对输送机的运行阻力、输送带的寿命、能量消耗及维修与运行费用等影响很大。

托辊是影响带式输送机的使用效果和输送带使用寿命的重要部件之一。对托辊的基本要求是:托辊表面光滑,自重较轻,轴承保证良好的润滑,回转阻力系数小,轴向窜动量小,经久耐用,密封装置防尘性能和防水性能好,使用可靠,使用成本低。

托辊一般由外筒、中心轴、轴承及密封装置组成。外筒一般用无缝钢管制造,也有用电焊钢管或尼龙制造的,但后者使用的效果不理想,未被推广。筒内装有滚动轴承,用来减小托辊的运行阻力和输送带的磨损。密封装置保证轴承免遭粉尘进入。国产带式输送机托辊直径一般为89mm、108mm、133mm、159mm四种。

托辊按用途可分为槽形托辊(图3-2-6)、平形托辊(图3-2-7)、缓冲托辊和调心托辊等。用于有载段的为承载托辊,用于无载段的为无载托辊。根据运输不同物料的要求,承载托辊有槽形托辊(运散料)和平形托辊(运成件物品);无载托辊多采用平形托辊。

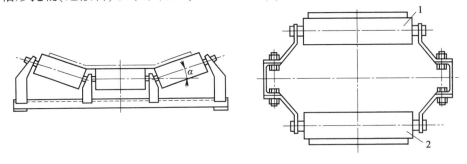

图3-2-6 槽形托辊

图3-2-7 平形托辊
1-平形上托辊;2-平形下托辊

(1)槽形托辊。槽形托辊一般由2~5个辊子组成,其数目由带宽和槽角决定。最外侧辊子与水平线的夹角称为托辊槽角。托辊槽角 α 在0°~60°范围内,托辊槽角增大后使物料堆积断面增大,能提高输送机生产能力,而且能防止撒料、跑偏,并能够提高运输倾角。槽角的大小,常由运输带的成槽性决定,目前最常用的三节式托辊的槽角为30°。槽形三托辊长度总和应较输送带的带宽大100~200mm。

(2)平形托辊。平形托辊多用于输送成件物品。另外,在受料段处的支承托辊,由于距张紧装置的尾轮较近,对采用槽形托辊的较厚的输送带要使其从平面变成槽形确有困难,因此该处的支承托辊也宜采用平形托辊。

(3)缓冲托辊。在输送带的受料处,为了缓和物料对输送带的冲击,须装设缓冲托辊。缓冲托辊的构造与一般托辊基本相同。缓冲托辊一般有橡胶圈式(图3-2-8a)和弹簧板式(图3-2-8b)两种。橡胶圈式就是在辊体外面套装若干橡胶圈;弹簧板式是托辊的支座具有弹性,以缓冲物料的冲击。

a)橡胶圈式缓冲托辊   b)弹簧板式缓冲托辊

图3-2-8 缓冲托辊

(4)调心托辊。在通用固定式带式输送机上,托辊是固定地安装在机架上,为了防止输送带在工作时发生跑偏,可以通过安装调心托辊来调偏。

带式输送机的上部有载段一般每隔10组托辊设置一组槽形调心托辊(图3-2-9);下部无载段一般每隔6~10组设置一组平形调心托辊(图3-2-10)。

调心托辊除完成一般支承作用外,还有自动进行输送带调偏的作用。正常运行时,调心托辊只起支承作用。当输送带向某侧发生一定量的跑偏时,输送带的一边便压于该侧的立辊上。立辊带动回转架转动,使回转架上的槽形托辊轴线方向发生变化,这就相当于输送带在一个偏斜托辊上运行一样。这时垂直于托辊回转轴的托辊速度 v_g 与输送带的速度 v_d 方向不相吻合(图3-2-11)。托辊的速度 v_g 可分解为 v_d 和 v_g,可见 $v_g = v_d \tan\alpha$,这个速度将促使输送带往输送机中心运动,起到纠正输送带跑偏的作用。立辊内装有一对滚珠轴承,可以绕轴旋转,以减小输送带边缘的磨损。

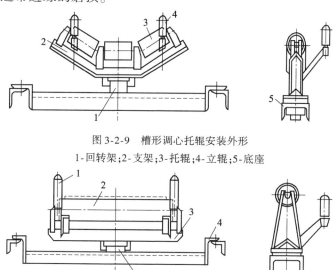

图 3-2-9 槽形调心托辊安装外形
1-回转架;2-支架;3-托辊;4-立辊;5-底座

图 3-2-10 平形调心托辊安装外形
1-立辊;2-托辊;3-支架;4-底座;5-回转架

5)张紧装置

(1)张紧装置的作用。

张紧装置的作用主要有以下几点:

①保证输送带达到必要的张力,以免在传动滚筒上打滑,并依靠摩擦力将传动滚筒的圆周力传给输送带。

②保证托辊间输送带的挠度在规定的范围以内,以防止输送带在各支承托辊之间过分松弛下垂而引起撒料和输送带跑偏,增加运行阻力。

③补偿输送带的伸长量。

④为输送带重新接头提供必要的行程。

(2)张紧装置的布置要求。

在带式输送机的工艺布置中,选择合适的张紧装置,确定合理的工作位置,是保证输送带的使用寿命以及输送机的正常运输、起动和制动时输送带在传动滚筒上不打滑的必要条件。一般情况下,布置张紧装置时,应考虑以下两点:

①张紧装置应尽可能布置在输送带张力最小处。对于长度在300m以上的水平或坡度在5%以下的输送机,张紧装置应设在紧靠传动滚筒的无载段上;对于距离较短的输送机和坡度在5%以上的上行输送机,张紧装置多半布置在输送机尾部,并以尾部滚筒作为张紧滚筒。

②应使输送带在张紧滚筒的绕入和绕出分支方向与滚筒位移线平行,而且施加的张紧力要通过滚筒中心。

(3)张紧装置的结构形式。

常用的张紧装置的结构形式主要有螺杆式、小车重锤式、垂直重锤式等,多用于机长小于600m的带式输送机上。

①螺杆式张紧装置。如图3-2-12所示,张紧滚筒轴支承在两端轴承座上,轴承安装在带有螺母的滑架上,滑架可在尾架上移动。转动尾架上的螺杆可使滚筒前后移动,以调节输送

带的张力。螺杆的螺纹应能自锁,以防松动。螺杆式张紧装置的结构简单,但张紧力的大小不易掌握,工作过程中,张紧力不能保持恒定。螺杆式张紧装置一般用于机长小于80m、功率较小的带式输送机。

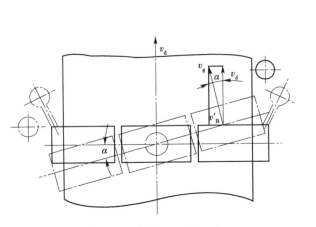

图3-2-11 调心托辊调偏原理　　图3-2-12 螺杆式张紧装置
　　　　　　　　　　　　　　　　1-轴承座;2-滑架;3-螺杆

②小车重锤式张紧装置。如图3-2-13所示,张紧滚筒装在一个可在尾架上移动的小车上,由重锤通过滑轮拉紧小车,小车重锤式张紧装置结构也较简单,但可保持恒定的张紧力。这种张紧装置适用于机长较长、功率较大的输送机上,尤其是倾斜运输的输送机上。

③垂直重锤式张紧装置。如图3-2-14所示,垂直重锤式张紧装置适用于长度较大的输送机,或输送机末端位置受到限制的情况。这种张紧装置总是装在传动滚筒近处或是利用输送机走廊下面的空间位置;而小车式张紧装置总是装在输送机的末端张紧从动滚筒上。

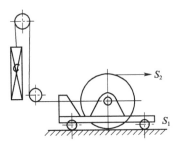 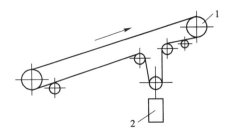

图3-2-13 小车重锤式张紧装置　　图3-2-14 垂直重锤式张紧装置
　　　　　　　　　　　　　　　　　1-传动滚筒;2-重锤

6)驱动装置

驱动装置是带式输送机的动力传递机构。它一般由电动机、联轴器、液力耦合器、减速器及传动滚筒等组成。根据传动滚筒的设置,驱动装置可分为单滚筒驱动、双滚筒驱动和多滚筒驱动。

(1)单电机单滚筒传动方式。单滚筒驱动方案应用最广泛,它由电动机、联轴器、减速器、液力耦合器、制动器和传动滚筒等组成,如图3-2-15所示。电动机一般用封闭式鼠笼电动机。在要求起动平稳时,配以液力耦合器或粉末联轴器。功率大于200kW或要求起动电流小、力矩大的场合,可采用绕线型电动机。

在要求结构紧凑和重量轻巧的情况下,有将电动机和减速器装入驱动滚筒内的,称为电动滚筒。电动滚筒驱动也属于单滚筒驱动,它有油冷及风冷两种,适用于环境潮湿和有腐蚀性工况的场合。

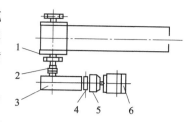

图3-2-15 单电机单滚筒驱动
1-传动滚筒;2-联轴器;3-减速器;
4-制动器;5-液力耦合器;6-电动机

(2)单电机双滚筒传动方式。在单滚筒驱动能力不够的情况下,采用双滚筒驱动。单电机双滚筒传动系统如图3-2-16所示。带式输送机采用双滚筒驱动的目的,主要是为了增加输送带在传动滚筒上的包角,从而提高牵引力。当采用单电机传动时,两个主动滚筒5和8之间必须用一对传动比为1:1的齿轮6和7联系起来,使两个滚筒的转速相同,转向相反。

单电机驱动的优点是设备制造简单,电控设备小,便于维护运转;缺点是随着运输距离的缩短,将形成大马拉小车现象,致使电动机运行功率降低。

(3)双电机双滚筒传动方式。双电机双滚筒驱动通常采用分别传动方式,即每台电机带动一个滚筒。按照电机与输送机轴线的方位,双电机双滚筒传动方式可以分为平行布置和垂直布置两种。目前我国生产的带式输送机均为平行布置方式(图3-2-17)。

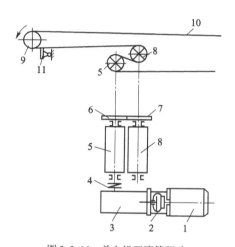

图3-2-16 单电机双滚筒驱动
1-电动机;2-液力耦合器;3-减速器;4-联轴器;5、8-传动滚筒;6、7-齿轮;9-卸载滚筒;10-输送带;11-清扫装置

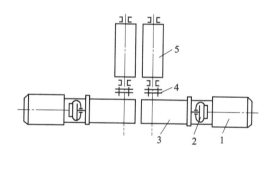

图3-2-17 双电机双滚筒分别驱动
1-电动机;2-液力耦合器;3-减速器;4-联轴器;5-传动滚筒

7)装载装置

装载装置的作用是通过它把物料装到输送带上。

装载装置的形式按运输物品的特性而定。成件物品常用倾斜滑板(图3-2-18a)或直接放到运输带上;散状物料用装料漏斗(图3-2-18b);如装料位置需要沿带式输送机纵向移动时,则应采用装料小车(图3-2-18c),使它沿安装在机架结构上的轨道移动。

为了减小或消除装载时物料对带面的冲击和因装载产生的附加阻力、减轻带面磨损,要求装载装置的布置应能使物料离开装置时的速度接近于带的运动速度。

8)卸载装置

卸载装置用来卸下输送带上的物料。带式输送机一般是在输送带绕过尾部滚筒时,利用物料的自重和所受的离心力(在滚筒圆周上)将物料卸到卸料漏斗中,然后由漏斗再导入其他设备。如要求沿输送机纵向任意处卸载时,可采用中间卸料装置。对散粒物料可采用双滚筒卸载小车(图3-2-19),对成件物品可采用卸料挡板等。

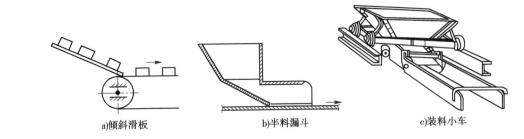

a)倾斜滑板　　　　b)半料漏斗　　　　c)装料小车

图3-2-18　装载装置

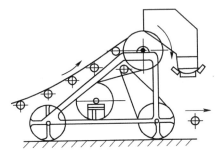

图3-2-19　卸载小车

9)清扫装置

清扫装置用来清除输送机在卸载后仍贴附在带面上的剩余碎散物料。如不设法清除这些残余物料,带面通过改向滚筒和无载区段的托辊时将产生剧烈的磨损;同时增加输送机的运行阻力和降低生产率。所以,为了保持输送带清洁,防止损坏,必须对输送带表面进行清扫。下面介绍几种常用的清扫装置或方法。

(1)刮板清扫器。国产带式输送机一般采用刮板清扫器。它是使刮板贴近输送带面,将输送带表面上黏结的物料刮掉。按照作用方式刮板清扫器可分为重锤式和弹簧式两种,前者在老式输送机上使用较多,但使用效果不佳,已逐渐为弹簧式清扫器取代。

(2)旋转清扫刷。这种清扫装置是采用压制麻刷或尼龙刷,使之顺输送带运行方向或反方向旋转进行清扫(图3-2-20)。这种旋转清扫刷适用于清扫粉末状物料。

(3)螺旋滚筒清扫器。这种清扫设备是一个带螺旋槽的橡胶滚筒,如图3-2-21所示。其清扫效果好,但需要较大功率,适用于大型输送机。

(4)链板式清扫器。这种清扫装置是在两条链子之间安装一些刮板,并使之顺输送带的运行方向回转,以达到清扫输送带的目的。这种清扫器适用于清理黏性细粉状物料,但它对较小的输送机不适用。

(5)高压水冲洗法。这种方法是用高压水将输送带上的细粉状物料冲洗掉,它适用于清扫很潮湿的物料或细小颗粒。

现行国产带式输送机通常是在机头卸载滚筒下设置弹簧式清扫器,对输送带有载段装载面进行清扫,在机尾换向滚筒附近安装犁形刮板清扫器,使刮板紧贴输送带内表面(即无载段输送带的上表面)而达到清扫的目的。

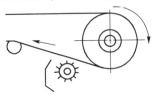

图3-2-20　尼龙刷旋转清搜寻器

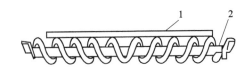

图3-2-21　螺旋滚筒清扫器
1-输送带;2-橡胶滚筒

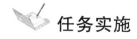**任务实施**

填写任务单,见表 3-2-3。

任 务 单 表 3-2-3

编制专业:港机专业				编号:项目二任务 1	
课程名称	港口起重输送机械		班级/组号	学时	2
任务 1 带式输送机的构造特征、主要装置认识					
任务描述	列出带式输送机主要装置的名称、作用、类型和各主要装置的安装位置				
分 析	项目	主要装置	作用	类型	安装位置
	1				
	2				
	3				
	4				
	5				
	6				
	7				
	8				
评价				成绩评定	

**课后巩固**

1. 带式输送机由哪些部件组成？有哪些布置形式？
2. 带式输送机为什么要安装张紧装置？张紧装置有哪几种形式？其适用场合有哪些？
3. 为什么要安装清扫装置？对清扫装置的安装位置有什么要求？

任务2 带式输送机的使用与维护

任务导读
通过任务2的学习,了解带式输送机的常见故障、产生原因与排除方法。

教学目标
知识目标:了解带式输送机的常见故障、产生原因与排除方法。
能力目标:具备带式输送机的使用与维护的能力。

工作任务
任务描述:描述带式输送机(图3-2-1)常见故障有哪些?产生的原因有哪些?如何排除?

任务具体要求:列出带式输送机常见故障有哪些?产生的原因有哪些?如何排除?并填写任务单。

知识储备
1. 带式输送机的安装
1)安装前的准备工作
输送机安装前的主要准备工作包括:
(1)根据输送机的安装线路和倾角在地面上定出安装中心线。
(2)根据验收规则进行验收。
(3)熟悉安装技术要求和输送机图纸要求。
(4)培训安装工作人员和输送机操作工。
(5)组装输送机。
(6)检查各个部件及其保护装置的动作可靠性。
(7)根据安装场地具体搬运条件(搬动工具、起重设备、现场巷道等),确定搬运的最大尺寸和重量。
(8)在拆卸任何较大部件前,应按照组件图上的编号打上标记和方向,以便于安装时就位。
(9)编制并贯彻安装安全技术措施。
2)安装步骤
输送机的安装顺序主要取决于现场的布置情况,一般是由内向外逐台安装。每台输送机的安装要根据机型和机道情况因地制宜,一般的安装顺序是:
验收基础—给定中心线和高程点—安装机架(头架、中间架、尾架)—安装下托辊及导向滚筒—将输送带放在下托辊上—安装上托辊—安装张紧装置、传动滚筒、驱动装置—将输送带绕过头、尾滚筒—输送带接头—张紧输送带—安装清扫器、逆止器、导料槽—安装电气控制及保护装置—空载试运转—验收。

3)安装要求及注意事项

(1)机头底座与电动机需安装固定在水泥基础上。

(2)机头、机身和机尾的中心线必须保证成一条直线。

(3)机头与机尾各滚筒、铰接托辊、H形支架的位置必须保证与输送机的中心线垂直。

(4)机尾的固定必须固定在水泥基础上,不允许有松动。

(5)钢架落地输送机机身H形支架两侧应基本水平,纵向连接钢管(纵梁)应尽量调整成直线分布形式,不可有较大的纵向弯曲,以防输送带跑偏。

(6)全部滚筒、托辊、驱动装置安装后应转动灵活。

(7)重型缓冲托辊安装时,应按照图纸要求保证弹簧的预紧力。

(8)输送带接头时,应将张紧滚筒放在最前方位置,并尽量拉紧输送带。输送带卡子接头应卡接固,卡子接头成直角;输送带硫化接头必须符合设备出厂技术文件的规定;输送带连接后应平直,在10m长度上的直线度为20mm。

(9)安装调心托辊时,应使挡轮位于输送带运行方向上辊子的后方。

(10)弹簧清扫器、空段清扫器按照安装总图规定的位置进行焊接。弹簧清扫器与机架焊接时要保证压簧的工作进程有20mm以上,并使清扫器扫下来的物料落入漏斗。各种物料的易清扫性能不同,应视具体情况调整压簧的松紧程度来改变刮板对输送带的压力,达到既能清扫黏着物又不致引起阻力过大的程度。刮板的清扫面与输送带接触,长度不应小于85%。

(11)回转式清扫刷子的轴线应与滚筒平行,刷子应与输送带接触,其接触长度不应小于90%。

(12)导料槽与输送带间压力应适当。

(13)安装驱动装置时,应注意电动机、减速器、联轴器的轴线同心。

(14)保护装置和制动装置必须现场模拟测试,保证灵敏、准确、可靠。

(15)可伸缩带式输送机拉紧装置应工作可靠。

(16)输送机的各个转动和活动部分,必须用安全罩加以防护。

2. 带式输送机的试运行与调整

1)试运转前的检查与调整

(1)检查全部滚筒胀圈螺栓,试运转前必须进行一次紧固,4h空载试运转后再进行1次紧固。

(2)检查电控及保护装置空动作是否正常。

(3)检查全部驱动电动机旋转方向和电源电压是否正确。

(4)检查各减速器是否注油,油量是否适当。

(5)检查各部件轴承座是否注入润滑脂,必要时重新注入润滑脂。

(6)检查全部机械部件与钢结构架的连接螺栓以及各地脚螺栓是否紧固或缺件。

(7)检查托辊在横梁上的安放情况。

(8)仔细检查输送带的缠绕方向是否与设计方向一致。

(9)检查输送带全长不要与结构架接触,清除结构上因运输或安装过程中碰撞而产生的毛刺或伤痕,以免刮伤输送带。

(10)彻底清扫安装时放置在输送带上的工具、材料等机外物品。

(11)检查给料装置是否灵活可靠、卸料口是否畅通无阻。

（12）注意滚柱逆止器的星轮安装方向是否与逆止方向相符。

2）未装输送带前的试运转

当机头传动装置和电气设备都安装好后，不安装输送带，先进行传动装置的空载运转试验，检查联轴器和减速器运转是否平稳，轴承声音和温度是否正常。若装有制动器时，要注意制动器的动作是否灵活可靠。同时，也要保证制动保护装置处于良好的工作状态。特别要注意的是，当采用双电动机分别驱动主、副传动滚筒时，必须使两个传动滚筒的旋转方向相反，并与输送带工作时的运行方向一致，否则无法进行工作。

3）装上输送带以后的空运转及调整

当带式输送机的机械部分、电气设备以及输送带等全部安装调试好后，即可进行整机空载试运转。在试运转中应该做好下列工作：

（1）拉紧输送带，在输送机运转之前，开动拉紧绞车，给输送带以一定的初始张力，从而保证输送机在启动和运转过程中输送带不打滑。初始张力的大小，一般根据输送带的悬垂度情况来决定。

（2）运转中要注意观察和检查。试运转时，在输送机全线各主要部位都要派专人观察输送带和输送机各组成部分的运转情况。倘若输送带在传动滚筒上打滑，则必须停止运转，增加输送带张力，否则会损伤输送带；如果输送带跑偏达到可能使输送带或其他部件受损伤的程度，也必须立即停止运转。在最初运转时期要注意检查所有控制装置的运转情况。

（3）输送带跑偏的调整。由于安装的原因，输送机在运转过程中可能发生输送带跑偏的问题，因而需在试运转中进行调整，使输送带保持在正中位置运行。调整输送带跑偏方法应根据输送带运行方向和输送带跑偏方向来确定。调整导向滚筒和托辊时的一般原则是：在导向滚筒处，输送带往哪边跑即调紧哪边；在托辊处，输送带往哪边跑，就在哪边将托辊朝输送带运动方向移动一定距离，但一次不能移太多，应观察输送带运动情况进行适当调整。输送带运行时最大跑偏不超过带宽的5%。

（4）根据验收规范，空载试运转应不少于4h。

4）有载试运转

当确认整个输送机空载运行情况良好后，就可以进行加载运转，开始时轻载，如一切正常即可加满载。在加载运行中应该注意以下几个问题。

（1）检查减速器、联轴器、电动机等的运转声音及温升情况。

（2）试运转后，输送机各部轴承温度及温升严禁超过：

滑动轴承——温度70℃，温升35℃；

滚动轴承——温度80℃，温升40℃。

（3）在双电动机拖动的情况下，为了保证两个电动机的实际功率分配较合理，必须通过调整来确定液力耦合器的相应充油量。

（4）重新调整输送带张力，保证输送带在滚筒上不打滑。

（5）保证各胶带清扫器正常。

（6）检查调整托辊的灵活性及效果。

（7）检查各电气控制及保护系统，应灵敏可靠。

（8）测定带速、空载功率、满载功率。

（9）有载试运转应不少于8h。

3．带式输送机的使用与维修

1）带式输送机的起动和停机注意事项

（1）带式输送机不应在非正常工作条件下使用。

（2）带式输送机一般应在空载的条件下起动。在双电动机传动时可按先后顺序起动电动机，也可同时起动电动机。

（3）在多台带式输送机联合使用组成运输系统时，应采用可以闭锁的起动装置，以便通过集控室按一定顺序起动和停机。

（4）带式输送机正常停机前，必须将输送机上的物料全部卸完，方可切断电源。

（5）带式输送机因意外故障停机时，必须先进行详细检查，找出停机原因，并排除故障后，才能继续使用。

（6）在正常运行时，应尽量避免频繁停车，尤其应尽量避免重载停车，以延长使用寿命。

（7）用户应保持带式输送机有规律地加料，尽量避免超载。

（8）为防止突发事故，每台带式输送机还应设置就地起动或停机的按钮，可以单独停止任意一台。

（9）为了防止输送带由于某种原因被纵向撕裂，当带式输送机长度超过30m时，沿着带式输送机全长，应间隔一定距离（如25～30m）安装一个紧急停机装置。必须让全体工作人员了解沿线停机装置功能，沿线停机装置应操作简便，安装可靠。

2）带式输送机运行中的注意事项

（1）起动前，先发出信号，警告与本工作无关的人员离开输送机转动部位和输送区域；严禁人员搭乘非载人带式输送机；不得运送规定物料以外的其他物料及过长的材料和设备。

（2）起动电动机，观察机头传动装置、滚筒、清扫器及其他附属装置的工作情况。

（3）注意胶带张紧情况。

（4）加载后注意胶带运行情况，发现跑偏，立即调整。

（5）加载后注意电动机、减速器和滚筒的温升，发现异常，应停机检查处理。

（6）注意各种仪表的指示情况，发现异常，立即停机处理。

（7）集中精力，听清开机、停机信号，不得出现误操作。

（8）发现胶带严重跑偏、撕带、断带、冒烟、塞带、打滑、严重超载等非常情况时，应立即停机。

（9）更换挡板、刮泥板、托辊时必须停车，切断电源，并有专人监护。

（10）应及时停车清除输送带、传动滚轮、改向滚轮和托辊上的杂物，严禁在运行的输送带下清除。

3）带式输送机的维修

带式输送机的维修可分为日常维修和定期检修。

（1）日常维修。

①检查输送带的接头部位是否有异常情况，如割伤、裂纹等。

②检查输送带的上、下层胶及边胶是否有磨损处。

③检查并调整清扫装置、卸料装置。

④保持每个托辊转动灵活，及时更换不转或损坏的托辊。

⑤防止输送带跑偏，保证输送带的成槽性。

(2)定期检修。

①定期给各种轴承、齿轮加油。

②拆洗减速器,检查齿轮的磨损情况并更换严重磨损零件。

③拆洗滚筒、托辊的轴承,更换润滑油。

④检查并紧固地脚螺栓及其他连接螺栓。

⑤检查并更换严重磨损的其他零部件。

⑥修补或更换输送带。

4.带式输送机的常见故障(表3-2-4)

带式输送机的常见故障　　　　表3-2-4

序号	常见故障	产生原因	排除方法
1	带条撕裂	1.被输送的物料中有大形带尖角的异物(如金属零件或木片),异物卡入进料斗、挡板与输送带之间引起纵划破输送带; 2.输送带跑偏后零件卡住接头引起撕裂	1.加强管理,及时清除混入的异物; 2.发现带条有跑偏现象及时纠正
2	带条断裂	1.带条接头处质量太差; 2.张紧装置调节过紧; 3.输送带垂度太大	1.按要求重新连接接头; 2.放松张紧装置; 3.调整输送带长度
3	输送带跑偏	1.机架、驱动滚筒和张紧滚筒(或头尾滚筒)安装质量不高; 2.托辊不正(即托辊轴线与输送机中心线不垂直); 3.输送带质量不好,接头不正; 4.进料位置不正确; 5.机架基础出现不均匀沉降	1.调整驱动滚筒轴承位置或调节张紧装置使之平行,输送带向右偏,紧右边螺杆;向左偏,紧左边螺杆; 2.将跑偏一边的托辊支架沿带条运行方向向前移动一些; 3.重新接正接头; 4.调整进料位置; 5.将机架放平
4	输送带打滑	1.输送带张力不够; 2.滚筒表面太光滑; 3.滚筒轴承转动不灵; 4.输送机过载	1.调节张紧装置,将输送带拉紧; 2.可在滚筒表面覆盖一层胶衬; 3.重新拆洗、加油或更换轴承; 4.调整输送量
5	托辊不转	1.输送带未接触托辊; 2.轴承缺油、太脏或损坏	1.调整托辊位置; 2.修理或更换轴承
6	轴承发热	1.缺油; 2.油孔堵塞,轴承内有脏物; 3.轴瓦或滚珠损坏; 4.轴承装置不当	1.加油; 2.疏通油孔,拆洗轴承; 3.更换轴瓦或滚动轴承; 4.重新调整安装

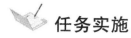 **任务实施**

填写任务单,见表3-2-5。

任务单　　　　　　　　　　　　表3-2-5

编制专业:港机专业				编号:项目二任务2	
课程名称	港口起重输送机械		班级/组号	学时	2
	任务2　带式输送机的使用与维护				
任务描述	列出带式输送机常见故障有哪些?产生的原因有哪些?如何排除				
分析	序号	常见故障	产生原因	排除方法	
	1				
	2				
	3				
评价				成绩评定	

 **课后巩固**

1. 如何维护带式输送机?
2. 简述带式输送机的结构组成和工作原理。
3. 简述带式输送机张紧装置的作用、结构形式及工作原理。

项目三　埋刮板输送机、斗式提升机认识和使用与维护

任务1　埋刮板输送机、斗式提升机的构造特征、主要装置认识

任务导读

通过任务1的学习,了解埋刮板输送机、斗式提升机的构造特征,掌握埋刮板输送机、斗式提升机的结构组成、动作原理和适用场合,掌握埋刮板输送机、斗式提升机的主要装置。

教学目标

知识目标:了解埋刮板输送机、斗式提升机的结构组成、动作原理和适用场合;掌握埋刮板输送机、斗式提升机的主要部件的作用。

能力目标:具备认识埋刮板输送机、斗式提升机的构造特征及主要部件的能力。

工作任务

任务描述:描述埋刮板输送机(图3-3-1)主要装置的名称、作用、类型和各主要装置的安装位置。

任务具体要求:列出埋刮板式输送机主要装置的名称、作用、类型和各主要装置的安装位置,并填写任务单。

图3-3-1　埋刮板输送机

知识储备

1. 埋刮板输送机

1)概述

埋刮板输送机是借助于在封闭的壳体内运动着的刮板链条而使散体物料按预定目标输送的运输设备。它具有体积小、密封性强、刚性好、工艺布置灵活、安装维修方便,并能多点加料和多点卸料等优点。因此显著改善了工人的劳动条件,防止了环境污染。埋刮板输送机原理是依赖于物料所具有的内摩擦力和侧压力,在输送物料过程中,刮板链条运动方向的压力以及在不断给料时下部物料对上部物料的推移力,这些作用力的合成足以克服物料在机槽中被输送时与壳体之间产生的外摩擦阻力和物料自身的重量。使物料无论在水平输送、倾斜输送和垂直输送时都能形成连续的料流向前移动。

埋刮板输送机广泛用于输送煤炭、水泥、粮食、饲料、纯碱、木片、苇片等物料,日益成为

电力、轻工、粮食、化工、冶金等各个部门不可缺少的运输设备之一。为净化环境、造福人类作出了贡献。

2）埋刮板输送机的主要技术参数和表示方法

（1）主要技术参数，见表3-3-1。

埋刮板输送机的主要技术参数　　　　表3-3-1

名称＼编号、型号					
输送距离(m)					
机槽宽度(mm)					
承载深度(mm)					
刮板链条速度(m/s)					
输送量					
电机型号、功率(kW)					
减速机型号					

（2）埋刮板输送机机型型号的表示方法。

埋刮板输送机机型型号的表示方法如图3-3-2所示。

图3-3-2　埋刮板输送机机型型号的表示方法

3）结构特点

（1）整机布置形式。

各种机型的外形结构分别如图3-3-3、图3-3-4、图3-3-5所示。

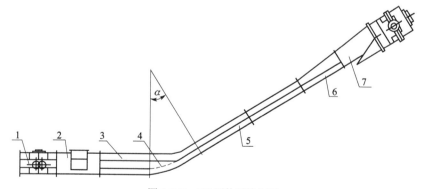

图3-3-3　MC型外形结构图

1-尾部；2-加料段；3-下水平段；4-弯曲段；5-中间垂直段；6-过渡段；7-头部

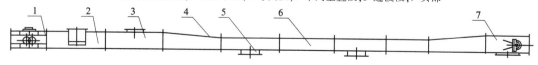

图3-3-4　MS型外形结构图

1-尾部；2-B型加料段；3-A型加料段；4-过渡段；5-卸料口；6-水平中间段；7-头部

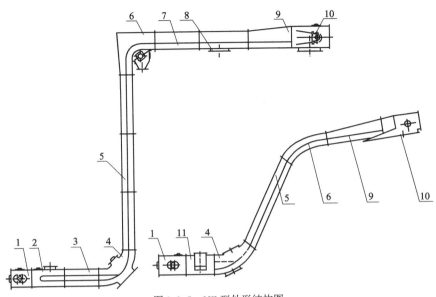

图 3-3-5　MZ 型外形结构图

1-尾部;2-A 型加料段;3-下水平段;4-弯曲段;5-垂直中间段;6-回转段;7-上水平段;8-卸料口;9-过渡段;10-头部;11-加料段

（2）刮板链条。

埋刮板输送机的刮板链条安装布置形式有内向布置和外向布置,布置形式如图 3-3-6、图 3-3-7 所示。

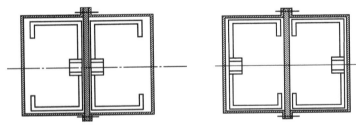

图 3-3-6　外向布置　　　　图 3-3-7　内向布置

刮板链条与头部的头轮进入啮合时,如图 3-3-8、图 3-3-9 所示。

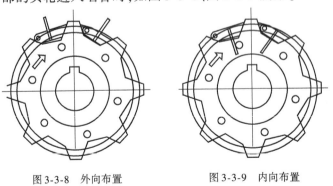

图 3-3-8　外向布置　　　　图 3-3-9　内向布置

（3）头部。

头部是通过埋刮板输送机的动力输入部分。头部由头轴、头轮、壳体、轴承等组成。动力通过一对开式链传动输入头部,经头轴带动头轮,然后带动刮板链条完成物料的输送。或由电动机与减速机直联驱动亦可以经皮带减速后驱动,后者主要以防止过载保证安全出发,加以选用,如图 3-3-10、图 3-3-11 所示。

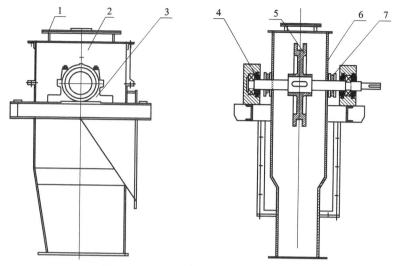

图 3-3-10 MC 垂直型埋刮板输送机头部
1-观察盖;2-壳体上罩;3-轴承座;4-头轴;5-头轮;6-下壳体;7-密封盒

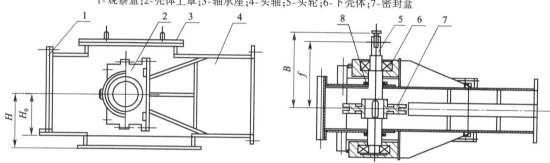

图 3-3-11 MS 及 MZ 型埋刮板输送机头部
1-端盖板;2-轴承座;3-观察盖;4-壳体;5-头轴;6-轴承;7-头轮;8-密封盒

(4)尾部。

尾部壳体内装有尾轮及链条张紧调节装置。刮板链条绕经头轮至尾轮形成一封闭链环。尾轮固定在尾轮轴上,尾轮轴固定在两侧可移动的轴承座上,轴承座与调节丝杆连接。尾部张紧装置有拉式和推式两种调节方式。拉式有简单丝杆和丝杆弹簧综合张紧两种结构,通常使用简单丝杆张紧结构。但对输送热料或距离很长的输送机则采用重力或弹簧的张紧结构。详见下图 3-3-12。

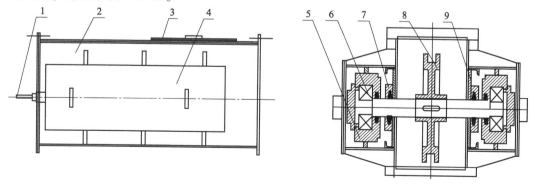

图 3-3-12 尾部结构
1-螺杆;2-壳体;3-观察盖;4-侧盖板;5-轴承座;6-轴承;7-轴;8-尾轮;9-滑动板

— 271 —

推式张紧的埋刮板输送机刮板链条的松紧度时应做到同步逐个拧转螺杆,但必须对称调整以保证尾轴的平行移动,其简图见图3-3-13。

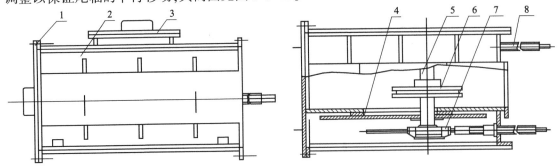

图3-3-13 调整结构
1-端盖板;2-壳体;3-观察盖;4-滑动板;5-尾轴;6-尾轮;7-轴承座;8-螺杆

(5)弯曲段。

根据输送机的安装布置的需要,Z型或垂直型(水平型例外)埋刮板输送机均设有不同类型和不同角度的弯曲段,其角度在30°~90°之间变化,每隔15°有一个标准型弯曲段,应用户要求也可设计非标弯曲段,如图3-3-14、图3-3-15、图3-3-16所示。

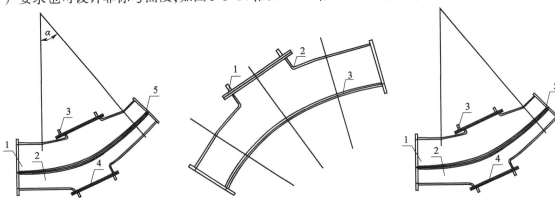

图3-3-14 MC型弯曲段
1-空载段;2-承载段;3-观察盖;
4-排料盖;5-隔板

图3-3-15 MZ型上弯曲段
1-观察盖;2-壳体;3-底板

图3-3-16 MZ型下弯曲段
1-空载段;2-承载段;3-观察盖;
4-排料盖;5-隔板

(6)加料段。

埋刮板输送机的加料段,除水平型可采用一长斜槽与水平段直连,其余加料段均采用A型加料(顶部进料)或B型加料(两侧进料)两种形式。如有料仓压力对输送链造成的阻力过高者,对料层高度有控制要求者,用户需在订货前申明,以便另供相应装置,如图3-3-17所示。

2. 斗式提升机

斗式提升机,是一种固定装置的机械输送设备,主要适用于粉状、颗粒状及小块物料的连续垂直提升,可广泛应用于各种规模的饲料厂、面粉厂、米厂、油厂、淀粉厂以及粮库、港口码头等的散装物料的提升。

1)工作原理及适用范围

TDTG系列斗式提升机是环绕在驱动轮(头轮)和张紧轮上的环形构件上,每隔一定距离安装一畚斗,通过机头驱使而带动牵引构件在提升筒中运行,完成物料提升的专用垂直输送设备。机座装有张紧机构(可调),保持牵引构件张紧状态。主要用于垂直输送粉状、颗粒

及小块状粮油物料,但不适用于提升下列物料:

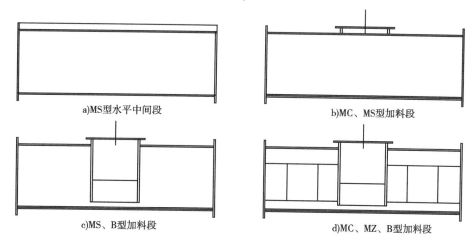

图 3-3-17　加料段

（1）物料温度超过60℃。
（2）物料含有过大杂质。
（3）物料表面有油质浸出。
（4）物料有腐蚀性。

2）主要结构及性能特点

高速斗式提升机主要由机头、机筒、带观察窗和检修机筒、通风机筒、高强度塑料畚斗和畚斗带、机座等部份组成,如图3-3-18所示。工作时,物料由进料口均匀地进入机座的畚斗中,然后被提升到机头,当畚斗绕过驱动轮时,物料被倾倒出来,进入要求的容器或下一工序的设备中。提升机的工作可分为装料、升运和卸料。关键是装料和卸料。斗式提升机的优点是按垂直方向输送物料,因而占地很小;提升物料稳定,提升高和输送量大,在全封闭机筒内进行工作,不易扬尘,有良好的密封性等。

（1）机头由机头座、机头盖、轴承座、轴及上轮组成,机头上伸出轴的方向可按用户要求制造。

（2）动力传动方式有减速电机通过挠性联轴器直联传动和减速电机通过三角皮带及皮带轮传动两种,两种方式可供用户选择。

（3）带观察窗和检修机筒的数量和位置可根据用户的需要设置。

（4）机座上开有顺向进料口和逆向进料口两个,其中一个进料口安装进料斗,另一个进料口用盖板封闭。顺向进料时,进料口的高度为h_2,逆向进料时,进料口的高度为h_3。机座前后设有排料闸门,两侧设有手轮和螺杆张紧装置,以便畚斗带的张紧和调节。机座上面的盖板拆除后可安装吸尘管道。

（5）畚斗带两端的接头采用特制的皮带连接螺栓。畚斗与畚斗带的固定须用畚斗螺栓、螺母和弹簧垫圈。

（6）畚斗有深型畚斗和浅型畚斗两种,前者适用于颗粒物料,后者适用于粉状物料。

高速斗式提升机的优点:

（1）大调节范围的机座,大横截面积的机筒。
（2）高密度安装的高强度塑料畚斗。
（3）纤维编织强力胶带。

(4)可串通气流的机筒。
(5)抛物线形机头盖。
(6)可调节卸料量,观察卸料状况的机头座。
(7)头轮覆胶。
(8)带防逆转止退器。
(9)方便快速带紧的检修机筒。

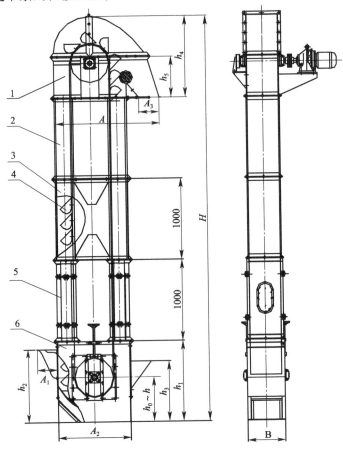

图 3-3-18 提升机主要结构
1-机头;2-机筒;3-通风机筒;4-畚斗和畚斗带;5-带观察窗和检修机筒;6-机座

3)主要规格及技术参数(表 3-3-2)

斗式提升机主要规格及技术参数 表 3-3-2

项目		型号	TDTG48/28	TDTG63/28
提升量 (m^3/h)	颗粒		29.5~33.1	36.0~40.9
	粉料		10.9~11.3	13.2~13.6
上轮直径(mm)			480	630
上轮转速 (r/min)	颗粒		65	50
	粉料		40	30

续上表

项目 \ 型号		TDTG48/28	TDTG63/28
畚斗带线速 (m/s)	颗粒	1.63	1.65
	粉料	1.0	1.0
畚斗规格 宽度×凸度(mm)		280×140	280×155
畚斗间距(mm)		400	450
最大提升高度(m)		45	50
配用电机功率(kW)		2.2~15	

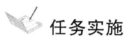

任务实施

填写任务单,见表3-3-3。

任 务 单　　　　　　　　　　　　　　　　　表3-3-3

编制专业:港机专业				编号:项目三任务1	
课程名称	港口起重输送机械		班级/组号	学时	2
任务1 埋刮板式输送机、斗式提升机的构造特征、主要装置认识					
任务描述	列出埋刮板式输送机主要装置的名称、作用、类型和各主要装置的安装位置				
分 析	项目	主要装置	作用	类型	安装位置
	1				
	2				
	3				
	4				
	5				
	6				
	7				
	8				
评价				成绩评定	

**课后巩固**

1. 埋刮板式输送机的工作原理是怎么样的?
2. 埋刮板式输送机型号的表示方法是怎么样的?
3. 斗式提升机的工作原理是怎么样的?

任务 2　埋刮板输送机、斗式提升机的使用与维护

任务导读

通过任务 2 的学习,了解埋刮板输送机、斗士提升机的常见故障、产生原因与排除方法。

教学目标

知识目标:了解埋刮板输送机、斗士提升机的常见故障、产生原因与排除方法;掌握输送机的连接方法。

能力目标:具备刮板输送机、斗士提升机的使用与维护的能力。

工作任务

任务描述:描述埋刮板输送机(图 3-3-1)常见故障有哪些?产生的原因有哪些?如何排除?

任务具体要求:列出埋刮板输送机常见故障有哪些?产生的原因有哪些?如何排除?并填写任务单。

知识储备

1. 埋刮板输送机

1)埋刮板输送机安装

(1)安装的一般要求。

①埋刮板输送机的驱动装置一般不包括机械安全保护装置,用户必须设置电动机的过流保护装置,以防过载引起故障。

②数台埋刮板输送机串联使用时,应设有电气联锁装置。单台埋刮板输送机应设事故开关。

(2)安装前的准备工作。

①设备运到现场后,应对该机各个部件进行检查、清理、分类妥善保管,以防锈蚀和损坏。

②刮板链条是埋刮板输送机的关键部件,安装前应事先检查刮板链条节与节之间是否转动灵活,如不灵活应拆下除锈清洗或用砂纸打磨直至转动灵活为止,严禁涂抹润滑油脂。

(3)安装。

①本公司生产的埋刮板输送机出厂时,各段机壳标有组合顺序号,安装时应按号码方向

进行组合,不得错号和反向。

②确定埋刮板输送机的中心是决定安装质量的重要环节,机体组装完毕后,必须测定整机的直线度。根据各埋刮板输送机的长度,机身外壁对头、尾轮中心线的最大偏差值不超过表 3-3-4。

参　　数　　　　　　　　　　　　　　　　　　　　　表 3-3-4

输送机总长度(m)	≤10	>10~30
直线度(mm)	6	8

③壳体每段相连处,内壁及导轮不得有上、下、左、右的位移。壳体允许在链条运行方向前段比后段低,以保证刮板链条在运行时不发生卡、碰现象。

④头尾轮必须对中,轮轴应保证平行,以免刮板链条在运行时跑偏。

⑤头部壳体是埋刮板输送机受力最大的部件,应固定牢靠,不得在运行时产生松动和位移。

⑥安装刮板链条时,应明确刮板链条的运行方向,切勿装反。链条安装后应调整张紧装置,保证刮板链条具有适当的松紧度。调整完毕后其张紧装置尚未利用的行程不小于全行程的 1/2。

⑦驱动装置的电机、减速机和埋刮板输送机头轮轴必须平行。减速机的传动小链轮与头轮轴上的大链轮的中心应在同一平面内,装上传动链条并在松紧度调整适宜后,将驱动装置固定在基础上。

⑧驱动装置安装后,取下传动链条,起动电机,观察减速机低速轴的旋转方向是否与头轮旋转方向一致,准确无误后,再装传动链条。

2) 埋刮板输送机试车运转

空载运转,完成输送机安装后,即可进行空载试车运转,开车前应作如下准备:

(1) 所有轴承及转动部件及减速机内应有足够的润滑油脂。

(2) 检查并清除埋刮板输送机内的工具及铁件。

(3) 全面检查埋刮板输送机各部件是否完整无损,刮板链条的松紧度是否合适。

一切准备工作就绪后,先手动盘车观察刮板链条运行方向是否正确,刮板链条与整机壳体有无卡、碰、刮等不良现象,与头轮啮合是否良好,当其无异常情况后,即可接通电源,起动开关试车运转,空载运行时,应分别在头部、尾部、中间段、弯曲段观察刮板链条和驱动部分的运行情况。

(4) 当空载运行 2h 无异常情况后,进行负载运转,负载运行时,加料应逐渐加,力求均匀,以防堵塞发生过载,超过选型设计要求的大块物料严禁混入埋刮板输送机中。负载运行 2h 后,若一切正常,即可进入正常工作。

3) 操作与维修

(1) 每次起动后应先进行空载运行 15min,在设备无异常的情况下负载运行。

(2) 无特殊情况不负载停机,正常情况下应在卸料完毕后再停机。

(3) 在由几台埋刮板输送机组成的一条输送线上,应先开动最后一台,然后逐台向前,停车顺序则相反。

(4) 运行时应检查机器各部件,刮板链条应保证完好无损,若发现有残缺损伤应及时修复或更换。

(5) 运行时应严防铁件及大块物料混入机槽,谨防损坏设备。

(6) 保证所有轴承和驱动部分有良好的润滑,但避免油脂进入机槽内。

(7) 各润滑部位的润滑要求见表 3-3-5。

埋刮板输送机各润滑部位的润滑要求　　　　　　　　　　　　表 3-3-5

润滑部位名称	润滑油脂类	润滑周期	加注方法
各转动部位轴承	耐水润滑脂	500 小时	涂抹
开式传动链及大小链轮	耐水润滑脂	1.5 个月	涂抹
调节装置螺杆及螺母	耐水润滑脂	1.5 个月	涂抹
调节装置导轨	石墨润滑脂	2 个月	涂抹
减速机	40 号机油	4 个月	倾抹

4) 故障的排除(表 3-3-6)

埋刮板输送机故障的排除　　　　　　　　　　　　表 3-3-6

故障情况	原因分析	处理方法
刮板链条跑偏	整机安装不合要求,壳体直度过大,轮轴偏斜,头、尾轮不对中; 壳体变形; 张紧装置调节后尾轮偏斜	检查安装质量; 矫正壳体; 重新调节
刮板链条拉断	链条磨损; 过载运行,造成链条强度不够; 有硬物料落入机槽内卡住链条	更换链条; 杜绝长时间的过载运行; 人工排料后,再均匀给料
刮板拉弯以致断裂	壳体不直; 连接法兰处位置错移卡住刮板	检查安装质量; 拆除原安装,重新安装
刮板链条运行时嘈声过大	有硬物料落入机槽; 某节链条松动或不灵活	清除杂物; 更换链节
头轮与刮板链条啮合不好	头轮链偏刮,与基准不平行,与壳体要求不对中; 长期运行后链条磨损过大	校正头轮轴并找正; 更换链条

2. 斗式提升机

1) 安装方法及要求

(1) 将机座在安装场地就位,以机座的上法兰面为基准校正水平,拧紧地脚螺母,根据工艺设计要求,自下而上逐节装好机筒,并用铅垂线校直,最后安装机头,在提升机最大提升高度范围内允许垂直度误差值见表 3-3-7。

斗式提升机最大提升高度范围内允许垂直度误差值　　　　　　　　　　　　表 3-3-7

最大提升高度(m)	≤15	≤25	≤35
允许垂直度误差(mm)	≤4	≤6	≤8

(2) 应保证每对法兰面不得有明显的错位和缝隙。法兰面之间可垫入 2mm 厚不干胶泡沫垫或石棉橡胶垫,以保证密封良好。

(3) 校正上轴,使其水平、校正上轴和下轴,使其两者的轴心线在同一垂直平面内。

(4) 按表中畚斗间距在畚斗带上装好畚斗,在畚斗带的一端预先钻好畚斗带连接的螺栓孔(另一端的连接螺栓孔在畚斗带装入机壳后两端接头时配钻)。

(5)打开机头盖,将装好畚斗的畚斗带两端从机头放入,一端绕过下轮,将下轮调到图3-3-18中 h 高度后,在检修窗内连接畚斗带。畚斗带接头方向应顺着畚斗带运行方向。

(6)畚斗带连接处可按图3-3-8中的畚斗间距加装上畚斗。

(7)调节机座上的手轮张紧畚斗带后,下轴的高度应大于$(h_0-h)/2$。

(8)给各轴承处加足润滑油。

2)调整与试车

(1)打开机座前后的排料门,清除机内杂物。

(2)单机用人力盘动一周,检查并拧紧皮带连接螺栓和松动的畚斗螺栓,调整畚斗的位置,使畚斗在机壳的中部。

(3)接通减速电机电源,看畚斗的运行方向是否正确,如不正确须及时纠正。

(4)无负荷试车2h。应注意调整畚斗带的松紧程度。如发现畚斗带跑偏时,应及时操作机座上的手轮,进行纠正。

3)操作与维修

(1)开车前应作常规检查,各处螺栓、传动装置、安全防护装置等是否完好。

(2)开车时提升量应控制在表中所示的额定范围内。

(3)运行中应注意:

①不定期地操作机座上的张紧手轮,纠正畚斗带跑偏。

②通过观察窗观察运行情况。

③检查各处轴承温升,当轴承温升超过40℃时,应停机检查。

(4)停车前,应停止进料,再继续运行1min,将机内存料运空。

(5)维修保养:

①4个轴承采用钙基润滑脂润滑,润滑脂牌号为ZG-1(GB/T 491—2008)。每三个月打开轴承盖检查轴承并加油一次,每年拆出轴承座清洗换油一次。

②畚斗及其紧固件应每月检查一次,发现损坏或松动应及时修理,每年应全面检修一次。

4)故障及其排除方法(表3-3-8)

斗式提升机故障及其排除方法　　　　　　　　　　　　　表3-3-8

故　障	原　因	排除方法
回流过多	进料流量突然增加; 后续设备发生故障	控制进机流量; 关闭进料闸门,打开机座前后排料门排除机内存料,排除后续设备故障
物料堵塞	畚斗带打滑; 传动带打滑或脱落或传动设备发生故障	调整机座手轮,张紧畚斗带; 张紧传动带,排除传动设备故障
机内发生异常声响	导物进入机内。畚斗螺钉松动、脱落、畚斗移动或脱落; 畚斗带跑偏; 畚斗带连接螺栓松动脱落	停机处理,清除机内异物; 停机检查,紧固畚斗螺钉,调整畚斗位置; 调节机座手轮,纠正畚斗带; 停机检查,紧固畚斗带连接螺栓

任务实施

填写任务单,见表3-3-9。

表3-3-9

任 务 单

编制专业:港机专业					编号:项目三任务2	
课程名称	港口起重输送机械			班级/组号	学时	2
任务2 埋刮板输送机、斗式提升机的使用与维护						
任务描述		列出埋刮板输送机常见故障有哪些?产生的原因有哪些?如何排除?				
分 析	序号	常见故障		产生原因	排除方法	
	1					
	2					
	3					
评 价					成绩 评定	

课后巩固

斗式提升机的常见故障有哪些?产生原因有哪些?如何排除?

项目四　螺旋输送机、气力输送机认识和使用与维护

任务1　螺旋输送机、气力输送机的构造特征、主要装置认识

任务导读

通过任务1的学习，了解螺旋输送机、气力输送机的构造特征，掌握螺旋输送机、气力输送机的结构组成，动作原理和适用场合，掌握螺旋输送机、气力输送机的主要装置。

教学目标

知识目标：了解螺旋输送机、气力输送机的结构组成、动作原理和适用场合；掌握螺旋输送机、气力输送机的主要部件的作用。

能力目标：具备认识螺旋输送机、气力输送机的构造特征及主要部件的能力。

工作任务

任务描述：描述螺旋输送机（图3-4-1）主要装置的名称、作用、类型和各主要装置的安装位置。

任务具体要求：列出螺旋输送机主要装置的名称、作用、类型和各主要装置的安装位置，并填写任务单。

图3-4-1　螺旋输送机

知识储备

1．螺旋输送机

1）概述

螺旋输送机式一种不带挠性牵引的连续输送设备，它利用旋转的螺旋将被输送的物料沿固定的机壳内推移而进行输送工作，其情况好像被持住不能旋转的螺母沿螺杆而作平移运动一样，使物料不与螺旋一起旋转的力是物料的重力和对于机壳的摩擦力。

螺旋输送机的优点是：结构简单，维护方便；横断面的外形尺寸不大；可以在长度方向上任意位置进行进出物料；可以利用紧闭机壳的盖子达到较好的密封效果。

因此螺旋输送机被广泛地应用在各种工业部门，用来输送各种各样的粉状、粒状及小块物料，如煤灰、水泥、砂、块煤、谷类等。它不易输送易变质的黏性大的结块物料。

2）TLSS 型系列螺旋输送机适用范围与性能特点

TLSS 型系列螺旋输送机可适应输送颗粒、粉状、易黏结性等不同性质的物料。广泛应用于饲料、粮油工业中颗粒状或粉状物料的输送。

螺旋结构形式有实体面型、带式面型、叶片面型,其壳体全部采用钢板模压而成,刚性好。轴承全部采用全密封式轴承,使用安全。螺旋叶片旋向有左旋、右旋两种形式,可以实现中间多点装料和多点卸料。每段螺旋轴之间的连接采用键式插接,减速电机与输送机主轴采用挠性联轴器直联,安装、拆卸及维修方便。

3）主要规格与技术参数

主要规格及技术参数见表 3-4-1。

表 3-4-1　TLSS 型系列螺旋输送机技术参数

型　号	输送长度(m)	输送能力(m³/h)	转速(r/min)	螺旋直径(mm)	配用功率(kW)
TLSS20	≤25	9.1～15.9	85－160	200	0.75－2.2
TLSS25	≤30	17.5～30.9	85－160	250	1.1－4
TLSS32	≤30	34.9～52.7	85－130	320	1.5－5.5

注:1.每小时输送量(t/h)=输送能力(m³/h)×物料的容重(t/m³)。
　　2.参考容重:小麦为 0.75～0.8t/m³,标准面粉为 0.43t/m³,棉仔为 0.4～0.6t/m³,玉米为 0.75～0.8t/m³。

4）主要结构与工作原理

（1）主要结构。

TLSS 型系列螺旋输送机由壳体、螺旋轴、电机座、减速电机四部分组成,如图 3-4-2 所示。

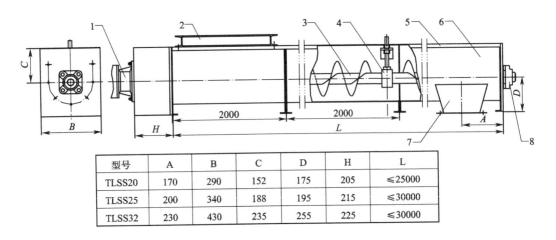

型号	A	B	C	D	H	L
TLSS20	170	290	152	175	205	≤25000
TLSS25	200	340	188	195	215	≤30000
TLSS32	230	430	235	255	225	≤30000

图 3-4-2　TLSS 型系列输送机结构

1-减速电机;2-进料口;3-螺旋轴;4-悬拉轴承;5-机盖;6-机壳;7-出料口;8-两端轴承座

（2）工作原理。

TLSS 型系列螺旋输送机是利用螺旋叶片的旋转而推动物料沿着料槽移动而完成水平、倾斜输送的设备。

2. 气力输送机

1) 概述

气力输送是一项综合性技术,它涉及流体力学、材料科学、自动化技术、制造技术等领域,属输送效率高、占地少、经济而无污染的高新技术项目。随着我国经济的快速发展,各行各业的生产也在不断扩大,有些行业如火力发电厂、化工厂、水泥厂、制药厂、粮食加工厂等的一些原材料、粉粒料在输送生产工程中产生的环境污染越来越得到重视。气力输送技术于是得到了逐步的推广。气力输送是清洁生产的一个重要环节,它是以密封式输送管道代替传统的机械输送物料的一种工艺过程,是适合散料输送的一种现代物流系统。将以强大的优势取代传统的各种机械输送。

气力输送系统具有以下特点:

(1) 气力输送是全封闭型管道输送系统。

(2) 布置灵活。

(3) 无二次污染。

(4) 高放节能。

(5) 便于物料输送和回收、无泄漏输送。

(6) 气力输送系统以强大的优势。将取代传统的各种机械输送。

(7) 计算机控制,自动化程度高。

可以气力输送的粉粒料品种繁多,每种物料的料性对气力输送装置的适合性和效率都有很大的影响。因此在选定输送装置前要先对物料进行性能测定。现在常见适合气力输送的物料示例如下表3-4-2。

常见适合气力输送的物料　　　　　　　表3-4-2

面粉	豆饼	调味粉	鱼粉	小麦	可可	盐	谷物	大豆
干酵母	棉籽	纤维素	淀粉	粒糖	饲料	烟叶	滑石粉	白云石
石灰石	氧化镁	二氧化硅	钛白粉	高岭土	萤石粉	硼润土	黏土	铁矾土
白土	长石	洗涤剂粉	化肥	芒硝	尿素粒	氧化锌	消石灰	碳酸钠
硅胶	硝酸钠	氢氧化铝	氯酸钠	磷酸钠	碳酸氢钠	硼砂(酸)	石膏粉	锌粉
镍粉	碳黑	氧化铁粉	聚丙烯	PTA	PET	ABS	SBS	PVC
煤粉	粉煤灰	尼龙切片	碳素	焦碳粒	水泥	铁丸	橡胶粒	木屑

2) 主要技术参数及外形尺寸(表3-4-3)

3) 工作原理

L型气力输送泵采用间歇式输送方式,仓泵每进、出一次物料即为一个工作循环。仓泵的各部分连接见图3-4-3,其工作原理如下:

工作时,仓泵的控制系统通过电磁阀箱7控制,首先排气阀2打开,接着进料阀1打开,此时进料口上部的粉状物料由进料口加入。排气阀的作用是使物料顺利进入仓泵体内,并排出泵内余气。

当物料加到一定程度时(此过程在仓泵控制柜台上进行控制,在现有产品上有二种控制方式,一种是加料时间控制,一种是料位计控制。仓泵的控制系统通过电磁阀箱7控制),关闭进料阀及排气阀。同时气动进气阀12开启,压缩气源通过手动球阀10、调压阀11和气动时气阀 12 进入分路气管,分成三路进入泵体,一路通过加压管 15 对泵体加压,另一路通过气化管 17 进入气化室,通过气化装置使物料充分流化,还有一路通过喷射管 16 将流化状态的物料吹送出去。当物料输送完毕,管道内阻力大大降低,压力变送器 3 发出低压信号,控制台即自动关闭气动进气阀,从而进入第二个工作循环。

L 型气力输送泵技术参数　　　　表 3-4-3

参　数	L~0.8	L~1.2	L~1.4	L~1.6	L~1.8	L~2.0	L~2.2	L~2.4
泵体内径(mm)	800	1200	1400	1600	1800	2000	2200	2400
总容积(m^3)	0.35	1.32	2.15	3.0	4.12	5.0	7.5	9.25
使用温度(℃)	≤120							
最大设计压力	0.78MPa							
工作压力	0.2~0.5MPa(按输送距离和物料性质确定)							
泵体主要材质	Q235-B							
最大输送距离	500~1500m							
配用输送管径	DN50	DN100/DN125					DN125/DN150	
混合比	50	60	60	60	60	60	70	70
输送能力(t/h)	5	12	20	25	30	35	45	55
耗气量(m^3/min)	2	6	6~10		10~20		16~20	

注:混合比、输送能力、耗气量均按输送管道的当量距离在 200m 时输送水泥的实测值或换算值。

在控制系统中一般均设置了自动及手动两套工作方式,便于在使用中选择。

在 L 型气力输送泵进行输送时,仓泵内的压力是变化的。其工作压力是否正常决定了泵内物料是否送完,我们都是根据泵内压力的变化情况来判断。

4)设备组成

L 型仓式气力输送泵通常由下列部分组成:

(1)进料装置:也叫进料阀,设置在仓泵上部,用于控制仓泵进料,其结构形式见图 3-4-4,它是用汽缸来控制锥形阀的上下运动,从而来打开及关闭进料口。

(2)排气装置:也叫排气阀,设置在仓泵上部,其结构形式见图 3-4-5,其作用为通过汽缸的动作,打开或关闭阀门,使仓泵内余气排出至储料仓。

(3)流态化装置:也叫气化室,它设置在仓泵的底部。在气化室的下部设有气化层,中部设置喷射管,其结构见图 3-4-6。

(4)泵体:作为整个输送系统发送时的物料存储装置,它是一个耐磨损、抗疲劳的压力容器,能长期经受气流和物料的冲刷和磨损。

(5)电气控制柜:通常是一台仓泵一个控制柜。但在双仓泵并联输送或同一地点多台仓泵输送时,可将两台或数台的电气控制部分集中于一个控制柜内,进行统一控制。其控制系统可采用 PLC 控制,也可采用工控机进行控制(用户在订货时说明)。

(6)气动控制箱:即电磁阀箱,设置在仓泵的支腿上或泵体上,箱内一般配置了控制每台仓泵汽缸工作的电磁阀,通常是一台仓泵配置一个电磁阀箱。

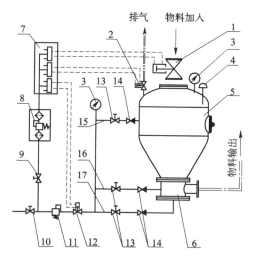

图 3-4-3 仓泵管路系统图

1-进料阀;2-排气阀;3-压力变送器;4-料位计;5-泵体;6-气化室;7-电磁阀箱;8-气源处理两联件;9-手动止回阀(DN15);10-手动球阀;11-调压阀;12-气动进气阀;13-截止阀;14-止回阀;15-加压阀;16-喷射管;17-气化管

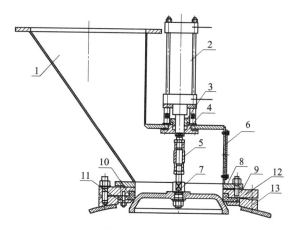

图 3-4-4 进料装置

1-进料阀;2-汽缸;3-活塞杆压紧盖;4-活塞杆压紧座;5-接头;6-检修孔盖;7-接杆;8-进料斗下法兰;9-中间法兰;10-密封圈;11-压圈;12-锥阀;13-泵盖法兰

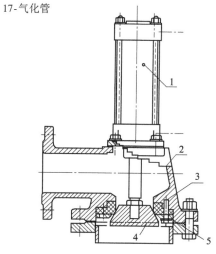

图 3-4-5 排气装置

1-汽缸;2-阀体;3-密封圈;4-锥阀;5-压板

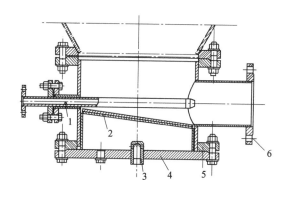

图 3-4-6 流态化装置

1-喷射管;2-气化层;3-气化接口;4-下法兰;5-气化室体;6-物料出口

（7）管路及阀门:仓泵的管路及阀门详见图3-4-3,一般只配置仓泵上配套使用的各种阀门及连接部件,如分路气管、气动控制软管、压力表、各种控制阀门等。

（8）当用户如有特殊要求时,如配套中间仓、出料阀、螺旋闸门、料位计和压力变送器等,也可以按用户要求进行配置。还可配置计量称重装置定量输送物料。

（9）由于气力输送不同于一般机械输送,所以用户在订货时,必须说明输送距离,高度及输送物料名称,以便进行合理配套。

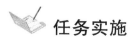 任务实施

填写任务单,见表3-4-4。

任 务 单					表 3-4-4	
编制专业:港机专业					编号:项目四任务1	
课程名称	港口起重输送机械		班级/组号		学时	2
任务1 螺旋输送机、气力输送机的构造特征、主要装置认识						
任务描述	列出螺旋输送机主要装置的名称、作用、类型和各主要装置的安装位置					
分析	项目	主要装置	作用		类型	安装位置
	1					
	2					
	3					
	4					
	5					
	6					
	7					
	8					
评价					成绩评定	

课后巩固

1. 简述螺旋输送机的工作原理和工作特点。
2. 气力输送机有哪些特点?
3. 气力输送机适用于什么场合?

任务 2 螺旋输送机、气力输送机的使用与维护

任务导读
通过任务 2 的学习,了解螺旋输送机、气力输送机的常见故障、产生原因与排除方法。

教学目标
知识目标:了解螺旋输送机、气力输送机的常见故障、产生原因与排除方法;掌握输送机的连接方法。

能力目标:具备螺旋输送机、气力输送机的使用与维护的能力。

工作任务
任务描述:描述螺旋输送机(图 3-4-1)常见故障有哪些?产生的原因有哪些?如何排除?

任务具体要求:列出螺旋输送机常见故障有哪些?产生的原因有哪些?如何排除?并填写任务单。

知识储备

1. 螺旋输送机

1)操作与维修

开机前应先作常规检查,检查紧固件、传动装置等。检查机壳内有无杂质,特别是悬挂轴承处缠绕的纤维杂质。进入机内的物料,应经过清理,除去大块杂质,以保证机器的正常运行。操作时应先开车空运转,后进物料,流量逐步加大,进料适当。机壳的盖子应严密盖好,防止粉尘飞扬和杂质落入。将机内物料输送完毕后,方可停车。当输送机长期不用时,应排除机内的全部存料。

经常检查轴承的润滑情况,定期向轴承内注入润滑油脂:

(1)减速电机用 FY1172-TTS30#工业齿轮油润滑或汽机油,半年更换一次。

(2)两端密封轴承应一个月加注 ZG-3(GB/T 491—2008)钙基润滑脂一次。

(3)中间悬挂轴承应半个月加注 ZG-3(GB/T 491—2008)钙基润滑脂一次。

2)故障及其排除

故障及其排除方法见表 3-4-5。

螺旋输送机常见故障及排除方法　　表 3-4-5

常见故障	原因	排除方法
堵塞	后续设备发生故障; 进机流量突然增加; 出机溜管异物堵塞; 传动设备故障	关闭进料门,切断动力; 打开出机溜管操作孔盖板,排除机内存料; 针对故障原因采取措施; 排除后续故障,清除入口处过多的存料; 控制进机流量;清除出机溜管异物; 排除传动故障

续上表

常见故障	原 因	排除方法
机内发生异声	异物进入机内； 螺旋叶片松动或脱落； 悬挂轴承松动	停机处理； 清除机内异物； 紧固零件
轴承发热	缺少润滑油、脂； 油孔堵塞，轴承内有异物； 轴瓦或滚子损坏轴承装配不当	加够润滑油、脂； 疏通油孔，清洗轴承； 更换轴承或轴瓦； 重新安装调整

2. 气力输送机

1）安装注意事项

(1) 将发送器放置在原料仓下，将软连接接口与上料仓对准接好、夹紧，不得有泄漏。

(2) 将总阀箱进气口接通，将各阀件接至发送器各接口。

(3) 电器控制柜安装时应注意操作方便。按电器原理图，将电器柜线接至总阀箱各元件及料位计上。

(4) 连接管道。管道应牢固固定在墙上或柱子上。用 U 形螺栓夹紧。增压器管道应沿输料管固定。各法兰及焊接口不得有泄漏。

2）调试前准备

(1) 检查各气路管道是否有漏气，应调到不漏为止。

(2) 检查气源压力。

(3) 单机、单元件动作是否可靠，顺序是否符合。

(4) 将总阀箱内进气压力调至 0.2～0.3MPa，汽缸压力调至 0.5MPa。将增压器及胆囊阀气管压力调至 0.5MPa。

3）故障及其处理方法（表 3-4-6）

气力输送机常见故障及其处理方法　　　　表 3-4-6

故障现象	原 因	处理方法
控制不动作	无电源	送上电源开关
	熔断器开路	更换熔断器
	电磁阀故障	检查电磁阀
	气压不足	检查气路系统
	电磁阀故障	检查电磁阀
	压力表失灵	更换或简单处理
控制各部位指示灯不亮无 DC24V 电源	指示灯坏	更换指示灯
	限位开关坏	更换限位开关
	控制保险坏	更换保险

4）日常维护要求

请按提供之各设备技术手册进行日常维护，定期检修设备。

建议尽快为本系统配置各设备零备件。

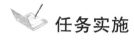 **任务实施**

填写任务单,见表 3-4-7。

任务单　　　　　　　　　　　　　　　　　　表 3-4-7

编制专业:港机专业				编号:项目四任务 2	
课程名称	港口起重输送机械		班级/组号	学时	2
任务描述	任务 2　螺旋输送机、气力输送机的使用与维护				
	列出螺旋输送机常见故障有哪些?产生的原因有哪些?如何排除?				
分　析	序号	常见故障		产生原因	排除方法
	1				
	2				
	3				
评价				成绩评定	

 **课后巩固**

气力输送机的常见故障有哪些?产生原因有哪些?如何排除?

参 考 文 献

[1] 李谷音.港口起重机械[M].2版.北京:人民交通出版社,2012.
[2] 常红.港口起重输送机械[M].大连:大连海事大学出版社,2012.
[3] 纪宏.起重与运输机械[M].北京:冶金工业出版社,2012.
[4] 丁高耀.起重机司机职业教程[M].北京:地震出版社,2012.
[5] 万力.起重机械安装使用维修检验手册[M].北京:冶金工业出版社,2010.